エリクソニアン催眠誘導

体験喚起のアプローチ

The Induction of Hypnosis
An Ericksonian Elicitation Approach

Jeffrey K. Zeig

ジェフリー・K・ザイグ
上地明彦：訳

Ψ
金剛出版

THE INDUCTION OF HYPNOSIS

An Ericksonian Elicitation Approach

ミルトン・エリクソン先生へ
博士の功績を讃えて

本書の刊行に寄せて

催眠誘導から体験喚起の文法へ

カール・ウィタカー（Carl Whitaker）がジェフリー・ザイグを紹介してくれたのは、一九八〇年の一二月、アリゾナ州フィニックスで開催された第一回催眠と心理療法のエリクソニアンアプローチ国際カンファレンス（International Congress on Ericksonian Approach to Hypnosis and Psychotherapy）でのことでした。当時のジェフは、私と同じようにシャイでした。私は、そのときはまだ、この何気ない出会いの持つ意味を理解していませんでした。

ミルトン・エリクソン（Milton Erickson）と同じように、当時のカール・ウィタカーは、マルチレベルの意味の含みを持たさずにコミュニケーションを行うことは、ほぼありませんでした。ある日、ウィスコンシン州に彼を訪ねたとき、私は身をもって、共同治療（co-therapy）［二人で行うセラピー］で家族とセッションを行うことに対して抱いていた懐疑的な態度を、「間接的に」改める体験をしました。カールは私をメンドーザ湖に連れて行き、一緒にカヌーをしました。そこで、それまで経験したことがないような心地良い体験をしている間に、彼は共同治療が効果的に機能することを理解できるように援助してくれました。しかし、私が本当に共同治療に確信を抱けるようになったのは、翌日のことでした。「今日は仕事があるから、もしよければ午前中一人でカヌーを楽しんでみないかい？」と言われ、私は一人でカヌーを楽しもうとしましたが、途端にカールという平衡力を失って、冷たい池に落ちてしまいました。

今では、家族療法とエリクソニアン催眠の協働を暗示する方法として、この二つのエピソードを理解することができます。そして、三三年前カールの紹介で始まったジェフ・ザイグとの出会い以来、彼との継続的な関わりなしに、エリクソニアン催眠においての自分を想像することはできません。

ジェフの第一印象は興味深いものでした。私は、こんなふうに思いました。「いつも笑顔でリラックスしたこの若者が、どうしてこんな信じられないようなイベントを企画して運営することができたのだろう?」ジェフには一度も話したことはありませんが、その後、私は、ある確信を持つに至りました。彼は、深い催眠状態に入っている間に、すべてを行っていたのです。第一回の大会に始まり今回の最新刊に至るまで、ジェフについて私が感心し続けているのは、彼の教育力です。おそらく比較の対象として一番良いのは、イタリアのルネッサンス期の偉大な芸術家であるベンベヌート・チェリーニでしょう。チェリーニは、誰もが知る金細工の巨匠で、大小の複雑な細工を創り上げる腕前を持っていました。私はジェフの、複雑な概念を理解しやすく分解する能力は、チェリーニに匹敵するものだと思っています。

本書では、誘導に必要な詳細を具体的に示すことを通して、ジェフはその本領を発揮してくれました。チェリーニのように、全体を一旦部分に分けたあと、それらを特別な方法で再構成することで、ジェフは教育や治療にエネルギーを吹き込んでいます。その結果、読者が気後れすることなく、つい注目せずにはいられなくなる、キレの良い深みある作品に仕上がっています。こうした地道な仕事の積み重ねから生まれる多面的な作品と出会うとき、学ぶ者たちは、治療のプロセスへと惹き込まれ、順を追って学びの階段を上がっていくことができます。『エリクソニアン催眠誘導――体験喚起のアプローチ』は、書名からの想像を遥かに超える多くの事柄を学ぶことができる稀有な書籍と言えるでしょう。催眠をメダルに喩えるならば、誘導は中心の部分にすぎません。催眠では、歴史、神話、定義を含む、フィールド全体が探求の対象となるからです。本書の見どころは、ザイグ博士の哲学と体験喚起の教授スタイルにあります。

収められている莫大な情報は、本書のような強烈なインパクトなくしては、簡単に失われてしまうかもしれません。本書には、最初から最後までマルチレベルのメッセージが創造的に散りばめられています。例えば、「サルバドール・ダリ、ミルトン・エリクソンと出会う」の章では、治療プロセスの脱構築と再構築の仕方を説明するために映画制作の概念を活用しています。こうしたアプローチは、トスカーナの画家ピエロ・デラ・フランチェスカも提唱しています。彼は、幾何学や数学を研究し、新たな視点を芸術に適用し、絵画のイメージに強力な深みと感情的なインパクトをもたらしました。ジェフ・ザイグは、これと同様の原則を使っています。幾何学的な側面から絵画を引き立たせるかわりに、誘導のプロセスに体験喚起という芸術的効果を加えたのです。

偉大なベネチアの音楽家、アントニオ・ビバルディもまた、間接的でマルチレベルのコミュニケーションの仕方に影響を与えた一人です。バロック音楽は彼が残した芸術と言えるでしょう。ビバルディは、調を活用してきらびやかな作曲を行いました。また、新たな楽器の演奏法も試みました。エリクソニアンアプローチの間接的なコミュニケーションと同じように、バロック音楽は、フィールドの裾野を広げました。単に譜面を変えただけではなく、間接的にリスナーにも介入を行ったのです。バロック音楽の影響は、音楽の範囲や複雑さを拡張し、演奏の幅も広げました。

しかし、バロック音楽のようなきらびやかさは、あまりに洗練されすぎて、日常生活との距離を感じてしまうという懸念が生じることがあります。しかし、ジェフ・ザイグによるエリクソニアンアプローチでは、特に、複雑に見える技法が治療の目的を達成する上で副次的な役割を担います。複雑さやきらびやかさがあっても、それは必ずしも理解しにくいということにはなりません。単純の反意語は、複雑ではなく、難解なのです。例えば、フェデリコ・フェリーニの映画は、主人公の単純でありふれた日々の体験から強烈な感情を引き起こすことに成功しています。単純さは、ファンタジー（空想）の創造主となり得ますが、必ずしも真の人間の体験を描ける訳ではありません。フェリーニの言葉を借りるなら、「私は、ほとんどすべてのことを創造してきたように思える。幼少期、人格、郷愁、夢、記憶といったものを物語るという喜びのために」となるでしょうか。これを、ジェフ・ザイグが第9章で述べていることと比べてみましょう。「誘導は、サイクリングやウォーキングなど、クライエントが関心を持っている事柄について話をすることで行うことができます。部屋に入るといった日常のありふれたことでさえ、誘導の語りとして使うことができます。セラピストは、誘導に関係するテーマや原則を散りばめられるような社会的文脈をトピックとして活用するのです」

ジェフ・ザイグがそうしているように、彫刻や絵画、楽器演奏、映画製作、心理療法は、すべて「ありよう《ステイト》」を喚起することだと私たちが理解できれば、フェリーニもザイグも芸術――喚起の文法を使って「ありよう」を引き起こすこと――に身を捧げてきたと言うことができるでしょう。

ジェフが行ってきた、数多くのデモンストレーションセッションの中で、もっとも私の記憶に残っているものがあります。

ローマで行われた学会で、ある女性が禁煙するための介入を求めました。セッションで、ジェフは、タバコについて一言も話さず、悪癖のやめ方について指示することはありませんでした。その代わり彼は、「それまで存在していなかった、もっと満足感のある体験」と、「本当の関心と、ないものとされてきた楽しみを見つけること」について話しました。セッションの終わりに、その女性は、もはや喫煙に興味がなくなったと言いました。しかし、通訳の反応は予期せぬ驚きでした。彼はプロの通訳でしたが、一五分が経過した後、信じられないようなミスをし始めました。彼が催眠状態にあることに、彼以外の皆が気づいていました。セッションの最中、突然、通訳は言いました。「私は、疲れました。ここで通訳をやめさせていただきたい」聴衆は、彼がこのセッションを中断したがっているという意味で理解しました。後になってわかったことですが、このセッションで体験した間接的な催眠の副次作用として、彼はきっぱりと通訳業を辞めて、自分の人生を完全に変えることにしたのでした。二年後、私は別の学会の業務を彼に依頼しようとしましたが、ジェフの禁煙セッションの後、実際に彼は仕事を辞めて、本当は興味があったものの、ないものにされてきた楽しみを見つける決心を固めたのでした！ 現在、彼は、シシリーに住んで、ぶどうを育てて、見事なワインを作っています。私たちが最後に話したとき、彼は新婚で、奥さんは妊娠していました。彼は、こうした一連のことを「それまで存在していなかった、より満足感のある体験」と考えていました。

そして、もしあなたが、私が喚情的なイタリア人やイタリアの芸術家たちの名前をたくさん挙げたにもかかわらず、ジェフリー・ザイグがイタリア人ではないと知って驚いたならば、私は、最後に偉大なビリー・ワイルダーの映画の言葉を引用して、こんなふうに本書の紹介を終えるしかありません。「完璧な人間など誰一人いない……」と。

カミーリョ・ロリエド（*Camillo Loriedo*）
二〇一三年一〇月二八日、ローマにて

目次

エリクソニアン催眠誘導

――体験喚起のアプローチ

序文

本書では、エリクソニアンアプローチで用いられる催眠誘導の基本モデルを、ほんの触りの部分だけですがご紹介します。本書の意図するところは、読者のみなさんに催眠が持つ独自の可能性を探求していただき、ミルトン・エリクソン博士が残した素晴らしい功績について学んでいただけるようにすることです。本書でご紹介する催眠のモデルとエリクソニアンアプローチの視座は、どんなセラピーにも取り入れて効果を高めていくことが可能です。

読者のみなさんは、本書の冒頭に「ミルトン・エリクソン先生へ、博士の功績を讃えて」と記されていたことに気づいたかもしれません。わが家の書斎には、一九七九年、エリクソン博士とロッシ博士によって刊行された『ミルトン・エリクソンの催眠療法ケースブック（*Hypnotherapy, an Exploratory Casebook*）』のサイン本があります。エリクソン博士は、その本を私に下さったとき、「この本をもっと詳しく、さらに整理されたものにして下さい」と言葉を贈って下さいました。

博士からのリクエストにお応えするのに長い年月を要しましたが、本書を通じて、まずまずその責任を果たせていることを願っています。

ジェフリー・K・ザイグ

お話をひとつ

私が大人になってからスキーの講習を受けたときのことです。ドイツのツークシュピッツェという高い山でのことでした。直面している課題《タスク》の難しさで自分の頭がおかしくなりそうになりながら立っていたことは、おそらくインストラクターにもわかるほどだったでしょう。先生は、「さあ、転びましょう」と言います。不信感を抱きながら、先生の言うとおりにしました。すると、先生はこんなふうに教えてくれます。「立ち上がるときには、こんなふうに」。ありがたい情報に勇気づけられて、しばらくは、転んでは起き上がるという練習をしました。

続いて先生は、重心を前に乗せて、右手で右膝を押すように言いました。すると左に回るのです。左膝を押すと、今度は右に回ります。この段階をクリアできると、先生は、カフェテリアのトレイを持っているようなイメージでと言いました。トレイを傾けると回り始めます。

上の方を見上げると、八歳から八〇歳くらいまでのスキーヤーが颯爽と山を滑り降りてきますが、膝を押したり、トレイを持っているように見える人は、誰一人としていません。それでも、そのとき、学んだステップを練習すれば、実際に技術をものにできるであろうという実感が私の中にありました。

私は、同じような方法で、飛行機の操縦も学びました。飛行機を着陸させるのは簡単なことではありませんが、私はそれに必要なステップを教えることができます。飛行機の構造や機能について説明することもできます。しかし、実際に空を飛ぶにはそれ以上のことが必要です。催眠でも同じことが言えます。

本書の構成

ミルトン・エリクソン博士が催眠に細心の注意を払っていたことは周知の通りです。実際のところ、催眠はとても強力に作用しますが、それは、博士が使っていた豊富なセラピーの技法の一つにすぎません。本書は、エリクソニアン催眠の中でも特に催眠誘導の部分について私なりの解釈を示したものです。私なりに理解したエリクソニアン催眠の基礎を掘り下げていきます。私は、催眠を一連の行動様式として理解しています。専門家の間では一般的ですが、催眠を何か特別なものとして捉える必要はありません。

また、「誘導（induction）」という用語は、的確ではありません。催眠とは、引き起こされるものであって誘導されるものではないのです。「誘導」という用語が一般的に催眠と結びつけられるようになっているため、本書では便宜的に「誘導」という用語を用いますが、本書で記されている「誘導」という言葉の真意は「喚起（elicitation）」であると理解してください。

これから、各章でエリクソニアン催眠誘導の芸術性とその実践の仕方について簡単に学んでいきます。

- 催眠についての概説、クライエント優先、クライエント中心のものの見方
- エリクソン博士とミルトン・エリクソン財団について
- エリクソン博士が後進に与えた影響と系譜

- 催眠において不可欠な概念である「ありよう」についての解説
- 体験的なメソッドを体験的に学ぶ
- 伝統的な催眠モデル――エリクソニアン催眠モデルが生まれた背景
- 誘導の原理原則を含めたエリクソニアン催眠誘導のモデル、伝統的なアプローチと比較した際の革新的部分
- 催眠に対する現象面からのアプローチ、クライエントの立場から催眠をより深く理解する
- 催眠の言語――「ありよう」を喚起する詩的な言葉づかいとクライエントを活性化するギフトラッピングを用いた暗示の創り方
- ARE誘導モデル――エリクソニアン催眠誘導の中心軸

これまで、ロッシ、バンドラーとグリンダー、ヘイリー、ギリガン、ヤプコ、ランクトン夫妻、ベアーズ、オハンロンら（Erickson & Rossi, 1976, 1979, 1981, 1989; Bandler & Grinder, 1975; Haley, 1973, 1984; Gilligan, 1987; Yapko, 1984; Lankton & Lankton, 1983; Beahrs, 1971; O'Hanlon, 1987）が、エリクソン博士の業績をさまざまな形で体系化しようと試みてきました。オハンロン（O'Hanlon, 1987）は、エリクソン博士の業績を理解する上で有用なさまざまな枠組みを提供していますし、ネメッシック（Nemetschek, 2012）は、個人として見たエリクソン博士の人となりを紹介しています。多方面から学習することで、私たちはより包括的なイメージを抱くことができます。本書を通して、また一つ、新たな見地が増えることを願っています。

重要語句

以下は本書を理解する上で鍵となると思われる重要語句のリスト（順不同）です。

- ゴール設定
- ギフトラッピング
- テイラリング（しつらえ）
- シフト（SIFT——準備（Set Up）・介入（Intervene）・遂行（Follow Through））
- セラピストの姿勢
- ユーティライゼーション（利用法）
- マルチレベル・コミュニケーション
- ミニマルキューへの反応
- シーディング（種まき）
- 体験的手法
- （対象やゴールに向けた）方向づけ
- 催眠布置
- 承認
- 現象論
- 揺らぎ
- 催眠現象
- 可塑性
- メタモデル
- 「ありよう《ステイト》」
- AREモデル
- 催眠言語
- （日常自然に起こる）ナチュラリスティックトランス

エリクソニアン催眠誘導——体験喚起のアプローチ

第1章

イントロダクション

催眠と呼ばれる世界への冒険は、今から四〇年前に始まりました。私は、サンフランシスコ州立大学の臨床心理学の修士課程の大学院生でした。当時、医師のチャールズ・オコーナー（Charles O'Connor, M.D.）がリーダーだったコミュニティ・ホスピタルの精神科でインターンシップを受けていたのですが、オコーナー先生に催眠について教えてくださいとお願いすると、先生は、「次の土曜日に私の診察室に来て下さい。そのとき、催眠を体験してもらいながら説明しましょう」と応えて下さいました。少し不安はありましたが、私は、後日先生の診察室に行って、椅子に座りました。しかし、そのときには、これからどんなことが起こるか、わかっていませんでした。オコーナー先生が催眠誘導を始めると、私は椅子の肘掛けのところを、無意識に早いペースで叩き続けていました。オコーナー先生は私に、指で肘掛けを叩き続けなさい。指の動きのパターンに意識を集中して、とおっしゃいました。そうしていると、指の動きが次第にゆっくりになって、その変化がトランス状態に入るシグナルとなるでしょう、と先生は教えてくれました。すると、指の動きは、実際に遅くなり……私は、トランス状態に入っていったのです。

この出来事が、私が後に、エリクソニアン催眠や心理療法の根底にある「利用《ユーティライゼーション》」という概念を活用するきっかけとなりました。早速、推薦書籍について伺うと、先生は、ミルトン・エリクソンの著作を勉強するようにと薦めてくれました。その当時、ジェイ・ヘイリー（Jay Haley）が編集したエリクソン先生の論文選集『催眠と心理療法の上級技法（*Advanced Techniques of Hypnosis and Psychotherapy*）』が出版されていました（この書籍は長らく絶版となっていましたが、現在『ミルトン・H・エリクソン選集（*Collected Works of Milton H. Erickson*）』で入手可能です）。ミルトン・エリクソンという名前は、その当時の私にはピンと来るものではありませんでしたが、催眠に興味を持った私は、書籍を注文しました。本を読んだとき、エリクソン先生が構築した催眠や心理療法の世界の奥深さに驚愕して、私は一言も言葉を発することができませんでした。そしてそれは、それまで読んだ心理療法のどんな本よりも大切な本になりました。その後、私は催眠のトレーニングの機会を探し求めました。そして、仲間の大学院生と一緒に、エリック・グリーンリーフ博士（Eric Greenleaf Ph.D.）が自宅で私的に開催していた催眠のセミナーに申し込みました。米国臨床催眠学会（American Society of Clinical Hypnosis: ASCH）主催のワークショップにも参加しした。ＡＳＣＨは、エリクソン博士が創設した学会で、博士の初期の学生であった歯科医師のケイ・トンプソン（Kay Thompson D.D.S.）と医師のボブ・ピアーソン（Bob Pearson M.D.）のお二人が、主任講師を務めていました。

一九七三年に、私はいとこのエレン・ランダ（Ellen Landa）に葉書を送りました。彼女は、当時アリゾナ州のツーソンで看護学を学んでいました。私は催眠について、とりわけミルトン・エリクソンの業績を研究していることを説明しました。エリクソン博士はアリゾナ州のフィニックスに住んでおり、博士が天才だと確信していた私は、もし彼女がフィニックスに行く機会があるのなら、博士を訪問すべきだと書きました。いとこは返信で、彼女が大学にいたとき、しばらくルームメイトだったのが、エリクソン先生の七番目のご息女にあたるロクサナ・エリクソン（Roxanna Erickson）であったことを教えてくれました。そして、数年前にも、ロクサナがサンフランシスコにいるエレンを訪ねてきて、再会したことを教えてくれました。以前、エレンが、ロクサナの父親は有名な精神科医だと言っていたのを、うっすらと記憶していましたが、その頃は、精神医学への関心がそれほど高くなかったため、博士の名前がしっかりと記憶に留められることはなかったのです。

ついに私は、エリクソン博士に手紙を書き、彼の学生にしていただけるよう許可を求めました。その当時の私はとてもシャイだったことを考えれば、そのときは信じられないほど図々しかったか、ナイーブであったかのいずれかだったのでしょう。私はその当時、論文を一編執筆しており、エリクソン先生が創刊された「米国臨床催眠学会誌（*American Journal of Clinical Hypnosis*）」に受理されていました。その論文は、幻聴に悩む統合失調症患者へのエリクソニアンアプローチの利用法（ユーティライゼーション）の活用に関するものでした。私は、論文の原稿をエリクソン博士に送りました。そして、以下の手紙は、博士からいただいた返信の内容です。

一九七三年九月九日

ジェフ・ザイグ様

リングウッド一〇三九

メンローパーク、カリフォルニア州 九四〇二五

親愛なるザイグ様

お手紙を拝見し、とてもうれしく思います。あなたに会えるのを楽しみにしていますが、現在、私は、一日に一人か二人しか診ない状況で、あなたのお役には立たないでしょうし、クライエントをあなたの指導のために使うこともできないでしょう。また、私の健康状態は不安定であり、一日一時間、連続二日間の時間を確保することを、あなたに約束することができません。

一つ助言させていただくならば、私の著作を読む際、対人関係、個人内関係、行動変化の雪だるま効果について注意を払っていただければと思います。あなたの論文をまだ読んでいませんし、これから読めるかどうかもわかりません。娘のロクサナがあなたの論文を読み、とても興味深いと教えてくれました。

もう一つ強調しておきたいことは、流暢なしゃべりや言葉数、指示や暗示は、全く重要ではないということを理解することです。本当に大切なのは、変化へのモチベーションであり、誰もが本当の能力に気づいていないということを認識することなのです。

敬具

ミルトン・H・エリクソン

返信を受け取った私は、何十回もそれを読み返しました。そして、私が天才だと崇拝していた博士自ら、一学生に手紙を書いてくれたことに驚きました。私は、再び手紙を書き、今度は、学生になるのではなく、ただお伺いするだけで結構ですと伝えました。博士は私の訪問に同意し、自宅に招いていただくことができました。そして、一九七三年一二月、それ以降、何度となくフィニックスでエリクソン博士から学ぶ「巡礼旅行」が始まりました。一九七八年七月には、博士のそばで過ごせるよう、近くに転居しました。エリクソン博士は、私と過ごしている間、決してお金を受け取りませんでした。それは当時、充分な収入とはとても言えなかった私にとって、とてもありがたいことでした。私がタクシー代を払えなかったため、エリクソン夫人が空港まで迎えにきて下さったこともたびたびありました。

私は厚かましくもエリクソン博士を敬愛していました。本書を執筆した理由の一つは、私が博士のもとで学ばせていただいたことすべてについて、博士に感謝の意を表したかったからです。

私は催眠と恋に落ちました。そして、ついには催眠を教える立場になりました。催眠というものは、治療的コミュニケーションの頂点に立つものであると考えています。催眠を学ぶ者は、ピンポイントで望む効果が得られるように、コミュニケーションのあらゆる出力チャンネルの使い方を学びます。催眠誘導の仕方を学ぶことで、学習者の理論的指向性がどのようなものであれ、セラピストとしての能力を向上させることができます。とりわけ、催眠を学ぶことで、セラピストは、戦略的《ストラテジック》な考え方を学ぶことができます。また、臨床現場で変化を促すのに必要な、体験的・治療的ドラマの創り方も学習することができます。セラピストとして、「ありよう《ステイト》」に影響を及ぼす技術を学ぶことができるのです。

思い返してみると、私が初めて催眠を指導したのは、一九七七年、スティーブン・ランクトン（Stephen Lankton）と一緒に、あるワークショップに招聘されたときのことでした。当時、スティーブンと私は、どちらもミシガン州立大学の学生で、危機介入センターの前身であった「ザ・リスニングイアー（The Listening Ear）」で働いていたため、すでに面識がありました。その後、私は四〇か国以上で、世界中の専門家たちに催眠を教えることになります。これは、ギネス世界記録に登録できるほどかもしれません。

本書は、催眠の入門ワークショップで、私なら教えるであろうという内容を精選したものです。親友であるマンフレッド・プライアー（Manfred Prior）の言葉を借りるなら、本書は、「初心者向けの最新技法」を紹介した書籍と言えます。

催眠について本を書くのは大変な作業です。おそらく、ゴルフや水泳の本を書くのと似ているでしょう。クラブを持たずにゴルフを学ぶことは不可能ですし、ベンチに座ったままで水泳を習得することも不可能です。

本書の限界は直ちに明らかになるでしょう。本書は、読者を催眠誘導の世界に誘うものであり、治療への応用に関する書籍ではありません。

幸いなことに、催眠誘導を学ぶことは、催眠療法を学ぶことよりも簡単です。それは、あなたが現在住んでいるところからフィニックスに行く方法をはっきりと理解することに喩えられます。旅行に出かけるには、交通手段の段取りをすればよいとしても、フィニックスに着いてからあなたが何を行うかがより重要な問題なのです。

本書を、楽しみながら読んでいただけることを願っています。文中、少しユーモアを散りばめるよう心がけてみました。エリクソン博士は、最初に心理療法にユーモアを採り入れたセラピストのお一人でした。そして、実際のところ最初に催眠にユーモアを採り入れた方でした。

第2章

催眠を分解する（催眠とはそもそも何なのか？）

私たちのほとんどは、催眠やトランスにステレオタイプ的なイメージを抱いています。映画やテレビ放送では――ジョージ・デュ・モーリエの小説に登場するスベンガリのような魔術師に由来するものか否かにかかわらず――私たちは、催眠下では、現在体験している現実から離れて、「トランス状態」と呼ばれる新たな現実に潜り込むと考えられているようです。しかし、催眠やトランス状態について、私たちは、実際何を知っているのでしょうか？

催眠は複雑な現象です。本書では、催眠

図1
「すみません……私は催眠状態に入っているとは思えません……あなたがおっしゃっていることが全部聞こえてますから！」
（この漫画の作者ハイ・ルイス（Hy Lewis）に代わり、彼の学徒であり友人でもあるルイス・スミス博士（Lewis Smith Ph.D.）が転載を許可）

を受けるクライエントの視点から、催眠とトランス状態をコンポーネント（構成要素）に切り分けていきます。そして本書では、以下の点にお答えしていきます。私たちは、自分が催眠状態にあることをどのようにしてわかるのか？　トランス状態にあるとき、どんなふうに感じるのか？　こうした点を理解した上で、セラピストとして催眠を使ってクライエントを確実にトランス状態に誘導するのに、どのようなことができるかを検討していきます。

複雑な現象をよりわかりやすく伝えようとするとき、よくラベルをつけることがあります。「愛」はその一例です。しかし、そのラベル自体をその対象であると信じてしまうと、研究と実際の応用を混同することになります。

一般に、催眠は、それ自身一つの現象であると考えられています。しかし、催眠は時代と共に変化するコンポーネントで構成されています。コントロールされた環境下で、それらをパーツに分解することで、一つひとつのコンポーネントの内部を外から検討することができるのです。これはちょうど、コレオグラファー［バレエの振付師］が、なめらかでユニークな動き、ルーティンを、ダンサーの体内で創り上げるために、さまざまなステップに分解するプロセスとよく似ています。

催眠は、透明なバケツのようなものだと言ってもよいかもしれません。色の違うペンキのような要素が、時間を経てたくさんバケツの中に混ざり合っています。バケツの外見は、その中に加えた要素の割合に応じて異なりますが、いずれの場合でも、そのバケツを催眠のように考えることができます。さらに、要素の構成も時間と共に変化していきます。

催眠をコンポーネントごとのパーツに分解することは、セラピストにとっても、催眠を体験する人にとっても明らかに利点があります。分解（脱構築）することによって、その背景にある意図をより充分に理解した上で、実践したり応用したりすることができるのです。実際に催眠を体験した人の体験を理解するのにも役に立ちますし、トランス状態が生じる徴候にも気づくことができます。トランス状態に入ると何が起こるか理解できたら、担当するクライエントが催眠をより詳細に理解する支援を行うことができます。

本書とは異なる観点に立つ伝統的な催眠では、トランス状態への誘導自体が目的となっています。また、その際、「深いトランス状態に入る」ことに注意が注がれます。しかし、それが体験として何を意味するのかについては明確ではありません。また、クライエントが望む「ありよう」を体験できるように、直接的な誘導を行うことが、必ずしもその「ありよう」を喚起するのにもっとも効果的な方法となるとは限りません。

比較対象として、幸せを挙げてみましょう。あなたは気分が落ち込んでいる友人を励まそうとして、「深く幸せになりなさい」と唱えるようなことはしないでしょう。むしろ、友人の気分がよくなることにつながるような環境を整えようとするのではないでしょうか。友人がどんな人物で、状況がどうであるかにもよりますが、私たちには、以下のような方法がとれるはずです。女性であれば、花束を持っていく。一時間子どもの面倒を見ると提案する。夕食に連れ出す。一緒にハイキングに行きましょうと誘う。面白い話をしたり、ただそばに寄り添って、問題について聴いてあげることも考えられます。つまり、友人がよりよい「ありよう」を創り出したり、そういう状態になることができるように、幸せのコンポーネントを体験的に喚起させるのです。

催眠に対して、私は同じような考え方を持っています。クライエントが、個人的に意味のある方法で、催眠を引き起こすような構成要素を体験的に喚起させることに、注意を向けるのです。コンポーネントは、心理的、社会的、文脈的にまたがって機能しています。催眠は、こうした機能が合成されたものであるため、それらを誘発させることで、催眠が生じるのです。

電気は「実体ではなく、ものごとを生じさせる方法である」と定義したのは、バートランド・ラッセルだったと思いますが、催眠も「ものごとを生じさせる手法」と考えることができるでしょう。まず、コンポーネントが持つ機能を喚起するプロセスは、多少複雑で人工的なものと感じられるかもしれません。確かに、体験をコンポーネントに分けることは、ジョークの分析と少し似ているところがあります（天国と地獄の違いについて、読者の皆さんはすでにご存知かもしれません。天国では人々はジョークを飛ばし合い、地獄ではジョークを分析します）。また従来の方法で、クライエントを催眠状態に誘導する場合、前に進むというより、後退するような感覚があるかもしれません。

しかし、催眠誘導くらい豊かで複雑なものを学習するには、対象をコンポーネントに分けてみることで、学習のプロセスがシンプルになり、その効果も向上します。複雑なものも、コンポーネントに分けることで、よりよく理解できることがあるのです。

本書では、クライエントが体験する催眠現象のコンポーネント、つまり、催眠を体験する人が内側でどんな体験をしているかに焦点を当てていきます。愛や意識集中、モチベーションと同じように、催眠は多次元的な「ありよう」であり、理論的あるいは現象論的に定義できます。しかし、愛の場合と同じように、理論的な定義は、多くの場合、現象的な体験を言い表すには充分なものとは言えません。

体験的な概念を意味論の用語を使って定義するのは難しいでしょう。したがって、本書では、催眠に現象的な定義を使って、催眠を治療に役立てられるようなアプローチを採っています。

催眠は、教義的なものではなく、体験される「ありよう」であり、心理的－社会的－文脈的要素で構成されており、以下のコンポーネントの一部あるいはすべてが、相乗的に組み合わさって構成されたものです。注意や意識の変化、臨場感の変化、解離の体験、暗示に対する反応、これらはすべて、催眠として直接的にあるいは間接的に定義されたコンテクスト（文脈）の中で生じます。

催眠療法は、体験的なものであり、それが意味するところは、「これを体験することで、違った自分になれる！」ということなのです。

第3章

ミルトン・エリクソンと博士の名を冠した財団

　エリクソニアンアプローチの説明を始めるにあたって、その出発点となるのは、ミルトン・H・エリクソン（Milton H. Erickson）博士の紹介でしょう。名高き精神科医であったエリクソン博士は一九〇一年一二月五日に誕生しました。博士は、アリゾナ州フィニックスで一九四八年から、一九八〇年三月二五日に逝去されるまで、臨床に携わりました。

　当時の歴史的な背景を少し解説しておきます。一八世紀の催眠術の応用について調べると、メスメル（Franz Anton Mesmer）の貢献が大きかったことが理解できます。一九世紀の催眠について研究すると、ブレイド（Braid）や、リエボー（Liébault）、ベルネーム（Bernheim）、ジャン＝マルタン・シャルコー（Jean-Martin Charcot）に辿り着きます。催眠を二〇世紀に持ち込んだのは、ジャネ（Janet）でした。そして、二〇世紀の臨床催眠の分野に君臨したのがエリクソン博士でした。博士は、比類なき臨床家であり、献身的な研究者でもありました。歴史上、心理療法家の中で、もっとも多くの症例報告を執筆しています。

　エリクソン博士と健康科学への博士の貢献に対して、一〇〇冊を超える書籍が献じられています。心理療法に重要な貢献をした多くの人々が、研鑽のためにエリクソン博士のもとを訪れました。これには、ジェイ・ヘイリー（Jay Haley）、ジョン・ウィークランド（John Weakland）、スティーブン・ランクトン（Stephen Lankton）、スティーブン・ギリガン（Stephen Gilligan）、リチャード・バンドラー（Richard Bandler）、ジョン・グリンダー（John Grinder）、ビル・オハンロン（Bill O'Hanlon）らが挙げられます。エリクソン博士は知識人であり、マーガレット・ミード（Margaret Mead）やグレゴリー・ベイトソン（Gregory Bateson）、オルダス・ハクスリー（Aldous Huxley）といった著名人との共著も出版しています。

エリクソン博士の経歴は、大きく三つに分けることができます。最初は研究者としてのキャリアで、そのほとんどは、ミシガン州でのものでした。一九四八年から一九七二年までは、アリゾナ州フィニックス市に移り、主に臨床家として活動しました。その後、臨床から退き、著名な教育者となりました。高名で尊敬されていた博士の「引退後」の期間には、世界中の臨床家たちが博士から学ぶため、フィニックス詣でを行いました。

エリクソン博士は勇敢な方でした。私が一九七三年にお会いしたとき、博士は、一七歳のときに罹った小児麻痺の後遺症のため、車椅子生活をしていました。博士には重い身体障害がありました。複視であり、聴覚障害があり、脚はほとんど使えず、腕もほとんど使えませんでした。また、義歯を装着することができず、歯がない状態で言葉を明瞭に発音する方法を習得し直さなければなりませんでした。そのため、自分の台詞を自在にコントロールできる役者に匹敵する能力を持っていました。エリクソン博士は慢性痛に絶え間なく苛まれていました。しかし、そんな状況にあっても、生きている喜びを周囲に放っていました。クライエントや学生が博士のもとを訪れると、そこには、自分たちよりも状態が悪く、障害の程度も重篤であると思われる博士がいたのです。気の利いたユーモアで、生きる幸せを漂わせていました。痛みや障害ではなく、今の人生を謳歌できるのですと語るとき、博士の話は、仮想的でも偽善的でもありませんでした。クライエントや学生の前で、博士自身がモデルとして生き様を示していたのです。

そのキャリアを通じて、エリクソン博士は、催眠のエキスパートとして知られていました。一九七三年にジェイ・ヘイリーが『アンコモンセラピー（*Uncommon therapy*）』を刊行して、エリクソン博士は、心理療法における明解な戦略的《ストラテジック》アプローチで世に知られる存在となりました。ジェイ・ヘイリーの言葉で言い換えるなら、心理療法は、解決ではなく問題と考えることができます。問題は、ある人物がセラピーを受けていることであり、解決は、治療をやめ、速やかに治療なしで生活ができることです。

一九八〇年に、私は、書籍『ミルトン・エリクソンの心理療法セミナー（*A Teaching Seminar with Milton H. Erickson*）』の編集を行いました。この書籍は、博士の通常とは異なる教育の仕方に光をあてたものでした。エリクソン博士が催眠を行っているとき、教育を行っているのか、心理療法を行っているのかを区別するのが難しいときもありました。というのは、教育も心理療法も、背景にある原則は同じで、体験的なものであり、情報を提供するというより「ありよう」を喚起することができるように組み立てられたものだったからです。

エリクソン博士は、私たちが持っている能力を引き出すための手段として、人間の反応について探求した方でもありました。社会心理学が分野として台頭する以前から、博士は、多くの点で完璧な社会心理学者でもありました。博士にとっては、催眠は一つの関係性であり、その中で、クライエントはコミュニケーションの暗黙の意図に対して反応する存在でした。喩えて言えば、催眠誘導は、クライエントの家の「ドアを微かにノックする」ようなものです。そして、クライエントが暗示に反応することは、「よくいらっしゃいました。居間の家具の配置換えをお手伝いいただけるとのことで、うれしく思います」と言っているようなものです。

探求を続ける中で、エリクソン博士は、フォーマルな誘導を行わなくても、無意識的な反応が得られることに気づきました。そして、博士は「トランス誘導なき催眠療法」(hypnotherapy without trance) という概念を考案しました。実際、エリクソン博士は、治療全体のおよそ一五パーセントでしか催眠を使っていませんでしたが、治療効果を高めるため、常に催眠的な考え方を使っていました。

一九七九年に、私は、アリゾナ州フィニックスに、ミルトン・H・エリクソン財団を設立しました。博士と夫人に最初の財団理事となっていただき、私の最初の妻シェロン・ピーターズ (Sherron Peters) も理事に名を連ねました。エリクソン財団の目的は、エリクソン博士の健康科学に対する貢献をさらに広め、発展させることでした。エリクソニアン催眠や、エリクソニアン心理療法の学派を新たに立ち上げることを意図したものではありませんでした。あらゆる考え方を持つ臨床家を援助するため、エリクソン博士が残した業績から得られる原理を、心理療法の主流に統合させることが、その目標です。

エリクソン財団は、心理療法の領域を発展させることに専心しており、本来は催眠に関する団体ではありません。財団では、多様な背景を持つ専門家向けにさまざまなテーマのカンファレンスを主催していますが、中でも一番大規模なカンファレンスは「心理療法の進化」(Evolution of Psychotherapy) です。一九八五年から、四、五年おきに開催されており、世界最大規模の心理療法をテーマとしたカンファレンスとなっています。二〇〇五年のカンファレンスには、世界中から八六〇〇人の専門家たちが集まりました。

エリクソン財団では、ブリーフセラピー（短期療法）のさまざまな分野の専門家たちが一堂に会する「ブリーフセラピー・カンファレンス」や、「催眠と心理療法のエリクソニアンアプローチ国際カンファレンス」（International Congress on Ericksonian Approaches to Hypnosis and Psychotherapy）のほか、カップルセラピーのカンファレンスも主催しています。健康科学の修士以上の学位を持つか、認定プログラムを受ける大学院生が、エリクソン財団の提供するトレーニングを受けることができます。

会員制の組織ではありませんが、エリクソン財団には、世界に一四〇を超える関連機関があります。エリクソン・ニューズレターは、およそ一万人の購読者に届けられています。これには、電子版の読者は含まれていません。

当財団の活動に関するさらに詳しい情報については、財団のウェブサイトをご参照下さい。

Jeffrey K. Zeig, Ph. D.
The Milton H. Erickson Foundation
2632 East Thomas Road, Ste. 200
Phoenix, AZ 85016
jeff@erickson-foundation.org

www.erickson-foundation.org
www.evolutionofpsychotherapy.com
www.brieftherapyconference.com

www.couplesconference.com

www.ericksoncongress.com

www.jeffreyzeig.com

www.zeigtucker.com

第4章

系譜

ミルトン・エリクソンの功績とその後の発展

ミルトン・H・エリクソン博士は、多くの優れた後継者を生み出し、ジェイ・ヘイリー（Jay Haley）やアーネスト・ロッシ（Ernest Rossi）を含む後継者の多くが、心理療法の発展に非常に大きな貢献をもたらしました。エリクソン博士の研究は、戦略的心理療法（Strategic Therapy）や相互作用療法（Interactional Therapy）、解決志向療法（Solution-Focused Therapy）、アウトカムインフォームド・セラピー、自己関係性療法（Self-Relations Therapy）、可能性療法（Possibility Therapy）、神経言語プログラミング（Neuro-Linguistic Programming）、インパクト・セラピーなど、数多くの心理療法の学派の礎となりました。エリクソン博士の後継者たちは、博士の研究と彼らが発見した原則に基づいた独自のアプローチを構築しました。一方、エリクソン博士も、学生からの影響を受けていました。

次に示した図には、エリクソン博士の研究のエッセンスを活用して、分野に大きな貢献を行った人たちを示しています。その中に、博士由来のアプローチの中で、催眠を中心に据えたグループがあります。概して、ネオ・エリクソニアンは、催眠治療を中心におき、フォーマルな誘導を多く用います。エリクソン博士の研究に端を発した他の心理療法の学派には、フォーマルな催眠を副次的なものと考え、主にジェイン・パーソンズ・ファイン（Jane Parsons Fine）、ブルクハルト・ペーター（Burkhard Peter）、テレサ・ロブレス（Terasa Robles）、シドニー・ローゼン（Sidney Rosen）、ダン・ショート（Dan Short）、アレックス＆アネレン・シンプキンズ（Alex & Annellen Simpkins）、ケイ・トンプソン（Kay Thompson）、ベルンハルト・トレンクル（Bernhard Trankle）、ビル・ウエイド（Bill Wade）、マイケル・ヤプコ（Michael Yapko）、ジェフリー・ザイグ（Jeffrey Zeig）……

エリクソン博士に直接師事

家族療法
ミッシェル・リッターマン（Michele Ritterman）、
ガンター・シュミッド（Gunther Schmidt）

家族＆カップル
カミーリョ・ロリエド（Camillo Loriedo）、
キャロル・カーショー（Carol Kershaw）

相互作用セラピー
ウェンデル・レイ（Wendel Ray）、
ジョルジオ・ナルダン（Giorgio Nardone）

戦略的／認知的
レイド・ウィルソン（Reid Wilson）

子ども
ジョイス・ミルズ（Joyce Mills）、
スージー・サイナー＝フィッシャー（Susy Signer-Fischer）

指示的セラピー
リチャード・バンダイク（Richard Van Dyke）、
フェディー・ランゲ（Feddie Lange）、
オンノ・バンダーハート（Onno van der Hart）

フィードバックインフォームド・トリートメント
スコット・ミラー（Scott Miller）

解決志向療法
スティーブ・ディシェイザー（Steve de Shazer）、
イボンヌ・ドラン（Yvonne Dolan）、
ベン・ファーマン（Ben Furman）、
インスー・バーグ（Insoo Berg）、
ミッシェル・ワイナー＝デイビス（Michele Weiner-Davis）

可能性療法
ビル・オハンロン（Bill O'Hanlon）

自己関係性
スティーブン・ギリガン（Stephen Gilligan）

エリクソン博士に影響を受けた

アッカーマンアプローチ
ペギー・パップ（Peggy Papp）

自我状態
マギー・フィリップス（Maggie Phillips）、
ウォルトメイド・ハートマン（Woltemade Hartman）

インパクト療法
ダニー・ボーリュー（Danie Buaulieu）

自然誘導
ジョージ・バーンズ（George Burns）

即興療法
ブラッドフォード・キーニー（Bradford Keeney）

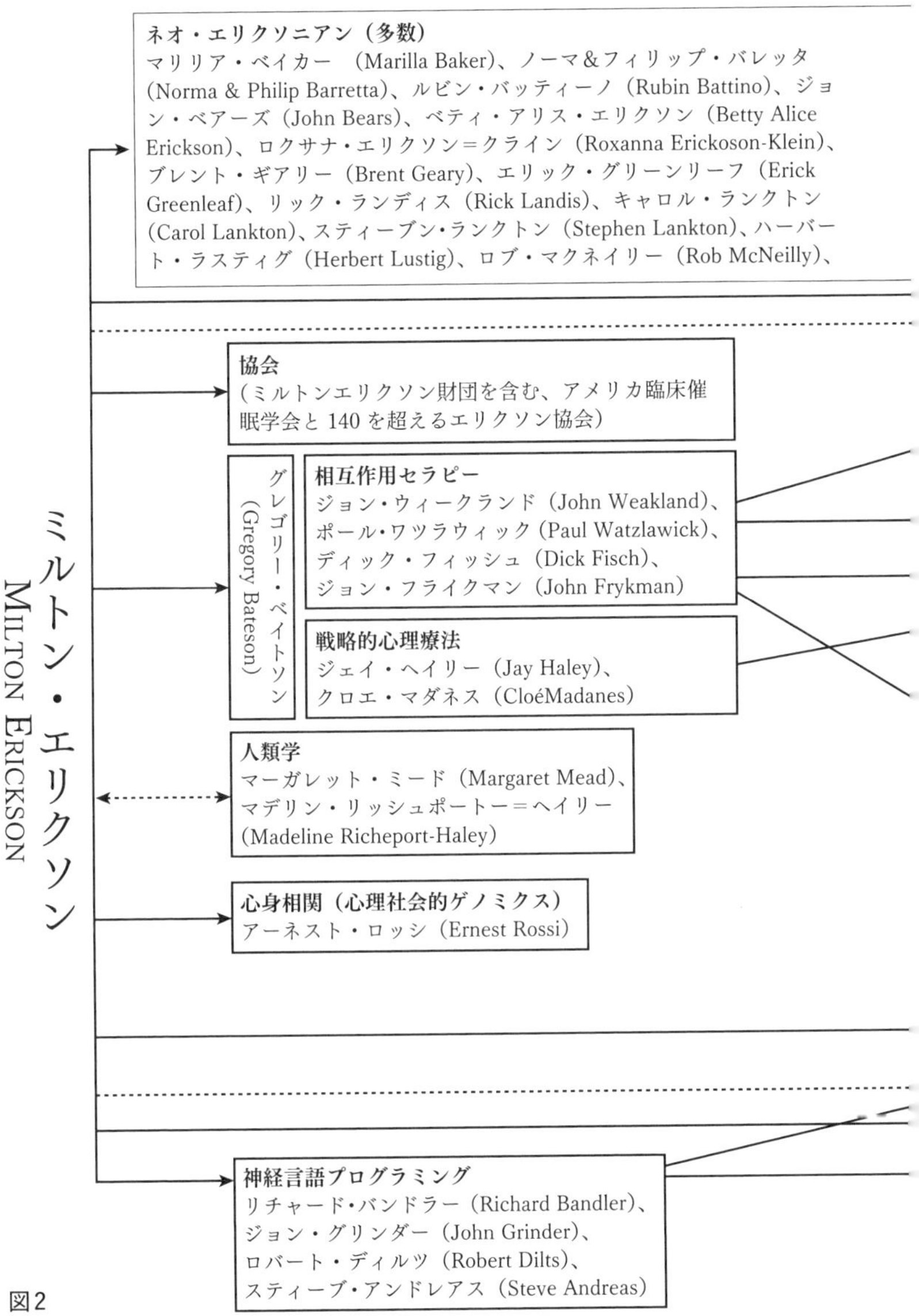
ミルトン・エリクソン
MILTON ERICKSON
ネオ・エリクソニアン（多数）
マリリア・ベイカー　(Marilla Baker)、ノーマ&フィリップ・バレッタ (Norma & Philip Barretta)、ルビン・バッティーノ（Rubin Battino)、ジョン・ベアーズ（John Bears)、ベティ・アリス・エリクソン（Betty Alice Erickson)、ロクサナ・エリクソン＝クライン（Roxanna Erickoson-Klein)、ブレント・ギアリー（Brent Geary)、エリック・グリーンリーフ（Erick Greenleaf)、リック・ランディス（Rick Landis)、キャロル・ランクトン (Carol Lankton)、スティーブン・ランクトン（Stephen Lankton)、ハーバート・ラスティグ（Herbert Lustig)、ロブ・マクネイリー（Rob McNeilly)、
協会
（ミルトンエリクソン財団を含む、アメリカ臨床催眠学会と140を超えるエリクソン協会）
グレゴリー・ベイトソン (Gregory Bateson)
相互作用セラピー
ジョン・ウィークランド（John Weakland)、
ポール・ワツラウィック (Paul Watzlawick)、
ディック・フィッシュ（Dick Fisch)、
ジョン・フライクマン（John Frykman)
戦略的心理療法
ジェイ・ヘイリー（Jay Haley)、
クロエ・マダネス（CloéMadanes)
人類学
マーガレット・ミード（Margaret Mead)、
マデリン・リッシュポートー＝ヘイリー
(Madeline Richeport-Haley)
心身相関（心理社会的ゲノミクス）
アーネスト・ロッシ（Ernest Rossi)
神経言語プログラミング
リチャード・バンドラー（Richard Bandler)、
ジョン・グリンダー（John Grinder)、
ロバート・ディルツ（Robert Dilts)、
スティーブ・アンドレアス（Steve Andreas)

図2

催眠から派生した技法に重きをおくところもあります。これは「トランス誘導なき催眠療法」と呼ばれています（「エリクソニアン」という用語は、一九七八年の第一回「催眠と心理療法のエリクソニアンアプローチ国際カンファレンス」で印刷されたパンフレットに初めて登場しました）。

この系譜は、エリクソン博士からもっとも直接的な影響を受けた専門家だけに絞ったものです。エリクソン博士の貢献をもとに独自の考えを構築した人たちの名前をすべてを挙げることは不可能です。中には、エリクソン博士に直接師事するのではなく、ワークショップに参加したり、書籍を通して学習することで、信頼性の高いエリクソン派のセラピストになった人たちもいます。

グレゴリー・ベイトソン（Gregory Bateson）から大きな影響を受けた学派は大きく分けて二つあります。一つは戦略的心理療法で、メンタルリサーチ・インスティチュート（ＭＲＩ）のベイトソン・リサーチプロジェクトの初期メンバーであったジェイ・ヘイリーによって構築されました。ヘイリーは、心理療法において、歴史上もっとも重要な書籍の一つとなった『アンコモンセラピー』（1973）を出版しました。

上梓に五年の歳月をかけた『アンコモンセラピー』では、心理的問題は家族のライフサイクルの転換期に集中するという考え方が採られています。こうした考え方は、大きな貢献をもたらしましたが、ヘイリーの貢献は、充分に評価されたとは言えません。本の中でヘイリーは、子どもが家から出ていくとき、結婚するとき、第一子が学校に通うときなど、家族にとって成長の節目となる前後の時期で、エリクソン博士が扱った症例をまとめました。『アンコモンセラピー』は、エリクソン博士が生み出した短期療法、戦略的なアプローチの入門書として、現在でも最高のものと言えるでしょう。

『アンコモンセラピー』の冒頭でヘイリーは、戦略的心理療法を、セラピストの念頭に目標があり、それに合わせて治療目標を定めるものと定義しました。この本が出版された当時は、人間性心理療法（humanistic psychotherapy）や精神分析的心理療法が隆盛で、こうした考え方を支持する人たちは多くありませんでした。ヘイリーは、エリクソン博士が治療を成功させるために行った治療的な課題《タスク》を重要視し、催眠の使用は重要視しませんでした。ヘイリーが提唱した戦略的心理療法は、エリクソン博士が行った治療の中で、重要な要素であった指示をもとに構築されたものでした。

エリクソニアンの戦略的心理療法とはどのようなものか、アート・ボーディン（Art Bodin）が私に教えてくれた簡単な例を以下にご紹介しましょう。抑うつ状態にある男が生活に飽き、エリクソン博士のところにやってきました。そのクライエントがやっていたことといえば、夜となく昼となく読書することでした。エリクソン博士は医師の立場から、男に運動することを勧めました。男は昼食を作り、図書館に歩いて出かけることができるようになりました。男は、本を持っていく必要はありませんでした。図書館では、鳥類学のセクションに興味を抱き、図書館のそのセクションをよく訪れる人たちと話し始めました。数か月経過してエリクソン博士が再びこの男に会ったとき、男はほかの鳥愛好家たちと親しくなって、幸せな生活を送っていました。

ヘイリーは、フィラデルフィア・チャイルド・ガイダンス・クリニックでサルバドール・ミニューチン（Salvador Minuchin）と研究するためにＭＲＩを離れました。フィラデルフィア・チャイルド・ガイダンス・クリニックには、クロエ・マダネス（Cloé Madanes）も勤務していました。ヘイリーとマダネスは結婚し、ワシントンＤ・Ｃにトレーニング施設を創設し、戦略的アプローチを構築しました。その後、戦略的アプローチは、レイド・ウィルソン（Reid Wilson）の戦略的／認知的アプローチに取り込まれました。レイド・ウィルソンは不安症、とりわけパニック症や強迫神経症の研究に従事していました。

　ベイトソンからの影響を強く受けたもう一つの学派は、相互作用療法（Interactional Therapy）です。このアプローチは、ＭＲＩで結成され、後にパロアルト・グループと呼ばれるようになる人たちによって展開されました。このグループでは、特にドン・ジャクソン（Don Jackson）、ポール・ワツラウィック（Paul Watzlawick）、ジョン・ウィークランド（John Weakland）、ディック・フィッシュ（Dick Fisch）が活躍していました。相互作用学派は、書籍『変化の原理――問題の形成と解決（*Change: Principles of Problem Formulation and Problem Resolution*）』（Watzlawick, Weakland & Fisch, 1974）を通して、リフレーミングを広めました。著者らは、システミックな相互作用的アプローチを提唱し、よく逆説的な手法を用いました。ＭＲＩモデルは、ウェンデル・レイ（Wendel Ray）やジョルジオ・ナルダン（Giorgio Nardone）といった高名な専門家たちの尽力も得て発展を遂げました。

　パロアルト・グループからは、ほかにも重要な学派がいくつか派生しています。ジョン・ウィークランドと一緒に研究していたスティーブ・ディシェイザー（Steve de Shazer）は、エリクソン博士と面識はありませんでしたが、博士の業績を広く理解していました。実際、彼の論文の一つ（そして、書籍）には、『利用法――解決の基盤（*Utilization: The Foundation of Solutions*）』（1988）と題されたものもありました。ウィークランドとの研究から出発して、ディシェイザーと彼の妻であり共同研究者であったインスー・バーグ（Insoo Berg）は、解決志向療法を作り上げました。一方で、ディシェイザーとバーグは、熟達したセラピストたちに大きな影響を与えました。こうしたセラピストにはイボンヌ・ドラン（Yvonne Dolan）、ミッシェル・ワイナー＝デイビス（Michele Weiner-Davis）、ビル・オハンロン（Bill O'Hanlon）、スコット・ミラー（Scott Miller）

がいました。ミラーは、後にアウトカムインフォームド・トリートメントと呼ばれる独自のアプローチを確立しました。解決志向グループの主要人物の一人であったオハンロンは、エリクソン博士に直接師事し、神経言語プログラミングの影響も受け、彼自身のアプローチである可能性療法を構築しました。

また、グレゴリー・ベイトソンを介して、影響は人類学にも波及しましたが、その一部は（ベイトソンと結婚した）高名な文化人類学者のマーガレット・ミード（Margaret Mead）によるものでした。クロエ・マダネスと離婚した後、ジェイ・ヘイリーが再婚したマデリン・リッシュポート（Madeline Richeport）は、エリクソン博士と親交が深く、エリクソン家とも親しい間柄でした。リッシュポート＝ヘイリーとジェイ・ヘイリーは、重要な書籍やビデオプロジェクトでコラボレーションを行いました。

戦略的アプローチやMRIのアプローチを学び、大きな影響を及ぼしたグループはオランダにもあり、指示的心理療法（Directive Therapy）学派を形成しています。このグループには、リチャード・バンダイク（Richard Van Dyke）、アルフレッド・ランゲ（Alfred Lange）、オンノ・バンダーハート（Onno van der Hart）がいました。

エリクソン博士にとっての「ボズウェル」［ジェイムズ・ボズウェル／一八世紀の伝記作家。伝記文学の創始者］となったのは、アーネスト・ロッシでした。ロッシは、他の誰よりもエリクソン博士に関わる書籍を執筆しています。彼はもともと、クライエントとしてエリクソン博士のもとを訪れました。ユング派のセラピストとして、ロッシは夢についての書籍を出版しており、エリクソン博士も、彼の傑出した才能を認めていました。その後、エリクソン博士とロッシは四冊の書籍を共同で執筆しました。基本的に、これらの書籍では、催眠と催眠療法の行い方をエリクソン博士がロッシに教える、というスタイルが採られていました。ロッシは、見事に体験喚起のモデルに関わる著述をまとめました。ここで覚えておいていただきたいことは、催眠状態は喚起されるものであり、誘導されるものではないということです。「誘導《インダクション》」という用語は、権威主義的なセラピストが、催眠を使って、受け身のクライエントに暗示を植え込むという発想を思い起こさせます。伝統的な催眠モデルでは、「外側から内側へ《アウトサイドイン》」という方向性が採られますが、「喚起《エリシテーション》」という用語は、コラボレーションを含意しており、その方向性は、「内側から外側へ《インサイドアウト》」になります。催眠によって刺激を受けることで、リソースが役割を果たせるようになるのです。

　エリクソン博士とロッシが共同執筆した書籍には以下のものがあります。『ミルトン・エリクソンの催眠の現実（*Hypnotic Realities*）』（1976）、『ミルトン・エリクソンの催眠療法ケースブック（*Hypnotherapy: An Exploratory Casebook*）』（1979）、『ミルトン・エリクソンの催眠の経験（*Experiencing Hypnosis*）』（1981）、『ミルトン・エリクソンの二月の男（*The February Man*）』（1989）。ロッシは、他の研究者たちと一緒に一九五〇年代、六〇年代に行われたエリクソン博士のティーチング・セミナーの書き起こしをもとにして、四冊の書籍を編纂しました。エリクソン財団出版（The Erickson Foundation Press）から出版された『ミルトン・エリクソン全集（*The Complete Collected Works of Milton Erickson*）』には、他の巻も含め、八冊の書籍がすべてが収録されています。ロッシは、エリクソン博士の研究の多くを神経生理学の枠組みに組み込み、彼独自のアプローチ、心理社会的ゲノミクス（Psychosocial Genomics）を構築しました。

　リチャード・バンドラー（Richard Bandler）とジョン・グリンダー（John Grinder）は、神経言語プログラミング（NLP）を提唱しました。言語学者であったグリンダーは、ノーム・チョムスキー（Noam Chomsky）の変形文法に精通していました。変形文法の要素を、エリクソン博士が使った治療パターンを説明する枠組みとして採用しました。NLPによる貢献の主要なものには、卓越性のモデリングがあります。エリクソン博士と同じように、バージニア・サティア（Virginia Satir）もモデリングの対象でした。バンドラーとグリンダーが共著で出版したもっとも重要な書籍には、『ミルトン・エリクソンの催眠テクニックI（*Patterns of the Hypnotic Technique of Milton Erickson, Volume I*）』（1975）があります。これは、エリクソン博士が使った言語パターンの一部を明解に解説した素晴らしい書籍です。

NLP、そしてバンドラーとグリンダーを通じてエリクソン博士のもとを訪れたセラピストの中に、スティーブン・ギリガン（Stephen Gilligan）がいました。彼は高度なトレーニングを受けおり、その後も研究を続けて、自己関係性療法（Self-Relations Therapy）と呼ばれる独自のアプローチを構築しました。他にも注目すべきNLPの実践者で、エリクソン博士のもとを訪れた人たちの中には、ロバート・ディルツ（Robert Dilts）、スティーブ・アンドレアス（Steve Andreas）、デービッド・ゴードン（David Gordon）らがいました。

ミッシェル・リッターマン（Michele Ritterman）とガンター・シュミッド（Gunther Schmidt）は、エリクソン博士のことを知っており、専門領域の発展に博士の影響が大きかったことを認めています。二人とも、システミック・アプローチや家族アプローチに傑出した貢献をしていますが、シュミッドはヨーロッパのセラピー・インストラクターとして特に大きな影響をもたらしました。

カミーリョ・ロリエド（Camillo Loriedo）とキャロル・カーショー（Carol Kershaw）は、どちらもエリクソン博士から間接的に影響を受けており、家族療法やカップルセラピーの分野のアプローチを構築しました。カーショーが出版したカップルセラピーの書籍は、大変重要な文献です。最近、彼女と夫ビル・ウェイド（Bill Wade）が、共著で神経生物学の原理を使って心理療法を行う書籍を発表しています。ミルトン・

エリクソン財団の理事を務めるロリエド教授は、ヨーロッパのセラピー・インストラクターの間で主導的な役割を果たしています。米国出身のジョイス・ミルズ（Joyce Mills）とスイス出身のスージー・サイナー＝フィッシャー（Susy Signer-Fisher）はどちらもエリクソン博士から間接的な影響を受け、エリクソニアンアプローチの原則を小児臨床に適用しています。

エリクソン博士から影響を受けた人物はたくさんいます。ペギー・パップ（Peggy Papp）は、ネイザン・アッカーマン研究所（Nathan Ackerman Institute）における彼女の研究に、戦略的な要素を取り入れています。エリクソン博士は、マギー・フィリップス（Maggie Phillips）とワルドマー・ハートマン（Waldemar Hartman）の研究を通じて、自我状態療法（Ego State Therapy）の開発にも影響を及ぼしました。カナダのダニー・ボウリュー（Danie Beaulieu）がめざましく発展させたインパクト・セラピー、オーストラリアのジョージ・バーンズ（George Burns）が開発したネイチャーガイディッド・セラピーは、いずれも、実質的にエリクソニアンアプローチの哲学に基づいて構築されたものです。

ネオ・エリクソニアンに関しては、スティーブン・ランクトン（Stephen Lankton）とキャロル・ランクトン（Carol Lankton）夫妻が、エリクソン先生と長い期間一緒に過ごし、一連の書籍を出版しています。その一つが『答えはあなたの中に（*The Answer Within*）』（1983）です。シドニー・ローゼン（Sidney Rosen）は、『私の声はあなたとともに（*My Voice Goes with You*）』（1982）を執筆しました。この書籍は、エリクソン博士が語った教育的な物語をまとめ、分析したものです。ハーバート・ラスティグ（Herbert Lustig）は、エリクソン博士の重要なビデオの収録を行いました。ブレント・ギアリー（Brent Geary）は、私と一緒に『エリクソニアン・セラピー・ハンドブック（*The Handbook of Ericksonian Therapy*）』（2002）と『ミルトン・H・エリクソン書簡集（*The Letters of Milton Erickson*）』（2000）の二冊の書籍の共同編集を行いました。ギアリーは、エリクソン財団集中トレーニング・プログラムのコーディネーターも務めています。アレックス・シンプキンズ（Alex Simpkins）とアネレン・シンプキンズ（Annellen Simpkins）夫妻は、エリクソン財団ニューズレターの書評の編集担当者であり、神経生物学の知見から、夫妻が提唱したモデルについて重要な書籍を残しています。エリクソン先生の三人のお嬢さん、キャロル（Carol）、ベティ・アリス（Betty Alice）、ロクサナ・エリクソン・クライン（Roxanna Elickson Klein）は、エリクソニアンアプローチを実践し、教育しています。ベティ・アリスは、父親に関する書籍を共同執筆しています。ロクサナは、薬物常用に対して体験的な手法を活用する書籍を出版しており、エリクソン財団の理事も務めています。また、エリクソン博士に直接面識はありませんが、博士の影響を受けた人の中には、マイケル・ヤプコ（Michael Yapko）やマリリア・ベイカー（Marilia Baker）がいます。

ヤプコは、うつ状態の治療に催眠を活用した先駆者であり、催眠に関する重要な書籍を何冊も発表しています。マリリア・ベイカー（Marilia Baker）は、エリクソン夫人の伝記を執筆しています。

国外からの貢献も多く、メキシコのテレサ・ロブレス（Teresa Robles）、オーストラリアのロブ・マクネイリー（Rob McNeilly）、ドイツのブルクハルト・ペーター（Burkhard Peter）、ドイツのベルンハルト・トレンクル（Bernhard Trenkle）は、エリクソン財団付属のエリクソン・インスティテュートを牽引しています。財団理事のトレンクルは、多数の書籍を執筆し、カンファレンスのオーガナイザーの役割を果たしながら、国際的に教育に携わっています。

ブラジルにおけるエリクソニアンアプローチのエキスパートとしては、アンジェラ・コータ（Angela

Cota)、ホセ・アウグスト・メンドンカ（Jose Augusto Mendonca）、ソフィア・バウアー（Sofia Bauer）が挙げられます。日本では、日本エリクソンクラブが何十年にもわたって活発に活動を続けています。ヨーロッパのエキスパートの数は極めて多く、とりわけ、ドイツ、フランス、オランダ、スウェーデン、ポーランド、オーストリア、イタリアに多く見られます。

ネオ・エリクソニアンとして知られるセラピストたちの業績をすべて挙げることは、彼らの貢献が極めて大きく、紙面の関係もあり不可能ですが、書籍や重要な論文の発表が数多く見られます。

ここに挙がっていない人たちの中にも、ぞれぞれの国で教えたり、それぞれの国の言葉で、エリクソン博士やエリクソニアンアプローチを使った心理療法について書籍を発表している人たちがたくさんいます。

エリクソン博士は一九八〇年に逝去されましたが、博士の業績は、現在でも積極的に継承され、国内外で発展し続けています。博士の功績から学ぶべきことはとても多く、説明し体系化しなければならないことが、未だたくさん残されています。エリクソン博士が使ったセラピーのパターンで、充分な解明がなされていないものもたくさんあります。コミュニケーションの機微を博士がどのように使っていたのか、韻律や声のテンポの変化、方向性、強調をどのように使っていたのかについては、まだ完全には理解されていません。博士は、コミュニケーションの出力チャンネルを、共鳴効果が生じるように使う方法を掘り下げて探求しました。最近、私は、無意識的な影響力を本質的に解明するため、アート（芸術）のモデリングを行ってきました。アートが無意識にもたらす影響力を本質的に理解することで、エリクソン博士が治療で活用したパターンをより深く理解することができると考えています。

エリクソン博士の影響の下にある指導者たちを見れば、博士の影響力の大きさは明白です。そして、その数は、博士の影響力が拡がり続けていることを物語っています。

第5章 「ありよう」変容の地理学

私たち人間が持つ体験の三つの側面、つまり情動（emotion／短期的感情）、気分（moods／長期的・再帰的感情）、「ありよう（states）」を区別する方法はいくつかあります。まず、情動について考えてみましょう。日常の言葉で行う日常のコミュニケーションとは異なり、科学者は、研究の対象となる概念を注意深く定義します。情動の研究においても、具体性と客観性が重んじられますが、情動はつかの間のもので、順応性があり、本能的な体験であると考えられています。情動を進化的な側面から見たとき、重要なことは、社会的距離、つまり、近づくか避けるかを制御しているマーカーであるという点です。情動に関する偉大な研究者として知られるポール・エクマン（Paul Ekman）は、文化は異なっても、顔の表情に共通して表れる内在的な情動があることを発見しました。幸福、悲しみ、嫌悪、驚き、怒り、恐怖の六つです。

情動は生物学的なものですが、気分は、人間がその本能的な体験に対して付けた認知ラベルと理解することができます。私たちは、何百もの情動や気分を体験し、それらを区別しています。英語では、あらゆる情動は一つの単語で表現することができます。体験を記述するのに二つ以上の単語を要する場合、それは、おそらく情動ではありません。

科学者は情動と気分を区別します。情動は瞬間的なものですが、気分は長時間安定したものです。私たちは、ポジティブな気分やネガティブな気分を長時間体験することができます。クライエントがセラピーにやってくるのは、ネガティブな気分に囚われており、それを変えることができないと感じている場合が多いでしょう。

情動や気分のように分類が簡単ではない体験があります。私は、これを「ありよう《ステイト》」と呼んでいます。例えば、この瞬間に存在していることは、ほとんどの人にとって、よくある「ありよう」であり、情動ではありません。感情的に豊かであることも、情動とは異なります。思いやりがある、ポジティブである、対応力がある、立ち直り《レジリエント》が早いといった場合についてはどうでしょうか？ このような体験は、情動とも気分とも異なります。したがって、「ありよう」と定義する方がより正確であると考えられます。

「ありよう」とは、相互作用や情動、記憶、気分、姿勢、信念、習慣を含む複合体です。「ありよう」は、「一群の現象《シンドローム》」であって、単体の事象ではありません。メニエール病［内耳のリンパ液が過剰になる原因不明の疾患。めまいや難聴で生活に支障をきたす］や線維筋痛症［全身に激痛を感じる原因不明の疾患］のことを考えてみましょう。それ自身は疾病項目ではなく、複数の構成要素が一つにまとめられたものです。同じように「ありよう」は、体験を分類するための「ラベル」です。「ありよう」は、便宜上の構成概念であり、それを用いることで、私たちは、直接体験したことを、便利にかつ容易に伝達することができます。情動の場合と同じように、「ありよう」も距離標としての役割を果たしています。

本書では「ありよう」に括弧をつけて強調しています。こうした例は、歴史的に見てもいくつか存在します。二〇世紀に主導的な立場であった、「ありようを認めない」立場をとる理論家には、T・X・

バーバー(Barber, 1969)がいます。彼は、「催眠」の語を括弧で囲み、催眠は、主に課題《タスク》へのモチベーションの変化であるとして、行動的な側面を重視しました。しかし、括弧で囲むべき単語は、催眠ではなく「ありよう」であり、彼は、その点で、誤った単語に括弧を付けたと言えます。また、「ありよう」を客体化することによって、曖昧さや非実在性が生じることも理解しておくべきでしょう。

「ありよう」に決まった形は存在せず、客観的に定義することは困難です。私たちは、物理学を通して、重力が存在していることを知っています。また音楽という芸術が存在することを知っています。しかし、重力や音楽は捉えどころのない用語であり、客観的に定義することは困難です。同じように、「ありよう」は主観的な現実であり、日常の体験を通して知っているものです。「ありよう」は、日常の体験の一部で生じる現象的なリアリティであり、状況の変化に伴って、変化していくという点で一定ではありません。「ありよう」は主に人間関係を通して生じますが、情動や気分と同じように、対人関係を制御する上で、重要な役割を果たしています。

以下の「ありよう」のリストは、網羅的なものではなく、科学的なものでもありません。情動や気分、「ありよう」の違いについて、読者のみなさんに理解を深めていただけるように用意したものです。

「ありよう」

表1でそれぞれ左側に示したのは、ポジティブな「ありよう」で、右側は、その反対で、問題のある「ありよう」です。

表1

つながっている	孤立している	任せる	細部まで管理する
正常に知覚している	誤認している	気づきのある	気づきのない
勤勉な	怠惰な	ワンアップ	ワンダウン
お願いする	要求する	活力のある	無気力な
建設的	批判的／軽蔑的	ポジティブ	ネガティブ
心の広い	偏見のある	調子を合わせる	調子が合っていない
慈悲深い	無情な	共感的な	配慮を欠いた
優しい	薄情な	人を疑わない	疑い深い
責任感のある	無責任な	辛抱強い	無関心な
うまくやっている	くじける	集中した	気の散った
機敏な	感覚の鈍い	気配りの行き届いた	無頓着な
存在している	放心した	注意深い	不注意な
集中した	散漫な	思いやりのある	思慮のない
調和した	敵対した	忍耐強い	批判的な
役に立つ	競っている	道徳的な	不道徳な
協力的	非協力的	信じている	疑っている
寛大な	厳しい	今ここにいる	心を奪われている
感受性のある(開いた)	頑なな（閉じた）	敬意を表する	失礼な
独立した	依存した	約束のある	約束のない
鼓舞する	気が滅入る	寛大な	寛大でない
快い	不愉快な	外交的な手腕がある	機転が利かない
打たれ強い	脆弱な	謙遜	自己陶酔
社交的	引きこもる	アサーティブ	受け身
寛大な	欲深い	積極的	攻撃的
度量の大きい	保守的な	関心を持つ	無関心
大胆な	抑制された	洗練された	がさつな
追い求める	回避する	つながっている	妨害する
利他的な	利己的な	創造的	想像力に欠ける
思いやりのある	無思慮な	感情豊かな	夢を見ているような
謙虚な	慢心した	穏やかな	逆上した
覚えている	忘れっぽい	決断力のある	優柔不断な
正直な	人を欺く	信頼	疑い
注意深い	衝動的な		

こうした「ありよう」は心理療法とどのような関係があるのでしょうか？　クライエントは、ある気分から抜け出すことができないことよりも、ある「ありよう」の泥沼から抜け出せないため、セラピーに訪れます。家族や友人、同僚らとの関係の中で遭遇した「ありよう」に気をもんでいるため、セラピーを求めてくるのです。こうした場合、クライエントは、他人に「ありよう」を変えて欲しいと考えています。

セラピストには、クライエントが適応力のある「ありよう」にアクセスし、不適応な「ありよう」をやめる手助けを行う技術が必要になります。しかし、多くの場合、セラピストは、こうした課題を完遂できるようなツールを充分持ち合わせていません。その点で、催眠を習得し実際に用いることができれば、即座に役に立つでしょう。催眠誘導とは、「ありよう」に変化をもたらす技術であると言えます。セラピストが、催眠状態の「ありよう」を引き起こす方法を習得することで、クライエントも、自らの別の「ありよう」に変化を引き起こすことが容易になります。練習を通して習得したことは、別の分野にも応用することができます。ひとたび自転車の乗り方を習得すれば、オートバイに乗ることもそれほど難しくないでしょう。

伝統的な催眠を行うセラピストは、「ありよう」の変化を、介入によってもたらされる副次的な結果と考えています。さらに理解を深めるために、ウィリアム・グラッサー（William Glasser）の研究を参考にした、自動車のメタファーを使って考えてみましょう（図3）。

自動車の前輪は、思考と行動を示しています。一方、後輪は生理機能と「ありよう」を示しており、「ありよう」には、感覚／知覚／情動／気分が含まれます。自動車の前輪は左右に動かすことができます

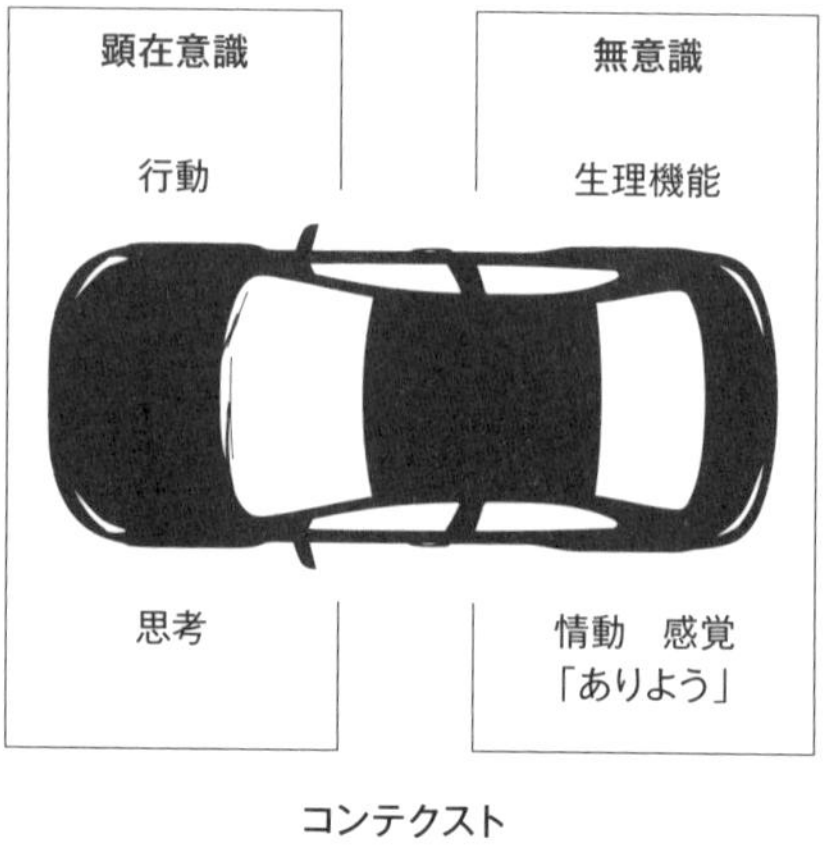

図3

が、後輪は固定されていて、前輪が定めた方向に向かうように設計されています。

セラピストは、クライエントの思考や行動が変化できるように方向づけを行いますが、「ありよう」や生理機能がそれに合わせて変化することを期待しています。思考や行動は、意思により制御しやすいという点で、より柔軟性が高いと考えられているようです。思考や行動は、顕在意識の領域に存在していますが、「ありよう」、感覚、情動、気分や生理機能は、無意識の領域に存在すると考えることができます。

余談になりますが、自動車を、あるコンテクスト（文脈）の中で運転していると考えてみましょう。コンテクストが変われば、自動車も変わってきます。したがって、コンテクストの変化は、システミックな変化を引き起こすと考えることができます。家族療法を習得すれば、変化を引き起こすのに非常に有用な技術を身につけたことになります

（順調な家族療法のセッションにより、小児糖尿病を患っていた子どもの血糖値など、生理機能に変化が起こった事例も報告されています）。

催眠を学ぶことで、自動車が四輪駆動であることを認識するようになります。一九七〇年代の初め、私が大学院生であった頃、初めて催眠の講義に出席したときのことを覚えています。私は、専門家がある医師にトランス状態を喚起する誘導のデモンストレーションを、熱心に見ていました。その後、腕浮揚と手袋状の感覚麻痺が暗示されました。外科用の縫合針が、皮膚に痛みを生じさせることなく刺され、出血を抑える暗示がなされました。このデモンストレーションがきっかけとなって、私は催眠を学ぶ決意をしました。このセミナーの講師は、私が習得したいと思っていた、「ありよう」や生理機能に影響を及ぼすことができる技術を持っていました。自動車は四輪駆動であり、催眠を使って、前輪同様に後輪にも影響を及ぼすことができることを彼らは知っていたのです。まだ、西洋で心身相関という概念が充分に知られるようになる前のことでした。

催眠は、ときに緩和効果をもたらします。引き続き、自動車のメタファーを使って、標準的なシフトレバーについて考えてみよう。バックギアからドライブギアにシフトするには、一度ニュートラルを経る必要があります。ニュートラルに入る時間は、短いですが、必ず必要です。

セラピストのもとを訪れるとき、クライエントは、あたかもバックギアに入った状態にいます。相互作用や可動性、知覚に問題を抱えている状態です。誘導をうまく行うことで、クライエントはニュートラルの「ありよう」に入り、凝り固まった問題の「ありよう」から抜け出すことができます。催眠誘導が適切に行われると、それは、クライエントにとって、自分の「ありよう」は変えることができるという参照体験になるのです。催眠を使って、「ニュートラル」に入ること自体が、システミックな意味のある介入となる場合があります。それは、「ありよう」を変化させることで生じた推進力がクライエントに影響をもたらし、行動を起こし、変化を起こし、問題に対処するのに充分な推進力を引き起こすからです。

催眠は「ありよう」であるというのが、本書の中心となる命題です。催眠を単独で存在する現象であると考えるのは認識論的に誤っています。催眠は、一連の現象の集合体であり、定義可能な要素が組み合わさったものです。催眠を単独で存在する実体と考えたことで、多くの研究や理論、臨床に、混乱が生じました。クライエントを集合体の構成要素に方向づけることで、催眠は喚起されます。催眠の構成要素について理解することで、セラピストは、さらに、問題の性質や解決の仕方、変化のプロセスを促す方法についてより深く理解できるようになります。

もう一つ考えなければならないことがあります。それは、自分でアクセス可能な「ありよう」がいくつかあるということです。例えば、祈りや瞑想は、ガイドなしで行うことができます。セラピストなしで自己催眠を行うこともできます。しかしこれが、自己催眠と、瞑想やアクティブ・イマジネーション、自律訓練法、リラクゼーション、マインドフルネスなどがもたらす「ありよう」との区別を難しくしています。ありようの中には、例えば、つながっている、つつましい、正直である、というように、他者との関係によって影響を受けるものがあります。本書では、催眠を対人関係の中で生じる「ありよう」として定義しています。

「ありよう」は、エリクソン博士にとって重要なものでした。先に述べたように、エリクソン博士の教育、心理療法、催眠を明確に区別することは困難です。この三つの領域が、構造的に類似していることも、その区別を難しくする要因となっています。治療、教育、催眠を通して、博士は、「ありよう」を喚起していました。

知識としての情報を提供する一般的な教師とは対照的に、エリクソン博士は、「ありよう」に影響を及ぼすことを教えました。一つ例を挙げてみましょう。

先ほども述べましたが、フィニックスに引っ越す前にエリクソン博士を訪問したとき、私は博士のゲストハウスに滞在しました。ゲストハウスの寝室のクローゼットには、博士が一九五〇年代、六〇年代に行った講義を録音した古いオープンリールのテープが入った箱がありました。そのテープについて博士に尋ねると、博士は聴いてもよいと答え、保存しやすいように、カセットテープにダビングしてくれました。

その当時、エリクソン博士の講義を受講していたのは、主に医師たちでした。サイコセラピーはまだ揺籃期にあったため、セラピストはほとんどいなかったのです。ある講義を聴いて、私は当惑しました。それは、催眠に関する講義でした。私は、博士のプレゼンテーションの仕方は、一つの長い催眠誘導のようでしたと伝えました。博士は私の考えに同意し、昔の講義を自分で聴いたことは一度もないとおっしゃいました。そして、コンテンツを教えたのではなく、モチベーションを持てるように話したとおっしゃいました。

私は博士の言葉に困惑し、その内容を頭で理解するのに少し時間がかかりました。小学校から大学院まで指導してくださった先生方は皆、私がコンテンツを学ぶことを望んだため、エリクソン博士が、ことさらコンテンツを教えることをしなかったのは、常軌を逸したことに思えたのです。次第に、私は博士の考えていることが理解できるようになりました。博士は、「ありよう」を引き起こすエキスパートでした。博士は、柔軟性のある「ありよう」を引き起こすことで、コンテンツは、いつでも本から学べるということを教えたかったのでしょう。

第6章

サルバドール・ダリ、ミルトン・エリクソンと出会う

体験的な導入

エリクソン博士は、現代催眠の父として、伝統を打ち破り、催眠と催眠療法において新たなアプローチを打ち立てました。エリクソン博士がもたらした変革を、絵画の発展の中で生じた変革と並行させて考えてみましょう。

画風や絵画技法は無数にありますが、画家には、ある種の制約や伝統が存在します。例えば、有限のキャンバスの上に構図を決めなければなりません。そのフレームの中で、多様な表現が許容されるのです。絵画という「ドラマ」の中で、制約と画家の表現との間に緊張関係が生まれます。時代の変遷と共に、新たな絵画技法が発明され、完成されていく中で、従来の制約は変化していき、表現や効果を生み出す新たな手法が創造されてきました。

古典美術から印象主義、シューールレアリズム、現代美術への発展には、絵画手法の発達を垣間みることができます。遠近法を用いることで立体表現が盛んになり、色を大胆に使うことが多くなり、抽象度も高まりました。美術の歴史を通して、描画技法は変化しただけでなく、画家たちの目標も、時代とともに変化していきました。当初、絵画というものは、実在する現実のイメージを鑑賞する者に見せるも

のでした。その目的は、鑑賞する者に歴史の一コマを提示したり、実際にあった出来事を浮き彫りにすることでした。

その進化につれて、絵画の抽象性は次第に高まり、静的な過去のイメージを反映させることから、表現する目的へと関心が移るようになりました。印象主義の到来により、画家は、鑑賞する者と共に、瞬間瞬間を想像することができるようになったのです。歴史を浮き彫りにし、保存することの重要性は次第に失っていき、代わりに、絵画と鑑賞する者たちとの相互作用が強調されるようになりました。絵画は、過去を賞賛することから離れ、現在を描くことへと移行したのです。例えばモネは、印象的な画風を用いましたが、鑑賞する者はそこから睡蓮を想像しています。しかし、美術作品は、まだフレームの中に閉じ込められたままでした。

制限や禁止されていることに反駁して革新するのが、人間の特徴、少なくとも一部の人たちの特徴であり、それがときに反抗へとつながります。反抗は必ずしも悪いものとは限りません。固定概念によって縛られていた境界を拡げることができるからです。印象主義が勢いを増してきたことにより、「反抗的な」アバンギャルドな画家たちが出現する道が拓かれました。より大胆でより効果的に、表現をより活気のあるものにするために、アバンギャルドの画家たちは、キャンバスではなくフレームに絵を描き、やがて、フレームやキャンバスではなく壁に絵を描きました。そして、そこにサルバドール・ダリが登場します。

一九八九年にダリが死去する少し前に、私は、パリのジョルジュ・ポンピドゥー国立芸術文化センターで開催されたサルバドール・ダリ展を見に行きました。この展覧会では、並外れて画期的な手法で、フレームに対して反旗が翻されていました。二枚の大きく同じ形をしたキャンバスが、並べて展示されていました。それは、色のついた小さな方形のチェッカー盤でした。たくさんの小さな正方形は、それ自身が完全な美術作品だったのです。そこには、溶けて柔らかくなった時計や、動物の身体の一部が引き伸ばされたものなど、「ダリ風」のイメージやシンボルが描かれていました。

　おそらく、この大きなキャンバスの一五フィート〔四・五メートル〕ほど前方あたりに、ダリは三脚に固定したステレオスコープ〔立体鏡〕を置いていました。ステレオスコープを通してキャンバスを見ると、イメージが融合して見えます。しかし、融合したイメージの中心部には揺らぎが生じており、それは、「視覚の混乱」をもたらしています。鑑賞する者は、脳が「一段高いギア」へとシフトして、混乱したイメージを解消するまで、辛抱強く待たなければなりません。意識的な努力は、役に立たないのです。意識的な努力をせず、問題が整理されていくのに任せておけば、鑑賞する者の意識は、この混乱したイメージを理解する新たな方法を見つけ出します。混乱をもたらす困難が「自然に」解消されるがままにしておくことで、意識は、結果として、新たな次元を創り出します。そして、絵画の表面から、突然ある知覚が生じます。もう一つの正方形です。その正方形は、融合したキャンバスの前方の空間に浮遊して見えます。これをイリュージョンと言うことができるかもしれませんが、イリュージョンではなく、実際にそこに存在しているのです。

　しかし……浮遊する正方形の中心には、まだ混乱へと誘うものが見えます。鑑賞する者たちがさらに時間をかけてその混乱に期待を込めて身を任せ、脳が一段高いギアへとシフトするがままにしていると、ついにその状態も自然に解消されていきます。二つ目の正方形が出現して、最初に現れた正方形の前方に浮かぶのです。

複雑さ、表現される反抗性、技法の修得を通じて、ダリは、もともと別々の絵画であった、チェッカー盤の正方形の中にある小さな「絵画」、ステレオスコープによって融合する絵画、そして、二層の浮遊する正方形からマルチレベルの絵画を創り出してみせました。

フレームや壁に絵を描くことで、伝統がもたらす制限に対して反抗声明を出すのではなく、ダリは、革新的な方法を見つけ出すことで、新たな展望を切り開きました。最新のテクノロジーを使って、伝統の限界を打ち破ったのです。両眼視差を認識する視覚原理を使うことで、立体視知覚を創り出すことを可能にしました。ダリは、鑑賞する者たちを、能動的な体験の共同創作者にしたのです。物事を受動的に受け取るのではなく、鑑賞する者は無意識的に生じた刺激を活性化させ、活力を吹き込むことができます。鑑賞する者の主体的努力を伴うことで、記憶にも残りやすくなります。ダリは、伝統的な鑑賞パラダイムから鑑賞する者たちを連れ出し、奥行きやイリュージョンや新たなリアリティを知覚し、体験することを可能にしました。そして、ダリは、フレームの中に留まりながら、それを成し遂げたのです。

同じようなやり方で、ミルトン・エリクソンは催眠とサイコセラピーの両方に新たな次元と奥行きをもたらしました。標準化された権威主義的な暗示を受け身のクライエントに提示する伝統的な催眠のアプローチとは対照的に、エリクソン博士は、個別の患者に合わせて、必要な体験を喚起し、引き出されていないリソースを活用する催眠療法を提唱しました。博士のアプローチは、従来の催眠療法と比較して、相当にインタラクティブ(相互作用的)なものでした。博士は、マルチレベルのコミュニケーションを行うことで、クライエントの内側に揺らぎを引き起こし、クライエント自らが問題を解決できるように導く手法を用いました。エリクソニアンアプローチでは、実際の出来事に対するクライエントの「現実」世界を、解釈したり、説明したり、対峙するようなことはしません。エリクソニアンアプローチでは、気分や物事の見方、行動や「ありよう」の変化を引き起こすのです。

こうした考え方を理解していただき、エリクソン博士がいかに生成的な結果を引き起こしたかを端的に示すものとして、私がクライエントになったときの例をご紹介します（Zeig, 1980, 1985）。

ある被告の弁護人が、催眠を不当に使って、目撃者の記憶を書き換えたとみられる殺人事件のことで、エリクソン博士に連絡してきました。博士は、以前フィニックス警察の特別捜査官に催眠を教えていたことがあり、催眠が使われていた可能性があったのです。被告側の弁護人は、催眠セッションのビデオを観察して、エリクソン博士に証言してもらうよう依頼してきました。しかし、博士は、自らが高齢であり証言するのは無理であるとして、私を代わりに証人として呼ぶよう提案しました。

私は、当時まだ駆け出しであったため、それまで法廷で証言したことがありませんでしたが、催眠が証人の記憶に影響をもたらしたかどうか喜んで見解を述べましょうと返答しました。弁護人の返答では、専門家の証人として私を採用してもらえるよう、裁判所に私についての信用状を提出したいとのことでした。そして、私が催眠の世界的権威であるミルトン・エリクソンのもとでトレーニングを受けたことを、弁護人が裁判所に示し、信用状は受理されました。

少し後になって、今度は検察官がエリクソン博士に連絡してきました。検察官は、今回のケースでは、法医学ツールとしての催眠の信頼性が疑われていると説明しました。博士は当初、検察官に対して、健康状態が悪く証言できないと伝えていましたが、最終的に宣誓供述書を提出して、それが裁判記録に含まれることになりました。

検察官はエリクソン博士の信用状を提出するにあたって、「弁護側も認めているように、ミルトン・エリクソン博士は催眠の権威であり、本ケースに関する意見を求めたい」と検察官は書いていました。当然のことながら、博士は法廷の証人として認められました。体調が優れない中、エリクソン博士は、警察車両に乗って警察に行き、催眠が行われているビデオを見ました。このケースが重要なものであると、博士は認識していたのです。

かくして、エリクソン博士が検察側の証人となり、私ザイグは弁護側の証人となったのです。言うまでもなく、私は少々ナーバスになっていました。どうして証言することを決心されたのか、私は、博士に尋ねました。「君は、すでにいくつかのことを学んでいるのではないかね」と博士は冗談交じりの口調でおっしゃいました。私は、「そのとおりです」と答えました。それから少し考えて、「エリクソン博士、私は証言を前に、ナーバスになっています。セラピーをしていただけませんか」と続けました。

博士はしばらく床を見つめながら、躊躇していました。私には、その瞬間アートが創造されつつあり、物語となって現れることがわかりました。そして博士は、「相手方の弁護人を知る」という助言を交えた物語を語り始めました。

それは、博士が何年も前、子どもの保護監護権裁判で、夫側の証人に立ったときの話でした。博士は、妻の側には重大な精神障害があり、子どもを虐待する可能性があると考えていました。夫が主たる保護監護権を持つことが最適であると博士は考えていましたが、その当時は、母親を同居親として指定することが慣習とされていました。公判前の準備ミーティングで、夫側の弁護人は、相手側の女性弁護人に関する情報を伝えなかったこともあり、博士は、相手方弁護人は手強いであろうと推測していました。エリクソン博士が証言をする日がやってきて、相手方の女性弁護人は、博士の証言に反論するため、充分な準備を行って、一四ページにわたる質問書を用意して、鋭い質問をしてきました。「エリクソン博士、あなたは、精神医学のエキスパートであると伺いました。あなたにとってのオーソリティーはどなたですか⁉」

「私自身がオーソリティーです」と博士は答えました。オーソリティーとして誰かの名前を挙げると、準備万端な弁護人は、対立するオーソリティーを引き合いに出し、当時の精神医学の理論が、まだ確定されたものではないことを示して、オーソリティーの信頼性を失墜させようとしていることに、博士は気づいていました。

女性弁護人は苛立ちながら質問を続けました。「エリクソン博士、あなたは精神医学のエキスパートだとおっしゃいました。……では精神医学とは何なのでしょうか？」エリクソン博士は次のように答えました。「一つの例をお示ししましょう。米国史のエキスパートであれば、サイモン・ガーティ（Simon Girty）のことを聞いたことがあるでしょう。「ダーティ・ガーティ（Dirty Girty）」とも呼ばれていたことも。米国史のエキスパートでない人は、サイモン・ガーティについては知らないでしょう……「ダーティ・ガーティ」と呼ばれていたことも。米国史のエキスパートであれば、サイモン・ガーティのことについて知っておくべきです……「ダーティ・ガーティ」と呼ばれていたことも。米国史のエキスパートであれば、サイモン・ガーティのことを知っているでしょう、……「ダーティ・ガーティ」と呼ばれていたことも。

博士が発言した後、裁判官の様子を見ると、笑いを隠そうとして、頭を両手の間に埋めていました。書記官は、鉛筆を探そうと、テーブルの下を探していました。夫側の弁護人も、笑いを必死にこらえようとしていました。

妻側の女性弁護人は、準備していた質問書を横に置き、「質問は以上です、エリクソン博士」と答えました。

エリクソン博士は、この物語を終えた後、私の方を向いて、「妻側の弁護人の名前は……ガーティ(Gertie)だったのさ」と教えてくれました。博士はさらに、夫側の弁護人は、将来訴訟でこの女性弁護人であるガーティと対峙して、彼女がいらいらし始めたら、「ダーティ・ガーティ」の話を引き合いに出せることに気づくことができたとおっしゃいました。

博士の逸話は興味をそそるものでしたが、それと同時に、明らかに混乱をもたらすものでした。博士は何を伝えたのであろうか？　博士のメッセージは何だったのであろうか？

エリクソン博士からの「助言」を理解するのに、私は、脳内のギアが一段上がるに任せました。博士からいただいた「ギフト」の包装を開けて、言外のメッセージを知る必要があったのです。自分自身を信じなさい！　知っていることを使いなさい！　あなたの無意識が、突然もっとも必要とされるリソースをもたらすでしょう！　状況に怯えてはいけません！　あなたは想像もしていなかったことができます！　役割や行動を前もって決めつけてはいけません！　埋め込み命令を含め、催眠から派生したアプローチを活用することができるのです！

仮に、私のリクエストに対して、エリクソン博士が、上のような指示を直接的に与えて下さったとしたら、おそらくアドバイスには感謝したものの、即座に忘れてしまったことでしょう。しかし、物語の中で、指示が間接的で抽象的に提供されたことで、それは生かされたまま伝わりました。物語は私に軽い揺らぎをもたらしました。私が暗示された次元のメッセージを抽出しようとする中で、それが生きたものになったのです。

今では、法廷に入ると、あるイメージが眼前に浮かびます。それは現実のものではありませんが、私はそれを「見ている」のです。それは、エリクソン博士と私がリビングルームで座っている光景です。博士は私に「ダーティ・ガーティ」のことを話しており、私たちは笑っています。博士は笑いすぎて息もつけないほどです。博士が笑っていて、私も笑っています。私の意識の奥深くから、こうしたイメージとそれに伴う感情が自然に現れます。いずれにもユーモアの本質的な要素が含まれています。私のものの見方や「ありよう」は変化し続けながら、「幻想的な」メンタルピクチャーとそれに伴う感情のフィルターを通して、法廷を眺めています。

エリクソン博士からいただいた物語は、私がそれまでは気が進まなかった仕事をやり遂げる際の、リソース創りに役に立ちましたが、フォーマルな催眠を使うことなく行われました。実際、トランス状態が引き起こされた感じはありませんでした。エリクソン博士は、「ナチュラリスティック（自然発生的）」な手法を使っていたのです。

今回お話ししたケースでは、エリクソン博士は、フォーマルな催眠ではなく、ナチュラリスティックなトランスを活用していました。催眠誘導の基本を習得すれば、他の心理療法にもこうした体験的な手法を応用することができます。読者の皆さんに、このような方向づけを行うために「ダーティ・ガーティ」の話をしました。本書を読み進める際、催眠的なものの見方を応用して、催眠以外の介入のクオリティも高まることを念頭においておいて下さい。催眠を学習することで、心理療法を行っていく上での新たな視点を養うことができます。催眠についての理解を深めるため、まずは、伝統的な催眠モデルから話を始めることにしましょう。

追記――裁判では、被告に有罪判決が下されました。裁判が終わった後、エリクソン博士と私は、お互いが気づいたことについて話し合いました。催眠が不適切に使われてはいなかったという点では、私たちの意見は一致していました。実際、捜査官が標準化された催眠技法を使っていたため、実際のところ、証人にほとんど影響を及ばしていなかったと、エリクソン博士はおっしゃっていました。

第7章 伝統的な催眠モデル

催眠療法において、伝統的なアプローチとエリクソニアンアプローチの違いは、主に変容の場のつくり方にあります。前者は、権威主義的な性格が強いのに対し、後者は、より寛容です。

エリクソニアン催眠の手法は、クライエントの内側から変化を引き起こす「内側から外側へ《インサイドアウト》」のアプローチと考えることができます。一方、伝統的な催眠は、「外側から内側へ《アウトサイドイン》」とアプローチします。伝統的な催眠では、セラピストは通常、受け身のクライエントに対して直接的な暗示を与えます。例えば、不安を訴えるクライエントには「もっとリラックスしますよ」とか、喫煙者に対しては「タバコの味や香りがまずくなります」といった暗示を行います。

伝統的な催眠は治療にも用いられ、権威主義的な暗示が効くこともあります。一方で、直接的な暗示では充分ではないことも多くあります。そうしたときエリクソニアンアプローチが効果を発揮することになります。

エリクソニアン催眠のモデルについて検討する前に、モデルが開発されるに至った元の枠組み、つまり、伝統的な催眠のモデルについて見ていきましょう。今回、ご覧いただくのは、伝統的なモデルを縮

表2

誘導前	誘　導	深　化	介　入	終　了
ラポールの確立	リラクゼーション	直接暗示	ポジティブ暗示	クライエントに「コントロール」を返還
問題の見立て	興味づけ（fascination）	スケールの使用	ネガティブ暗示	顕在意識下でのラポールの確立
催眠に関する神話の払拭		カウンティング		顕在意識下での反応の確立
被暗示性の判断		誘導イメージ法とファンタジー		トランス体験の承認
		非言語技法		
		催眠現象のテスト		自我の構築

約した形で示したものです。さらに探求したい場合には、クローガー、ワイゼンホッファー、スピーゲルとスピーゲルの著作（Kroger, 1977; Weitzenhoffer, 1989; Spiegel & Spiegel, 1978）をご参照下さい。また、私の見解に対する批判については、ワイゼンホッファーの著作（Weitzenhoffer, 1994）をご覧下さい。

伝統的な催眠モデル

伝統的な催眠モデルは、表2の五つの段階で構成されており、順を追って行われます。それぞれの段階には、明確な目標と、セラピストとクライエントの役割があります。以下は、その概要をまとめたものです。

誘導前

催眠誘導の前の段階は、四つのプロセスからなっており、通常は、(a)ラポールの確立、(b)問題の見立て、(c)催眠に関する神話の払拭、(d)被暗示性の判断、の順番で行われます。

ラポールの確立

催眠を用いる場合もそうでない場合も、セラピストは、初期の段階で、ラポールを確立します。催眠療法を行う場合、この段階は特に大切になります。それは、クライエントが、催眠について、誤解や疑いを抱いていることが多いからです。また、クライエントが、初めて催眠療法を体験する場合、不安を感じていることがあります。催眠療法は、クライエントにとって、記憶に残る出来事となり、決して忘れることはないでしょう。

催眠によってもたらされる関係性は、強力で密接なため、ラポールによって強い結びつきが生まれると、適応的な退行が引き起こされます。セラピストは、入念にラポールを築いて、心からクライエントに共感しながら、ポジティブに関わり、クライエントの人間関係や気分、思考、行動に、関心を持っていることを納得してもらう必要があります。

問題の見立て

ラポールが確立できたら、セラピストは見立てを行います。問題の見立ては、催眠を用いない場合と大差ありません。特に、セラピストが、問題を対人関係からではなく、個人の精神内的な基準で診る場合にはそうなります。通常、セラピストは、クライエントの問題の特性や病因を明らかにするために、質問をします。催眠を希望するクライエントの多くは、喫煙や肥満など、習慣の制御に問題を抱えています。伝統的な催眠を行うセラピストは、症状の心理的側面を重視して、直接暗示や除反応などの催眠的な手法を使って、治療効果を上げようとします。病識は治療に役立つと考えられ、催眠は精神力動を明らかにするのに用いることができます。実際に見立てを行う時間は比較的短く、形式的な場合もあります。それは、後でお話しするように、セラピストの多くが、治療効果を上げるために、直接暗示のスクリプトを使うからです。クライエントに合わせて治療法を創り上げる試みは、あったとしても一般的ではありません。(例えば、スピーゲルとスピーゲル(Spiegel & Spiegel)の『トランスと治療——催眠の臨床的応用(*Trance and Treatment: The Clinical Uses of Hypnosis*)』(1978)をご参照下さい。この論文の著者らは、最小限の診断カテゴリーを使ったアプローチを行っています)

催眠に関する神話の払拭

問題の見立てが終わったら、セラピストは、治療の妨げとなり得る催眠に関する神話を払拭します。手始めに、セラピストは、「催眠についてどんなことを知っていますか?」「これまでに催眠を体験したことがありますか?　ある場合には、どんな感じでしたか?」「催眠を体験している人を見たことがありますか?　ある場合には、どんな感じでしたか?」といった一般的な質問をすることで、障害となる先入観がどんなものであるかを明らかにします。

神話の内容を特定し、正確な情報を提供することで、伝統的な催眠を行うセラピストは、クライエントに現実的な期待を抱いてもらえるようにします。しかし、エリクソン派のセラピストの場合、ときに、クライエントの誤った認識を治療に利用することがあります。スピーゲルとスピーゲル（Spiegel & Spiegel, 1978）の論文には、催眠についてのよくある神話として、以下の一〇項目が挙げられています。(1)催眠とは眠ることである、(2)催眠はセラピストによって、クライエントに投影されるものである、(3)弱っている人や病気の人だけが催眠にかかる、(4)催眠は、医師がそれを使おうと判断した場合にのみ生じる、(5)症状を取り除くことは、新たな症状が生じることを意味する、(6)催眠は危険なものである、(7)催眠は治療である、(8)催眠を使うセラピストはカリスマがあるか、ユニークであるか、不可思議な存在に違いない、(9)女性のほうが男性よりも催眠にかかりやすい、(10)催眠は表層的な心理現象に過ぎない。

本書では、スピーゲルとスピーゲルの著作（Spiegel & Spiegel, 1978）をもとに、クローガー（Kroger, 1977）やヤプコ（Yapko, 1984）の観察結果を加えて、催眠に関してクライエントが抱いている一六の神話について解説します。いずれも、セルフコントロールの消失や、非現実的な増大を伴うものです。伝統的な催眠の立場からすれば、神話を払拭することで、催眠によってセルフコントロールが高められることを、クライエントにはっきりと認識してもらうことができます（例えば、催眠を使って身体表面の血流を変化させるなど、無意識的なコントロールが高まることを暗示します）。しかし、たとえセラピストが、セルフコントロールに非現実的な変化が起こるという神話を払拭したとしても、伝統的な催眠では、クライエントの意識的なコントロールの消失が、中心的であることに変わりはありません。

それでは、セラピストがよく遭遇する催眠にまつわる神話を見ていきましょう。

①クライエントが通常ならしないようなことを、催眠を使ってさせることができる。

専門家の多くは、クライエントの意志に反して反社会的な行動を無理強いすることはできないと断言しています（Conn, 1982）。催眠を行うセラピストは、不幸なクライエントを支配し、セラピストの意思を押しつけることはしません。クライエントにとって大切な推論能力や社会的判断力は保持され、催眠によって損なわれることはありません。

クライエントは、自分が人に見られると恥ずかしいとか、不愉快に感じるような立場におかれることを恐れている場合が多くあります。残念なことに、ショー催眠では、催眠にかかった人が、普段はしないようなことをしたり、ときに異様な振る舞いをする例が見られます。しかし、こうした効果は、直接、催眠の影響によってもたらされるものではなく、状況の要求によって引き起こされる社会心理的な現象であると考えられます。

ミルグラム（Milgram, 1963）などの社会心理学者による服従の研究では、権威に反応して反社会的行動を引き起こすことが可能であることが示されています。しかし、非定型的・反社会的行動は、トランス誘導がなくとも引き起こされます。エリクソン博士（Erickson, 2010）は、催眠は実際のところ、反社会的行動を抑制すると主張しています。

②クライエントが催眠にはまってしまい、トランス状態から抜け出さなくなってしまう可能性がある。

クライエントが充分な知識を与えられていない場合、催眠によってトランス状態に入り込むと、抜け出せなくなってしまうと信じていることがあります。もし、そうした誤解があるのであれば、セラピストは誘導を始める前に、それを正すことができます。

催眠から覚醒できなくなる可能性に関しては、実際、社会心理学的な現象として報告がなされています。一九六〇年代、七〇年代の新聞や雑誌に、催眠のデモンストレーションに参加した被験者が、トランス状態から抜け出せなくなったという記事がたくさん掲載されました。こうした事態に対処するため、一九七〇年代、複数の催眠学会で、「緊急時の」催眠解除法についてパネルセッションが開催されました（Kleinhauz, 1982参照）。今日では、トランス状態から覚醒しないという出来事に遭遇することはほとんどありませんが、一件の記事が新聞に掲載されると、ほかにもトランス状態から覚醒しなかったというケースが明らかになり、再び学会で「緊急時の催眠解除」のパネルセッションが開催される事態となりました。

セラピストがクライエントのニーズに適切に対処していない場合、クライエントはトランス状態から出ることを拒否する場合が多く、覚醒の拒否は、受動的な抵抗の一つの表れであると考えられます。例えば、横柄なセラピストがクライエントを軽んじたり、クライエントが自分自身のために努力すべき事柄を無視した場合に、そうした事態が起こる可能性があります。おそらく、クライエントのタイミングに合わせずに、覚醒させようとしているのです。その結果、クライエントは、トランス状態から覚醒することを拒否することによって、不満や不服を態度で示します。トランス状態を創造するのも終わらせるのも、クライエントであり、セラピストではありません。セラピストは単にきっかけとなるシグナルを送るだけなのです。

③催眠にかかっている間は、私たちは眠くなったり、意識がなくなったりする。

トランス状態で、完全に意識を失うか、完全に健忘を起こさなければ、催眠状態に入っていないと多くの人たちが信じています。例えば、クライエントが目を覚まして、「先生のおっしゃることが全部聞こえていたので、トランス状態に入っていませんでした」と言うかもしれません。

実際には、完全な健忘に至ることは稀です。それは、クライエントにとっては、忘れることよりも覚えておくことの方が大切だからです。多くの場合、セラピストは、技法を活用して、暗示がより記憶に残るようにします。スピーゲルとスピーゲル（Spiegel & Spiegel, 1978）は、催眠下では意識がなくなるというよりも、焦点化された意識状態が強化されると指摘しています。

④催眠は「魔法の治療薬」である。

先ほどの神話と関連して、クライエントは自分が抱えている問題を「魔法の治療薬」を使って解決してもらうために、催眠療法に訪れることがあります。こうしたクライエントは、頭痛の克服に痛み止めを服用するのと同じように、催眠を「服用」したいと思っています。うまくいけば、催眠によって、クライエントを元気づけて、協力的に治療が運ぶように力を注いでもらうことができます。クライエントは、受動的に治療を受ける人のことではありません。しかし中には、受動的に「コントロールを失う」ことを望んでいるクライエントもいます。そのようなクライエントは催眠を、麻酔下で行われる外科手術のようなものであって欲しいと考えているようです。極端な場合、自分で変化を起こす責任や努力は、回復することだけに限定され、「手術」そのものにクライエントが関与することを拒否することもあります。

⑤催眠状態では嘘をつけない。

催眠が自白薬や嘘発見器のように機能すると信じている人たちが多くいます。エリクソン博士（Erickson, 2010）は、催眠状態でも覚醒状態とまったく同じように、私たちは簡単に嘘をつくことができると指摘しています。実際、催眠を受けた人は、より効果的に嘘をつくことができるであろうと、エリクソン博士は考えていました。それは、運動系の機能が低下するため、嘘を見抜くことがより困難になるからです。ときに神話は、セラピストにとって都合良く働く場合があります。非常にいきり立ったクライエントが、夫を私のオフィスに引っ張ってきて、「夫が浮気をしています。夫を嘘発見器にかけましたが、結果ははっきりしませんでした。薬を飲んでいたからです。夫に催眠をかけて、本当のことを話させて下さい」と怒り声で訴えました。

私は二人を引き離し、待合室に奥さんを待たせて、夫をオフィスに招きました。すると夫は、にわかに本当のことを話し始めたのです。夫は浮気をしていました。催眠を使わなくても、夫は私に真実を語ったのです。催眠で真実を語らせることができると彼が信じていたからでした。

⑥暗示にかかる人、騙されやすい人だけが催眠にかかる。

催眠は、被暗示性が高まった状態であると記述されていた時代もありました（Bernheim, 1889）。エリクソン博士は、トランス状態に入ったからといって、暗示を受け容れることが約束されたとは限らないと考えていました（Erickson, Rossi & Rossi, 1976, p.312）。騙されやすさは、催眠とは関係ありません。催眠状態でも、私たちは批判的な推論を行うことができますし、ロボットになるわけでもありません。

また、権威に対する服従も、人間にはよくある行動です。しかし、服従は社会心理学的な現象であり、必ずしも催眠によるものではありません。私たちは、実際には、順応するよりも心理的に同じ状態に留まることの方がはるかに多いのです。セラピストにとって問題なのは、クライエントに影響を及ぼすのに充分な梃子の力を得ることができないということです。クライエントが持っている正常なホメオスタシスのメカニズムは、たとえ、それがポジティブな方向づけであっても、暗示による権威主義的な影響に抗うことがあります。

⑦催眠は意識を鈍らせる。

クライエントの中には、自分が催眠状態になると、意識が働かなくなり、周囲の影響をより強く受けやすくなるのではないかと恐れる人たちもいます。意識がはっきりしなくなるどころか、催眠によって、柔軟性や想像力が活性化されることで、その人が持つ個性を強化することができます（Gilligan, 1987 参照）。

⑧精神疾患を持つクライエントは催眠を受けることができない／受けるべきではない。

催眠は、米国精神医学会の『精神疾患の診断・統計マニュアル』に記載されている診断グループのいずれにも、効果的に用いることができます。例えば、パーソナリティ障害、嗜癖的な問題、適応反応、うつ状態など、特定のグループのクライエントに対して適用を制限する必要はありません。

催眠の標準スケールに関する研究では、急性期の統合失調症患者も、健常者とほぼ同じような被暗示性を示すことが報告されています（Pettinati, 1982）。慢性の統合失調症患者は、催眠の標準スケールに対して正確に反応しませんが、彼らは一般的に対人関係から引き離されているため、影響が及ばないのです。現在でもメンタルヘルス専門家の中には、わずかながら機能している統合失調症のクライエントや境界性パーソナリティ障害のクライエントに、催眠を用いると悪化を招きかねないと、信じている人たちもいます。しかし、これは正しくありません。催眠や催眠から派生した技法は、精神疾患に対する治療に用いられて成果を挙げています（Zeig, 1974; Dolan, 1985; Scagnelli, 1977, 1980; Young Don Pyun, 2013）。

私は、これまでに、極めて症状の重いクライエントが、催眠を不適切に妄想の中に取り込んだケースに遭遇したことがあります。例えば、あるクライエントは、以前に担当したセラピストが自分に催眠をかけ、「悪い想念」を吹き込んだと訴えました。その後、それが固定観念となったため、クライエントは、効果を逆転させるための「対抗催眠」を求めました。こうした訴えは、以前のセラピストに対して抱いていた受け容れがたいネガティブな感情が、間接的に表れたものと考えることができます。重度の精神障害を持つクライエントに対しては、どんな技法を使う場合も、こうした状況が発生する可能性を考慮しながら、慎重に進めることが大切になります。

⑨催眠では、クライエントが対処できないようなことが出てくる場合がある。

トランス状態に入ると、自分の奥深く暗いところに潜んでいた秘密が表面化し、悪影響を及ぼす可能性があると信じている人たちもいます。稀に、トランス状態にあること自体が、抑圧されていた記憶を呼び起こしたり、多重人格が出現することさえあると思っている場合もあります（Erickscn & Erickson, 1980; Greenleaf & McCartney, 2000）。しかし、予期していなかったことが起こったとしても、セラピストに対応する能力がある限り、こうしたことは有害にはなりません。また催眠は、抑圧されていたものを呼び起こす唯一の治療法でもありません。ゲシュタルト療法の技法でも、精神分析家のカウチソファに寝そべっても、同様の効果を引き起こすことができます。

⑩一部の人は催眠状態に入ることができるが、「私は催眠に入ることができない」

この神話は、被暗示性スケールの研究によって永続的なものとなっています。その中で、もっとも普及しているのが、スタンフォード式催眠暗示性スケール（Stanford Scale of Hypnotic Susceptibility）です（Weitzenhoffer & Hilgard, 1962）。スケールは、誘導スクリプトと、それに続いて行われる催眠的なタスクから構成されています。催眠的なタスクを通して、クライエントが催眠現象のすべての項目を体験できるかテストされます。例えば、ある項目では、暗示した腕の不動性がテストされます。「催眠を受けた」クライエントの腕が一定未満の距離しか動かなかったら、そのクライエントは合格したことになります。

他の項目には、負の幻覚があります。クライエントの前に、異なる色の小さな箱が三個並べられます。しかし、そこには箱が二個しかないと暗示され、クライエントはその「二個」の箱の色を報告します。

このスケールを用いることで、被暗示性は、不変的な特性として捉えることができます。一二個のタスクのうち一〇個のタスクに合格した人は、被暗示性が高いと見なされます。合格が四項目以下であった人は、被暗示性が低く、五から九項目であった人は中等度の被暗示性があると見なされます。そして、いずれのタスクにも合格しなかった人や、ごく一部のタスクしか合格しなかった人は、被暗示性がないと見なされます。実際、どのタスクにも合格せず、スコアがゼロになる場合はほぼありません。ほとんどの人は、標準スケールに対して、程度の差こそあれ、ポジティブな反応を示します。

しかし、このようなスケールは、数を限定したレンズを通して催眠を定義しているようなものです。「催眠」は、あらかじめ設定され、スクリプト化された誘導の後に行われる標準化された催眠的なタスクに対する反応と考えられているのです。また、標準化されたテストを行うこと自体、好反応グループ、平均グループ、低反応グループを生み出すことになります。

一連のタスクを標準化し、一定数のクライエントサンプルに対して用いると、その結果は、正規分布曲線として表すことができます。ほとんどの人は、正規分布曲線の中央部分に入ることが予測されます。

例えば、仮に「愛する能力」のスケールを作ったとしましょう。このスケールは、あらかじめ設定された愛情の「誘導」と、それに続く、愛情に関する標準化されたタスクで構成されています。タスクの基準をすべて満たした人は「高愛情者」とみなされることになり、スコアが低い人は、「低愛情者」と見なされることになります。しかし、愛情というものは、私たちが持つ普遍的な現象であっても、人によって、タイミングによって変化することに異論はないでしょう。同じことが催眠にもあてはまるため、これが、臨床で被暗示性の標準テストが普及しない要因となっています。

エリクソン博士は、「社会性のある人なら誰でも、催眠状態に入ることができる」という考えを持っていました（Yapko, 1985）。エリクソニアンアプローチの考え方では、催眠とは、注意が焦点化された意識状態であり、それまでに認識されていなかった、心理的、生理的能力にアクセスすることを可能にします。それは、固定化されたものではなく、時間と共に変化します。エリクソン博士は、誰もが愛情や恐怖、怒り、痛みなどの感情を体験するように、誰でもこうした特有の意識状態を体験することができると主張しました。催眠は、感情を体験することと似ています。人それぞれ、感情の体験の仕方は異なりますが、私たちは、自分の感情を通して、個人や対人関係に反応します。また、状況が重要な役割を果たしており、状況が変われば、感情も変化します。

しかし、こうした議論をしたからといって、スケールが信頼できないということにはなりません。催眠について心理学的な研究を行い、現象を定量化し記述しようとする場合には有用です。スケールを使って測定した被暗示性と他の心理的、生理的現象との相互作用について研究することも可能になります。しかし、スケールは、催眠下で生じる現象の一部を測定するデバイスであり、催眠を定義するものとして使われるべきではありません。（権威主義的アプローチ、標準アプローチ、エリクソニアンアプローチの違いについては、Gilligan, 1987, Thompson, 1988をご参照下さい）

⑪知的能力の高い人は催眠にかからない。

知能と被暗示性の間にはっきりした相関関係は示されていません。実際には、知的能力の高い人は催眠状態に入りやすい傾向にあります。ヒルガードは、さまざまな人格と被暗示性の相関関係についてもまとめています（Hilgard, 1968）。

⑫催眠によってサイキックパワーが高まったり、サイキックパワーにアクセスできる。

催眠は超自然的なものではありません。一般に理解されている心理学の原理によって成り立つものです。たとえ、超能力的な知覚が存在したとしても、催眠によってもたらされるトランス状態とは何の関係もありません。一部の文化では、トランス状態に入ると、良い霊や悪い霊が住み着きやすくなるといった神話があります。

近年、催眠は、過去生（前世）への入り口であり、トランス状態に入ることで、過去生での自分が見つかるかもしれないと考える人が増えてきました。私は、これまで四〇年以上、催眠を使って臨床を行ってきましたが、「過去生」に遭遇したり、過去生の自分に退行したクライエントは一人もいませんでした。過去生は、セラピストとクライエントの信念体系によってもたらされる産物であり、催眠とは何の関係もありません。

⑬催眠によって失った記憶を呼び起こすことができる。

催眠は、抑圧されたり、忘れられていた記憶を呼び戻す鍵となると考えている人たちがいます。このテーマを扱った文献は多数ありますが、本書で扱うことができる範囲を超えています。さらに探求したい場合、とりわけ虚偽記憶症状に関心がある場合は、ヤプコの文献（Yapko, 1994）をご参照下さい。

⑭催眠を使って意識の機能を高めることができる。

読んだり見たりしたことを、写真のように再現するフォトグラフィックメモリーのような記憶力を獲得するために、催眠に訪れる人たちがいます。催眠を用いることで、パフォーマンスの妨げとなっているメンタルブロックを取り除くことは可能ですが、人間が本来持っている能力を超えることはできません。私たちが本来持っている能力と、実際の使われ方との間には、依然として大きなギャップが存在しています。そのギャップは完全になくならないにしても、催眠を使って、大幅に減少させることはできます。それは、本来持っている能力が発揮されるのを阻んでいるのは、私たちの信念体系であることが多いからです。例えば、私たちのほとんどは、眠っている意識の力を使って、血圧や血流、疼痛の知覚などの生理機能に変化を起こせることに気がついていないのです。催眠を通して、自己制限的な信念によって作り出された障壁を取り除くことができます。

⑮催眠を行うには、特別な補助具／デバイスが必要である。

現在でも、催眠を使うセラピストは、ペンデュラムを振ったり、ヒプノディスク［同心円や渦巻が書かれた円盤］のような円盤を回したり、クライエントに水晶玉を見つめるように指示してトランス状態に誘導するといったイメージが、催眠の神話の一部にあります。こうしたステレオタイプのイメージが広まっているため、セラピストのオフィスにそういったデバイスがないことを知って、落胆するクライエントもいるほどですが、このような装備品は不要です。多くの場合、注意を留める対象を想像するだけで、容易にトランス状態に入ることができます。実際、デバイスも必要なければ、特別な催眠用チェアも必要ありません。エリクソン博士のオフィスにあったクライエント用の椅子は、背もたれが垂直で、リクライニング機能もついていませんでした。心地良さは、クライエントが創り出すものであって、椅子が作り出すものではないのです。

⑯催眠暗示は一定の期間しか持続しない。

催眠暗示の効果が「薄れ」たら、「カンフル剤」が必要であると考える人たちがいます。この神話を不誠実な形で利用すれば、強化と称して、頻繁に催眠を繰り返されるという事態が起こります。適切に行われれば、催眠に対する反応は、新たな運動課題を習得するときと同じように機能します。例えば、ひとたび自転車の乗り方を習得したら、その体験は、知識情報として生涯保持されます。疼痛のコントロールのような場合、数回のセッションで、顕著な変化を継続的に引き起こすことができます。クライエントが、必要となる参照体験を体得できれば、治療を繰り返す必要はないのです。

＊

これまでご紹介してきた神話は、一般の人たちだけに信じられているものではありません。メンタルヘルス専門家さえも、こうした神話の流布に一役買っている場合もあります。他院からの紹介でやってくるクライエントの場合、吹き込まれた神話が頭の中に残っているため、まずこれを払拭する必要があります。

伝統的な催眠では、神話に対して意識的な対処を行いますが、エリクソン博士は、神話を間接的に肯定することがありました。その中には、催眠中、クライエントがまだ批判的な推論を行う能力があることをクライエント自身に知ってもらうために行ったものもありました。

こうした神話は、すべて、コントロールが高まるのであれ、低下するのであれ、根本的にコントロールについてのものです。中には、催眠を体験することで、変化に対する自分の責任を放棄できると考える人たちもいるかもしれません。クライエントの多くは、催眠を、必要な力やモチベーションを外側からもたらしてくれるものだと思っています。例えば、減量したいけれど、自分の意思通りに行動していないクライエントは、より効果的な暗示を与えてもらいにセラピストのもとを訪れます。クライエントが自分自身と交わした偽りの約束を上回るような暗示を求めてやってくるのです。

さらに別の視点から検討してみましょう。交流分析（Transactional Analysis）では、人格は、親（Parent）、大人（Adult）、子ども（Child）の自我状態から構成されると仮定しています。親はアドバイスを与えますが、そのアドバイスには、批判的なものもあれば、養育的なものもあります。大人は情報を処理します。子どもは、親のメッセージに対して、自立性と熱意をもって、順応したり反抗したりしながら、反応します。交流分析の用語を借りれば、クライエントは自分自身に対して（親から子どもに）、体重を減らすこと、禁煙することなど、自分は何を「すべき」か語りかけているのです。子どもが言うことを聞かない場合には、クライエントは、子どもが言うことを聞くよう、セラピストに「外部からの味方」になってもらおうとするかもしれません。伝統的な催眠も、こうした形で用いられることで、効果を発揮することがあります。一方、エリクソニアンアプローチでは、反応は、間接暗示を用いることで、体験的に引き起こされるため、子どもの自我状態は、自律性と熱意を伴った形で生じます。

被暗示性の判断

神話を払拭した後、セラピストは、クライエントの被暗示性を判断します。伝統的な催眠では、見立ては、標準テストとインフォーマルなテストの二つのタイプの被暗示性テストに基づいて行います。これらの方法をすべてのセラピストが使うわけではありませんが、ここでは簡単にご紹介しておきましょう。

インフォーマルな被暗示性テストの目的と標準テストの目的は異なります。標準テストの場合、信頼度が高く正確な検査データの取得が目的となりますが、インフォーマルな被暗示性テストは、暗示の際に注意を向ける対象としての役割を果たしています。インフォーマルな被暗示性テストに対する反応は、被暗示性の高さを算出するために用いられるものではありません。インフォーマルな被暗示性テストの目的は、催眠に対するクライエントの反応性の高さを示すことにあります。

標準テスト

標準テストでは、前述のスタンフォードスケールのような催眠研究用のスケールが用いられます。実際の臨床で標準テストが使われることはあまりなく、多くの場合、インフォーマルなテストが用いられます。一部の臨床で標準スケールが用いられることもありますが、その場合は、研究用スケールを臨床用に調整したバージョンが用いられています。臨床で使える標準スケールには、もう一つ、スピーゲルとスピーゲル（Spiegel & Spiegel, 1978）による催眠誘導プロファイルがあります。

インフォーマルな被暗示性テスト

事前に誘導を行わずに実施できる催眠的なタスクがありますが、実際、フォーマルな誘導なしに、催眠現象を体験することが必要になります。その目的は、クライエントからポジティブな反応を引き出して、動機づけを高めることにあります。クライエントに反応する能力があり、反応したくなることを実感してもらいたいのです。インフォーマルな被暗示性テストの場合、標準テストよりも良好な反応が得られます。それは、セラピストが、最大の効果が得られるように影響を及ぼそうとするからです。これに対して、標準テストでは、中立性が保たれます。反応性を高めるためにクライエントに影響を及ぼすことは禁止されているのです。

伝統的な催眠で使われるインフォーマルな被暗示性テストには、(1)バケツと風船、(2)姿勢の揺らぎ、(3)ハンドクラスプ（両手のひら組み）、(4)コーンスタム現象（Kohnstamm's Phenomena）の四つがあります。

(1)バケツと風船

このテストでは、クライエントは眼を閉じて、腕を前に差し出し、肩の高さで平行に保持するようにします。セラピストは次に、片方の手には砂を入れた重いバケツがぶら下がっており、もう一方の手首には、ヘリウム風船が結び付けられていると暗示します。セラピストは、バケツと風船がクライエントの手に付けられている様子を身振りで示すこともあります。セラピストは、バケツを持っている方の手首にわずかに下向きの力を加え、風船が結び付けられている方の手首をわずかに上げて、精妙に望む感覚や反応を暗示します。続いて、イマジネーションを使って、片側の腕を下げているバケツの重さを感じながら、もう片方の腕を持ち上げている風船の軽さを感じるように、クライエントに指示します。一定の時間が経った後、眼を開けるように指示すると、クライエントは、重さを感じている方の腕が下がっていて、軽さを感じている方の腕が上がっていることに気づきます。

この技法を分析してみましょう。まず、セラピストからの働きかけは、クライエントにポジティブな反応を促すことを意図したものです。次に、クライエントはイマジネーションを使うことが推奨され、創造的なことをイメージしたいという、私たちが一般的に抱いている願望を利用しています。腕に下向きの力を加えたり、上げたりする、微細な非言語的な暗示は、初めに運動感覚を創り出し、ポジティブな反応を呼び起こす準備として、極めて重要な働きをしています。クライエントは、実際、自らの反応を通して、催眠療法が自分に合っていることを実感することができるのです。

⑵ 姿勢の揺らぎ

この被暗示性テストでは、クライエントに、かかとを合わせて立ち、天井のあるスポットに注意を集中してもらいます。そして、その強さのあまり、クライエントの身体が揺らいでしまうほどの強風が吹いているところを想像してもらいます。セラピストはクライエントの後ろに立って、クライエントをすぐに支えることができるようにして、クライエントの身体が揺らいで後ろに倒れるようなことがあっても大丈夫であることを確認して、さらに暗示を強化します。

この場合も、暗示は、望む効果が得られるように、慎重に組み立てられています。クライエントには、かかとを合わせて、頭上を見上げる、バランスが取りにくい姿勢をとるよう指示します。この姿勢をとることで、不随意的身体運動が生じる可能性が高まるのです。セラピストは、姿勢の揺らぎが起こりやすくなるように、非言語や言語を使います。クライエントの後ろに立って、「助ける」瞬間を待っていることも、揺らぎをもたらす上で、強力な非言語的な合図になります。そうすることで、クライエントに、「私は、これまで思ってもみなかった方法で反応している。催眠は私に合っているみたいだ」という理解を暗黙的に作り出しているのです。

(3) ハンドクラスプ（両手のひら組み）

このテストでは、クライエントに、指を組んで左右の手のひらを合わせるように指示して、その手が離れなくなることを伝えます。セラピストは、手に接着剤を塗る様子を身振りで示しながら、クライエントの両手が、接着剤で固められていると暗示します。

セラピストにとって、このテストを行うメリットは、生理的変化によって、クライエントの反応性が高まることです。例えば、手のひらが汗ばむことでべとつきが感じられます。指の関節をからめることで、クライエントは手を引き離すことが難しくなります。指の圧迫によって、実際に指の腫れが起こり、指を簡単に離せなくなるのです。

(4) コーンスタム現象

コーンスタム現象も、生理的な変化を使って、クライエントの反応性を高めるものです。クライエントには、セラピストの前に直立して、セラピストの方に腕を伸ばしてもらいます。セラピストは、クライエントの片方の手首をしっかりつかみ、クライエントに、抵抗を感じる方向に腕を持ち上げるように指示します。しばらく力を加えた後、セラピストは後ろに下がり、クライエントには、腕の力をゆるめてもらって、どんな変化が起こるか待ちます。この時点で、セラピストは、期待された反応を行って見せても構いませんが、クライエントの腕は意志と関係なく上がっていきます。この動きが生じたら、セラピストは、こうした現象は、クライエントが、催眠に対してポジティブな反応を示しているため生じていると暗示します。

コーンスタム現象は、解離的な運動への理解をもたらすという点で、催眠とは切り離せないものです。

後で示すように、解離的な運動は、催眠の重要な構成要素です。治療の初期段階で、クライエントは、不随意的な反応を体験することになります。これは、その後の催眠誘導や治療で、解離を使う際のシーディング（種まき）となります。

コーンスタム現象は、催眠的な目的で活用することができる正常な生理反応です。同じような効果は、腕を伸ばして、指を揃えて、手をできるだけ後ろ側にそらすことによっても引き起こすことできます。一定時間経過すると、指は自動的に広がります。この方法も、コーンスタム現象と同じように、クライエントが自ら催眠状態にあることを「確信する材料」として使うことができます。

現在でも伝統的な催眠では、被暗示性テストが広く用いられています。また、こうしたテストは、良いクライエントを選び出すため、ステージ催眠でも多く利用されています。しかし、臨床においては、こうした派手な手法は、あまりに芝居がかっているとして敬遠されます。（被暗示性テストの詳細については、クローガーの文献（Kroger, 1977）をご参照下さい）

標準テストやインフォーマルな被暗示性テストから得られる情報は、その性質上、限定的なものです。クライエントがポジティブに反応した場合、「良好」「普通」に分類され、そうでなければ、催眠適用外に分類されるかのいずれかになります。こうした方法では、一般に個人個人のスタイルや、催眠反応の仕方に関する情報が無視されることになります。その後の催眠誘導や治療は、基本的に順を追って機械的に行われるため、個人差を判断する必要はありません。エリクソニアンアプローチでは、個人の違いが重視されるため、それぞれのクライエントに合わせて心理療法を行うことができます。

誘導

伝統的な催眠では、誘導前段階の後、フォーマルな誘導を行いますが、このとき、主に機械的な興味づけとリラクゼーションの暗示が行われます。興味づけを行う際、クライエントには、回る円盤や時計のチクタク音、壁のスポット、身体感覚など、どこかに意識を集中させてもらいます。セラピストは、クライエントのリラクゼーションが深まるように、一般的に「足をリラックスさせて、くるぶしをリラックスさせて、ふくらはぎをリラックスさせて、ももをリラックスさせて、脚をリラックスさせて」といった直接暗示を行います。こうした方法を用いることで、リラクゼーションの細かい部分にクライエントの意識を集中させるのです。セラピストには、通常好みの誘導法があることが多く、それが繰り返し用いられます。あたかも劇的なモノローグのように、熟練した役者が情熱を込めて芝居をするように行われることもあります。誘導は、あらかじめ設定した時間まで続きます。セラピストが事前に用意する「スクリプト」の長さは、通常一〇分から二〇分ほどです。

深化

深化の段階では、「直接暗示」「スケールの使用」「カウンティング」「誘導イメージ法」「非言語的技法」「テスト暗示」といった手法が、単独で、あるいは組み合わせて用いられます。

直接暗示

トランス状態を強化するために、伝統的な催眠を行うセラピストは「深く、もっと深く」「リラックス、深く、もっと深く」といった暗示を使います。こうした命令は、低音口調で行うと効果的です。

スケールの使用

仮想的なスケールを使って、深化の体験を促すことができます（深化を促す際の詳しい催眠スケールの使用法については、タートの文献（Tart, 1972）をご参照下さい）。セラピストは、次のように暗示することができます。「これから、あなたの無意識に、あなたがいる催眠の深さを報告してもらいます。二〇ポイントのスケールを使います。「〇」は覚醒状態、「一〇」が中間くらいのトランス状態、「二〇」は、とても深いトランス状態を指します。これから鉛筆で音をたてます。その音が聴こえたら、あなたの心の眼に、催眠の深さを示す数字が表れます」。

セラピストは、肯定的な反応が得られるように準備します。例えば、クライエントが「一〇」と答えたら、セラピストはこんなふうに言うかもしれません。「一〇はとても良いですね。これから五回深呼吸します。そうすると一五まで深めることができます。そして、そのレベルに達したら、うなずいて下さい」

カウンティング

スケール法の一つに、カウンティング法と呼ばれる技法があります。「私が二〇から一まで順番に数えていきます。一回数えるごとに、催眠が二〇分の一ずつ深くなっていきます」カウントに合わせて、セラピストは、次のように、間に直接暗示を挟んでいくこともできます。「二〇、ゆっくり、楽にして、一九、ゆっくり、だんだんと、一八、より深く、深く……」

カウンティングは、伝統的な催眠に限定された技法ではありません。エリクソン博士もキャリアの中盤、カウンティングを誘導技法として使っていました（Erickson, Haley & Weakland, 1959）。不思議なことに、エリクソン博士がこの技法を使うとき、昇順でカウントしていました。催眠状態は「より高次」のありようであると考えていたのかもしれません。

誘導イメージ法

深化を促す際、よく誘導イメージ法（ガイド付きイメジェリー）が用いられます。例えば、クライエントに、ビーチの光景をイメージしてもらい、感覚体験を通して、臨場感を高めることができます。「砂の暖かさを感じます。そよ風の清々しさを感じましょう。寄せてくる波の音を感じて下さい。白波が立っているのを見ます」感覚の関与を高めることで、トランス状態が深化する感覚が得られます。

深化を促す際、他によく用いられるイメージ法として階段法があります。階段法は、よくカウンティング法と直接暗示を組み合わせて行います。「二〇段ある階段を降りていくイメージを描いて下さい。一段降りると、催眠が二〇分の一ずつ深まっていきます。「二〇、リラックスして、一九、楽に、一八、ただリラックスしていくのに任せて……」

非言語技法

慎重に、適切な臨床ガイドラインに従って行えば、接触技法を使ってトランス状態を深めることもできます。セラピストは、息を吐くのに合わせて、クライエントの肩をゆっくり降ろして、暗示を行い、深化を体験してもらうことができます。肩を上げることで、催眠から覚醒する暗示として使うこともできます。戦略的に肩の上げ下げを交互に行うことで、催眠状態が深まっていく感覚を感じてもらうこともできます。非言語的な深化技法としては、他にも、手を軽くつねって、クライエントを内面に引き込む方法や、クライエントの頭を前下方向にやさしく引っ張る方法があります。

また、カウンティング法に非言語技法を組み込むこともできます。例えば、セラピストの呼吸とカウントを、クライエントの呼吸、特に呼気に合わせます。これによって、催眠状態の深まりを体験できます。生理的なリズムをミラーリングすることでラポールが深まり、催眠状態も深まっていきます。エリクソン博士は、クライエントが息を吐いているときに話すようにして、よく言葉のタイミングを調節していました。

テスト暗示

深化の段階の終わりに、催眠現象をテストする暗示が用いられます。このテストの主な目的は、クライエント自身に、自らの反応に「確信」を持ってもらうことにあります。このテスト暗示は、深化の技法でもあります。クライエントが暗示に従って、催眠現象を体験すると、クライエント自身が、より深いトランス状態にいることを体験的に知覚することができます。エリクソン博士は、催眠現象を引き起こすことで、体験がさらに深まるという考え方を最初に推し進めた研究者の一人でした（Erickson & Erickson, 2008）。

催眠現象

催眠現象を体験することで、クライエントのトランス状態の深さに対する感度が高まります。そのため、古典的な催眠現象について理解しておくことは、伝統的な催眠を行うセラピストにとってもエリクソン派のセラピストにとっても有用です。しかし、催眠現象の使い方は、両者の間で明確に異なります。催眠現象は、直接的にも間接的にも暗示することができます。自然に生じることもあります。伝統的な催眠では、間接的方法よりも直接暗示の方が好まれます。

以下に挙げる項目を学習して、催眠現象を鮮明に体験することによって、クライエントにどんな影響が引き起こされるか予想できるようになります。

(1) 幻覚

正の幻覚であれ負の幻覚であれ、幻覚は、知覚や感覚の錯覚によって生じます。正の幻覚をもたらす暗示によって、クライエントは、実際そこにないものが見えたり（床から薔薇が生えている）、実際にはない音が聞こえたり（学校の始業ベルのなる音）、そこにないものが感じられたりします（暖かさの感覚）。また、香水の香り、甘い食べ物の味といった、嗅覚や味覚を通した正の幻覚も引き起こすことができます。

負の幻覚とは、実際に存在する事象をクライエントが体験できない状態です。視覚を通した負の幻覚では、例えば、部屋の中に実際ある椅子が見えなくなったりします。嗅覚を通した負の幻覚では、クライエントの鼻にかざしたアンモニアの臭いが感じられなくなることもあります。

固有受容感覚を通した幻覚も可能です。例えば、その場合、クライエントの頭が、実際よりも足から遠く離れているように感じられることもあります。

(2) 感覚麻痺と感覚鈍麻

感覚麻痺と感覚鈍麻は、触覚を通した幻覚の一種と言えます。感覚麻痺は、感覚が感じられない状態であり、クライエントの手の感覚がなくなるといった暗示によって引き起こされます。感覚鈍麻は、感覚が鈍くなることで、感覚麻痺よりも簡単に引き起こすことができます。例えば、クライエントは、手に手袋をはめているようなしびれの幻覚を感じることで、他の感覚も弱めることができます。セラピストはクライエントの手をつねって、感覚麻痺や感覚鈍麻の幻覚を確認します。医師が、手の甲に滅菌針を刺入する場合もあります。

(3) 健忘（記憶喪失）

健忘（記憶喪失）とは、忘却が誘導され、手がかりが与えられても物事を思いだすことができない状態と定義されてきました。例えば、催眠状態のクライエントに、「これから、あなたは数字の「四」を忘れます。心の中に黒板を描いて、一から一〇までの数字を黒板に書いて下さい。そして、四の数字を黒板から消します。そして、私が音を鳴らすと、数字が戻ってきます」と暗示します。次にクライエントが、一〇まで数えようとしたとき、数字の「四」が抜けていたら、健忘が引き起こされたことになります。健忘はまた、反応や暗示に対して、充分に意識が向いていない場合に起こる反応と考えることもできます。（健忘に関する伝統的な催眠とエリクソニアン催眠からの見解については、ザイグの文献（Zeig, 1985b）をご参照下さい）

(4) 記憶増進

記憶増進とは、それまで思い出すことができなかった出来事や、ありありと記憶されているわけがない事柄、ずっと思い出すことができなかったことを詳細に思い出すことできる状態です。例えば、小学校一年生のときに座っていた座席の場所を思い出すといった状態です。

(5) 年齢退行

催眠状態では、クライエントは、記憶の中に深く没入して、年齢退行したときの体験を現在起こっていることとして、実際に追体験することができます。例えば、セラピストが暗示すると、クライエントは、小学校一年生のときの教室での出来事を追体験することができます。

(6) 時間の歪み

トランス状態では、実際の時間よりも長く感じたり、短く感じたりというように、日常生活とは異なる時間の感覚を体験することがあります。「これから眼を開けて、話して下さいとお願いすると、あなたは、催眠が始まってから、すでに二時間経ったように感じられるでしょう」

エリクソン博士は、催眠下での時間のひずみについて、初めて研究を行った一人でしたが、時間の歪みは、催眠現象の中で、一番最後に特定されたものです。（詳しくはクーパーとエリクソンの文献（Cooper & Erickson, 1959）をご参照下さい）

(7) 解離

解離とは、意識や身体機能が自動的もしくは半自動的に発動する状態です。不随意的に、ただ何かが「起こっている」という体験をします。例えば、誘導イメージ法を使って、クライエントにビーチの光景を想像してもらい、ふとビーチの方を見ると、突然、親しい人が歩いてくるのに気づくといった、暗示をすることができます。

こうした意識の解離以外にも、カタレプシー（身体がろうで固められたような状態）や、無意識的な腕浮揚といった身体的な解離を体験することができます。クライエントは、脚が分離して、身体の一部ではないような体験をします。ある程度の解離は、催眠現象を体験する際、必ず生じるものです。

(8) 自動反応

自動書記や自動描画は、高い解離状態で起こるため劇的な印象をもたらします。催眠下で、会話を続けながらも、クライエントの手は、会話の内容とは関係のない文章や絵を書いています。私は、かつて、「スーパークライエント」に、利き手でないほうの手で、鏡字を使って、リメリック［韻を踏む滑稽（あるいは猥褻）な五行詩］を書いてもらったことがあります。彼女は、自己催眠でこれをやってのけました。覚醒した後、自分が書いた詩を読んで、彼女は赤面していました。その詩の内容は彼女を当惑させるものでしたが、解離の程度が深く、何を書いたのか認識していなかったのです。

⑼ 観念運動反応

観念運動反応や観念知覚反応は、思考や暗示に対する無意識的な反応や感覚反応のことです。フィンガーシグナルは、観念運動反応の一例です。セラピストは、クライエントが「はい（Yes）」と思うと、どの指が動くかわかりますと暗示します。すると、クライエントは、右人差し指が「ピクっと動く」ことに気づきます。別の指の動きで「いいえ（No）」を示すことができます。こうしたシグナルを治療的に使って、精神力学のメカニズムを明らかにすることができます。（治療に観念運動シグナルを使う例については、チークとルクロン（Cheek & LeCron, 1968）、ロッシとチーク（Rossi & Cheek, 1988）、チーク（Cheek, 1962）の文献をご参照下さい）

観念知覚体験は、味覚や嗅覚などの化学的な感覚と関係しています。例えば、クライエントがレモンを想像すると唾液が出ます、と伝えます。観念運動や観念知覚は催眠によって増強されると考えられます。

⑽ 後催眠暗示

後催眠暗示は、通常は健忘を伴った解離反応の一つです。催眠中、クライエントがトランス状態から出た後、セラピストは手を叩いて合図するといった暗示を行います。手を叩く音が聞こえると、クライエントは、突然、無意識下で、頭を掻いたり、前もって暗示されていた行動をとります。エリクソン博士は、クライエントが後催眠暗示に従って行動を起こすには、クライエントは再びトランス状態に入る必要があると指摘しています（Erickson & Erickson, 2008）。

催眠現象を観察する

催眠状態にあるクライエントは、実にさまざまな反応を示します。催眠現象でアクセス可能な生理状態や反応は、観察する者にとっても目を見張るものであったり、クライエントにとっても驚くべきものとなります。催眠を使って生理的変化を暗示することもできます。例えば、クライエントは、抹消血流量を変化させたり、皮膚疾患を改善させたり、血管性頭痛を止めることができます。

催眠現象は、普段は認識されることがない正常な反応です。催眠状態では、催眠現象を統合して、特定の目的に合わせて編成することができます。例えば、時間の歪みという現象について考えてみましょう。これは日常生活でも体験されているものです。雨が降る中でバスを待っていると、時間が経つのがとてもゆっくりに感じられますが、夢中になって本を読んでいるときには、時間が経つのがとても速く感じられます。催眠下で、このように自然に生じている現象を暗示することで、時間の歪みを引き起こすことができます。

日常的に無意識的な反応が体験されている例をもう少し見てみましょう。毎年、新年を迎えてから、前の年の年号を無意識的に書いてしまうといったことは、多くの人たちが経験しています。また、誰かと電話で話している最中に、手が勝手に動いて、メモ用紙に思ってもいなかったような絵を描いていてびっくりすることもあります。これは、自動描画に近い現象です。

年齢退行のような劇的な現象も、日常生活で起こります。例えば、車を運転しているときやシャワーを浴びている最中、記憶に没入して、追体験が始まることがあります。

催眠現象の活用

研究者、伝統的な催眠を行うセラピスト、エリクソン派のセラピストは、催眠現象を異なった方法で活用します。例えば、研究者は、催眠現象を標準化したテスト用スケールとして活用し、潜在的な催眠能力を定量化しようとするかもしれません。一方、伝統的な催眠を行うセラピストは、催眠現象を使って、（被暗示性テストなどで）催眠へのかかりやすさを判断したり、トランス状態を深化させる技法として使うでしょう。エリクソン派のセラピストの場合、特に、強力な治療的リソースとして、催眠現象を引き起こすことに関心を持っています（Edgette & Edgette, 1995）。

伝統的な催眠を行うセラピストは、催眠現象を誘導と深化のデバイスとして、あるいは、クライエントがある状態にあることを「確信してもらう手段」として用いることもあります。催眠誘導前の段階において、催眠現象はある目的を持って活用されますが、催眠誘導中には、また別の目的で、そして、深化の段階では、クライエントにトランス状態を実感してもらうために用いられます。

催眠の前段階のときのように、催眠現象は、それと気づかれることなく、インフォーマルな被暗示性テストとして用いることができます。例えば、姿勢の揺らぎやバケツと風船などのテストについて考えてみましょう。強い風が吹いている「幻覚」や、軽さや重さの感覚によって、クライエントはトランスの力を信じやすくなります。ちなみに、こうした暗示の前に、フォーマルな催眠誘導は行われていません。

先に述べたように、伝統的な催眠では、トランス状態に誘導するのに、興味づけやリラクゼーションが大きな役割を果たしています。例えば、視覚的な幻覚を使って、以下のような暗示を誘導に組み込むことができます。「壁を見て、大きな赤い秒針が回っている時計を想像してみましょう。鮮明に思い描いて下さい。時計の枠を見てみましょう……時針や分針の色……数字がどのように配置されているかを見ます。次に秒針が一二時のところに来たら，深呼吸して，眼を閉じます。そうして，深いトランス状態に入ります」。また，腕浮揚（Sacerdote, 1970）も，よく誘導デバイスとして用いられてきました。

伝統的な催眠の深化の段階では，催眠現象は，クライエントが体験したトランス状態の深さを確認してもらい，暗示を使って治療を続ける上で，重要な役割を果たしています。催眠現象によって無意識的な反応が高まると，随意性の変化や相互関係の高まりが起こります。被暗示性テストから始まって，誘導，深化，治療へと続く中で，セラピストは，セルフコントロールの変化を強化します。クライエントはもはや，自分の体験や反応を意識的にコントロールしていないことが「示され」ます。セラピスト，あるいは，理想的には，クライエントの無意識がコントロールを行っているのです。そして，誘導前の段階でコントロールの神話を払拭させた方法と幾分矛盾しているように見えるかもしれませんが，コントロールの移行を体験することは，治療段階で暗示を用いる際，大変重要になります。

治療

伝統的な催眠では，治療によってポジティブな暗示もネガティブな暗示も用いられます。例えば，恐怖症のクライエントには，「今までは恐れていた状況が，問題ないものになります」と暗示し，喫煙者には，「タバコの味がまずく感じるようになります。ひどい臭いになるでしょう」といったネガティブな暗示が与えられます。

しかし，催眠なしでこれと同じことを言っても，不毛な結果に終わるでしょう。一方で，クライエントに催眠誘導を行って、腕浮揚などの催眠現象を体験してもらい、治療的な暗示を行えば、それまでの段階を通して反応性が高まっているため、暗示に従う可能性も高まります。深化の段階では、テスト暗示を使って催眠現象を引き起こすことで、治療的な暗示に対する反応性を高めることができます。直接暗示もより受け容れやすくなりますが、催眠を体験したクライエントは、すでに意識でコントロールされるものではないことを身をもって理解しているのです。誘導や深化の段階を経ると、コントロールは明らかに向上します。結果として、クライエントは与えられた暗示に対して、より解離した状態で、無意識的な反応をすることになります。そして、変化には意識的（随意的）な活動が必要なくなっていきます。

伝統的な催眠では、無意識をコントロールするという考え方が、早い段階で「植え込まれ」ます。誘導前の段階（誘導なしの催眠現象）での被暗示性テストは、無意識的な反応を利用しています。セラピストは、「植え込み」によって、シーディング（種まき）を行っていることに気がついていないかもしれません。誘導前の段階でシーディングをしておくことで、治療の段階で不随意体験へのアクセスが容易になります。そして、これは最終的に、治療的な暗示を行う際、重要になります。（シーディングに関する詳しい情報は、ザイグの文献（Zeig, 1990）をご参照下さい）

催眠がもたらす不随意性は、症状がもたらす不随意性と並行する関係にあるため、それを活用することで、治療効果を高めることができます（Gilligan, 1988; Zeig, 1987）。定義上、催眠も症状も、ある程度「意識でコントロールできない」ところに生じます。おそらく、催眠の有効性の一つには、問題が生じた体験と同じレベルで、問題に対処できるということがあります。問題は意識的にコントロールできるところの外で起きているため、催眠を使うことで「無意識」のレベルで問題に対処することができるのです。

終了

治療的な暗示を行った後、セラピストは、トランス状態を終了させます。終了と覚醒のペースは、セラピストによって決定されます。セラピストが、例えば一から五までの数を数えることが一般的に行われており、その後クライエントはトランス状態から覚醒します。例えば、「一、次第に目覚めてきます。二、覚醒します。三、眼を開けて下さい。四、背伸びしましょう。五、完全に覚醒しています。すっかり眼が覚めて、リフレッシュして活気に満ちた気分です」。終了の暗示は、クライエントが顕在意識によるコントロールを取り戻し、広く注意の行き届いた通常の状態に戻れるように組み立てられています。催眠誘導の段階から続いていた無意識（そして、セラピスト）との治療的ラポールは、クライエントの顕在意識に戻されます。幸福感を高めるために、例えば、「トランス状態から覚醒した後、あなたは、自信を持ち、自分自身に満足した気分になります」といった「自我強化」の暗示が加えられることもあります。

終了後に、セラピストは、クライエントと催眠体験について話し、クライエントが体験したポジティブな反応を承認します。承認は、クライエントが、普段とは異なる関わりの中で、心を開いて、無意識下で不随意的な体験をしたこと、コントロールの主体が変わったことに対して行われます。[註1] 標準的な質問としては、以下のようなものがあります。「トランス状態はどのくらい続いていたと思いますか？」（時間の歪みを示唆する）、「以前、こんなふうに、腕が自然に持ち上がるような体験をしたことがありますか？」

［註1］誘導段階、そしてセラピーを通して、「コントロール」は、無意識かセラピストの手に委ねられることもあります。

（催眠現象を体験したことに言及する）、「これまでにこんなに深いリラクゼーションを経験したことがありますか？」、「これまでに、記憶がこれほど鮮明に蘇る体験をしたことがありますか？」（記憶増進を暗示する）。関係性や随意性に生じた変化を報告することで、クライエントは、トランス状態が生じていたことを認めると同時に、無意識のうちに治療で用いられた暗示の有効性も認め、強化することになるのです。

現代における伝統的な催眠の活用

伝統的な催眠とそこから派生したモデルは、世界中の催眠療法で広く用いられています。こうした催眠療法は概して、レストランでの食事に喩えてもよいかもしれません。レストランに入って着席する（誘導前）、前菜（誘導）、サラダ（深化）、メインディッシュ（治療）、そしてデザート（終了）へと進んでいきます。コースの一つひとつの段階で、さまざまなアイテムを選択することができます。

残念ながら、伝統的な催眠では、選択できるメニューに限りがあり、顧客それぞれの栄養ニーズにはあまり関心が払われていません。このモデルを使う際、セラピストは、参考書を見つけ、特定の問題に対するプロトコールを学習します。伝統的な催眠の教科書、例えば、ウィリアム・クローガーの書籍（Kroger, 1977）では、誘導前、誘導、深化、治療、終了に使う特定のテクニックを読者が選択できるよう章立てされています。もしセッションでペインコントロールが求められた場合、セラピストは、ペインコントロールについての章を参照し、スクリプトを記憶します。ほとんどの問題に関して、治療に必要な暗示は、教科書の中に書かれています。例えば、クローガーの書籍の恐怖症のセクションには、具体的で詳細な治療用の暗示が掲載されています。肥満のセクションには、この問題に対する暗示が掲載されています。誘導前から終了までのプログラム全体を暗記することが可能です。また、書かれている通りに読み上げられている可能性も否定できません。

スピーゲル（Spiegel, 1970）による禁煙法は、こうした「レシピ本」の流れを汲むものです。そこには、四五分間の、細心の注意を払って研究され、優れた特徴を持った手順が存在しています。そこでは、クライエントのパーソナリティのタイプごとに多少のバリエーションは用意されていたものの、通常は同じアプローチが用いられていました。天賦の才のある役者がハムレットを演じる場合のように、一回一回の公演は、新鮮で創造性が感じられるものかもしれません。エリクソン博士は、こうした標準化されたアプローチを、すべてのクライエントに鉗子分娩を行う産科医に喩えました（Zeig, 1985）。伝統的モデルも成功する可能性はあります。スピーゲルは、充分な研究を行った禁煙プログラムで、極めて高い成功率を達成しており（Spiegel & Spiegel, 1978）。全体としての成功率も、おそらく高いでしょう。機械的に簡単に適用可能な手順としては、悪いものではありません。

以下に示したのは、伝統的な手法に従って行った肥満治療のパロディです。

セラピスト／誘導前　太り過ぎは重大な問題です。あなたもいろいろ悩んでこられたと思います。催眠についてご存知ですか？　あなたがコントロールを失ったり、「ノックアウト」されることはありません。催眠によってセルフコントロールは高まります。被暗示性テストを行って、あなたのイマジネーションがあなたにどのように影響を及ぼすか試してみましょう。腕をまっすぐ前に伸ばして、眼を閉じて下さい。片方の手には、風船が結び付けられており、もう一方の手は砂の入ったバケツを持っています。ここで眼を開けて、違いを見てみましょう。ご覧ください、催眠はあなたにピッタリの技法なのです！

誘導 私の腕時計に注意を集中して下さい。時計があなたの眼の前を少しずつ下がっていきますので、眼を閉じて、全身をリラックスさせます。頭がリラックスして、首がリラックスして、肩がリラックスして、胸がリラックスして、腕がリラックスして、脚がリラックスして。そう、リラックスです！

深化 深くリラックスして下さい。それでは、二〇段ある階段を降りていくところを想像して下さい。私が、二〇から〇まで順番に数えますから、それに合わせて一段ずつ降りていきます。二〇…一九…一八…一七…一六…一五…一四…一三…一二…一一…一〇…九…八…七…六…五…四…三…二…一。深く眠っているかのように。もう眼を開くことはできません。試してみましょう。そう、それで結構です。（クライエントはテストやチャレンジ暗示にポジティブに反応する）

治療 ここで、私はあなたに暗示をかけます。あなたは超有名なザイグ・ダイエット法を受けています。このダイエット法には二つの原則があります。一つ目、白いもの、砂糖や小麦加工食品、多量の塩が含まれるものを二度と食べることはなくなります。二つ目、洗い流せないものは、食べたくなくなります。

終了 さて、私が一から五まで数えると、あなたは、目覚めます。一…二…三…四…五。すがすがしい気分で目覚め、本当に良い気分です。どれほどありありとして、目が覚めるような感覚でしたか？それでよいです。それでは、受付で会計を済ませて、また、来週の予約を入れておいて下さい。

（翌週）

セラピスト　太り過ぎは重大な問題です。あなたもいろいろ悩んでこられたと思います……

伝統的な催眠では、強化を行う必要があり、セラピストは最初のスクリプトを一言一句変えることなく繰り返すこともあります。暗示が「使い古される」ため、強化が必要になります。

この催眠モデルでは、暗示を繰り返し、無意識に再充填します。そのため、古い、停滞した習慣は、取り除く必要があります。クライエントが意識していないネガティブなパターンが、適切に新たなパターンで満たされ、プログラムの組み直しが行われると、治療は終了します。治療の暗示が「漏れ出す」可能性があるため、頻繁に再強化を行う必要があるのです。

伝統的な催眠モデルとエリクソニアン催眠モデル

交流分析（TA）とそこで用いられている三つの自我状態を理解して合わせて活用することで、伝統的な催眠の本質に光をあてることができます。おさらいですが、交流分析では、親（Parent）は批判と養育を行い、大人（Adult）は事実情報を処理し、子ども（Child）は親のメッセージに対して、自立性と熱心さをもって、順応したり、反抗したり、反応するとされています。

催眠療法を求めてくるクライエントの中には、子どもの自我を服従させようと、親の自我の圧力を最大限に高める方法を求めてくるクライエントがいます。クライエントは自分自身を叱責します（親から子どもに）――「禁煙すべきだ」。もし効果がなかったら、クライエントはセラピストに対して、メッセージをより強いものにして、子どもの自我状態が従うようにしてほしいとリクエストします。子どもにルールを思い出させるには、強化が必要になります。伝統的な催眠は、親の自我をベースにしたモデルと言えるでしょう。セラピストは主に、権威主義的な親の自我状態の立場から治療を行います。

後に示すように、エリクソニアンモデルを使った心理療法は、親の自我をベースにしたモデルではありません。セラピストの親の自我状態から、権威主義的な暗示を与えるのではなく、セラピストはさまざまな自我（そして視座）からコミュニケーションを行い、クライエントが持っている力を引き出します。エリクソニアンアプローチでは、暗示を使って「社会的真空状態」を創り出し、クライエントの無意識や熱意を活性化します。間接暗示や創造的な曖昧性を用いることで、クライエントは変化のプロセスに引き込まれていきます。表面上、大人から大人へのメッセージは、暗示的な子どもから子どもへのコミュニケーションとして、無意識に影響をもたらしているのです。

伝統的な催眠療法は、セラピストからパワーがもたらされるという点で、セラピスト主体と言えます。それに対して、エリクソニアンの催眠療法は、クライエント主体のアプローチであり、クライエントが潜在的に持っているリソースを呼び起こします。伝統的な催眠は、暗示をギフトラッピングすることで効果が発揮される、精巧に組み立てられたプロセスです。エリクソン博士は、伝統的な催眠モデルに改良を加えましたが、いくつかの点は重要視しながらも、それ以外の点は重要視しませんでした。標準化された線形の手順ではなく、一人ひとりのクライエントに合わせた、柔軟性のある「モザイク」的でマルチレベルからなるモデルを提唱しました。クライエントは、セラピストが提供したものにエネルギーを注ぎ込み、クライエント自身が持つ力にアクセスして、新しい、より適応性の高いリアリティを創り出していきます。

従来の、料理のレシピ本的アプローチでは、料理の作り手からのインプットはほとんど必要ありません。しかし、治療を標準化し、体験的に学習することはできます。エリクソニアンアプローチは、伝統的なアプローチの限界を超え、クライエント一人ひとりに合わせたアプローチを求めるセラピストにとっては、創造的で効果の高い選択肢となることがおわかりでしょう。

本章では、伝統的な催眠モデルが、(1)誘導前、(2)誘導、(3)深化、(4)治療、(5)終了の五つの順番を追って行われる段階で構成されていることを見てきました。それぞれの段階で、たくさんのスクリプトが暗記され、機械的に繰り返されます。また、意識のコントロールを失うという表現は、直接的な暗示を通してセラピスト主体で行われるプログラミングが、このモデルの中心であることを示しています。

エリクソニアンアプローチがどのように構成されているかを明らかにするには、トランス状態によってもたらされる現象をより詳細に探求する必要があります。これからご紹介するように、誘導は、クライエントがトランス状態での体験を「組み立てる」ことができるように、必要となる催眠現象を引き起こすために行われます。

第8章

現象論から見た催眠

多くの研究者たちが、これまで長きにわたり、催眠の理論を構築しようと、催眠というテーマに取り組んできました。しかし、現在に至っても、その定義にコンセンサスは得られておらず、その本質についても明らかになっていません。催眠は、愛や祈り、音楽のように主観的な体験であり、客観的定義でコンセンサスを得ることは難しいのです。それでも、専門家たちは、理論的観点から定義してきました。

多くの研究者たちは、解離はトランスの重要な構成要素であるとしています。二〇世紀への変わり目、ピエール・ジャネ (Pierre Janet) は、催眠とは、本質的には解離であると説明しました。ヒルガードとヒルガード (Hilgard & Hilgard, 1977) は、催眠の新解離理論を展開し、人間の行動における複数の認知制御の存在を強調しました。しかし理論の構築を志す研究者たちのすべてが、催眠の重要な指標として解離に注目しているわけではありませんでした。精神分析医のブレンマンとギル (Brenman & Gill, 1947) は、催眠を、自我を支えるための退行として位置づけました。ワイゼンホッファー (Weitzenhoffer, 1953) は、催眠を被暗示性の観点から分析しました。行動主義者のバーバー (T. X. Barber, 1969) は、タスクモチベーションの重要性を主張し、その状況を催眠と定義しました。社会心理学者のサービンとコー (Sarbin & Coe, 1972) は、役割理論を使って、「あたかも」反応という観点から催眠を記述しました。これは、トランス状態にあるクライエントは、「あたかも」催眠状態に入っているように演じるという理論です。スピーゲルとスピーゲル（Spiegel & Spiegel, 1978）は、催眠に生物学的な基盤を仮定し、別の研究者は、催眠は本質的にリラクゼーションであるとしました（Edmonston, 1981）。

エリクソン博士は、催眠は、変性した「ありよう《ステイト》」であると提唱しましたが、この現象に対して博士は多様な定義をしており、その中には「ありよう」の概念をまったく使っていないものも存在しています。例えば、博士はかつて、催眠は、クライエント自身の内なる学びを刺激するものであるという考えを示しています（Zeig, 1987）。

解離、役割で規定された反応、文脈的に定義された反応、タスクモチベーション、反応性といった概念が、現在のエリクソニアンモデルには含まれています。しかし、エリクソン博士の影響もあって、こうした概念は、それまでの理論家によるものとは幾分異なったものとして理解されています。

実際、催眠を行う人たちが使う定義が現象を形作ります。解離が必須なものであると考えれば、セラピストは無意識にそうした側面を強調するでしょう。リラクゼーションが主なものと考えれば、その効果がもたらされるように誘導が行われます。催眠を固定された実体として規定すると、一時的な「ありよう」というものは存在しなくなります。催眠は、むしろ、多くの異なる要素が複雑に組み合わさったものであり、そうした要素も時間と共に変化していきます。ここでも、「愛」を例にとって説明してみましょう。愛には、ロマンチックな愛、家族愛、スピリチュアルな愛など、たくさんの形があります。愛にはバリエーションが多く、愛を表すのに何巻にもわたる小説、数多くの詩、多くの歌が創られています。状況が変われば、愛の「ありよう」も異なるものになりますが、それでも、こうしたフィーリングは、「愛」と定義されます。催眠も同じように、セラピストが重要視していることや、クライエントの指向性によって、解離催眠、アクティブ催眠、リラクゼーション催眠、イメージ催眠、その他多くのバリエーションに分けることができます。

例として、食べることによってもたらされる、さまざまな満腹感の「ありよう」から「誘導」を検討してみましょう。ファストフードを食べれば、おしゃれなレストランでディナーを食べるのとは違った満腹感が得られるでしょう。いずれの場合でも満腹感はありますが、満腹感の内容はまったく違ったものになります。

研究したり定量化できるような不変で客観的なトランス状態というものがあるか否かについては、はっきりしていません（一例として、キルシュの文献（Kirsch, 2011）をご参照下さい）。本書では、催眠の定義に流動的なアプローチを用い、催眠の持つ主要な特性として、相互作用的な関係性を強調します。

どのようにすれば、催眠について満足のいく定義を構築することができるでしょうか？　カテゴリー分けにも、外見、機能、病因、歴史、別の現象との関係性など、多くの方法があります。観察者の理論的観点は、それぞれの「レンズ」と言語によって形作られ、物事の概念を定義する上での基盤となります。例えば、催眠の精神内的な定義は、精神分析学や学習理論などの理論的領域から引き出すことができます。一方、対人関係のレンズを採用し、社会心理学者やシステム理論の概念を使って、実用的な定義を設定することもできます。

現在のエリクソニアン催眠では、精神内的概念と対人関係的概念の両方を使っており、その結果、流動性のある定義となっています。こうした考え方は、正確さを望み、概念操作的な定義を期待している研究者にはやっかいなものかもしれませんが、複数の視点を持つ柔軟性のあるレンズは、客観的なリアリティを定義して記述するよりも、主観的な有効性を最大限発揮することに大きな関心を持つセラピストにとっては有益なものになります。

定義は中立なものではありません。しかし、定義は、その後の行動に影響を及ぼし、行動を制限します。例えば、催眠に客観性を重視するセラピストは、催眠誘導や治療にあらかじめ作成したスクリプトを用いる可能性が高いでしょう。こうした方法がうまく行けば、それはそれで良いことです。しかし、うまく行かなかった場合、別の新たな定義を採用し、それに従って行動する必要があります。通常、もっとも豊かな結果は、もっとも柔軟性の高い視点によってもたらされます。さらに、クライエントが助けを求める問題の根底には、クライエントの硬直性が関わっている場合が多いので、柔軟性のある反応を促すためには、まずはセラピストの柔軟性が必要になるのです。

催眠は、構成するものによってもたらされる現象の効果によって定義することができます。現在、催眠に対する「コミュニケーション的なアプローチ」では、複合的な定義が用いられており、催眠は、その機能と引き起こされる現象という観点から記述されます。本書では、セラピストの視点、クライエントの視点、観察者の視点から催眠を観ていきます。また、本章では、催眠下のクライエントが体験するさまざまな現象について検討します。そして、後に続く章では、エリクソニアンモデルにおける催眠の捉え方についてお話ししていきます。

本書の中核である、催眠を現象論的な視点から捉えるモデルは、還元主義的なものです。催眠は、実在するものとして知覚され分類されているシステムです。システムの働きという視点は、その構成要素を研究することで得ることができます。システムには、決定論的なものや、線形のものもあります。自動車は、決定論的なシステムの一例です。全体は部品から成り立っています。部品について理解し、それらがどう組み合わさって全体を構成しているか理解することで、システムを理解することができます。自動車の場合には、還元主義的なアプローチがうまく機能します。しかし、雨が雲の中でどのように形成されるか理解したい場合、雲を元素に還元しても、完全な答えを得ることはできません。また、木について理解したければ、木を根、枝、葉に還元することが重要ですが、それでは、木がどのように機能しているか説明するには充分ではありません。

また、システムには非線形のものもあります。催眠は非線形のシステムであり、決定論的なシステムではありません。予測不能なシステムであり、催眠の本質に対する明確で決定論的な答えは存在していません。催眠は常に変動しており、絶対的「ありよう」というものはありません。催眠は、フラクタル［海岸線や樹木のような複雑な形状を表現する幾何学の概念。CGで「自然な」風景を生成するプログラムなどに応用されている］に似た特性を持っており、不安定で、相乗作用的に融合したものです。始まりの「ありよう」がわかっていたとしても、その後の「ありよう」を予測したり理解したりすることは困難です。また、その後の「ありよう」がわかったとしても、始まりの「ありよう」を推測できるわけでもありません。

それでも、催眠の構成要素を理解することは、理論的にも実践においても有益です。これから、現象論的な視点から催眠について考えてみましょう。

現象論的な視点

現象論は実際の体験に光を当てます。クライエントが実際に体験するトランス状態を理解することで、催眠の本質について主観的に学ぶことができます。

クライエントの立場からすると、トランス状態が存在したことを報告するには、主観的な変化をいくつか体験している必要があります（Zeig, 1987）。以下に示した主観的な体験は、セラピストによるマルチレベルでの催眠誘導に対する反応として生じる場合もありますし、自然発生的に生じる場合もあります。主観的な体験には五つのカテゴリーがあることが明らかになっており、それらの主観的な事象がいくつか組み合わさったとき、クライエントは、自分が催眠によるトランス状態にあったと報告します。五つのカテゴリーとは、意識の変化、臨場感の変化、不随意的体験、不随意的反応、そして、催眠を体験していたというクライエントの感覚です。

クライエントの立場からすると、催眠は、こうした五つの体験のいくつかが組み合わさって一つにまとまったものです。催眠が生じたと報告するのに、これらの反応すべてを体験する必要はありません。また、必要となる体験の数と組み合わせは、クライエントによって異なります。

意識の変化

誘導に反応すると、クライエントは注意や集中といった認知の変化を報告します。注意は、集中／拡散、内部／外部など異なる方向に変化させることができます。今この瞬間への注意を高めることもあります。集中は、より鋭さが増し、努力を必要としなくなります。知覚体験も変化します。ある知覚体験、あるいは、複数の知覚体験に特別に焦点化するあまり、他の知覚体験がすべて排除されてしまうこともあります。クライエントは、固有受容感覚や、視覚、聴覚、触覚、嗅覚に、集中することができます。

ここで重要なことは、意識は、大きく変化するということです。一部の人たちにとっては、単に注意に変化が起こるだけで、「私は、トランス状態にいる！」と報告するのに充分な判断基準になります。伝統的な催眠のアプローチでは一般的ですが、注意は必ずしも内側に向けられている必要はありません。実際、催眠状態にあるクライエントは、「意識が非常に高揚した」状態で、過度に警戒していたり、外界に注意が向いている場合もあります（Gibbons, 1979）。また、クライエントは受け身である必要もありません。例えば、クライエントがエクササイズバイクに乗りながら、催眠誘導が行われたりというように、いわゆる「能動的に注意を払ったトランス状態」もあります（Wark, 1998）。

臨場感の変化

催眠を体験したクライエントから報告されることの多い反応の二つ目は、「通常の」意識状態からの臨場感の変化です。物事がより鮮明になるか、あるいはあまりはっきりとしなくなります。鮮明さの程度は、リラクゼーションの深さと関係していることが考えられます。しかし、これは、催眠に不可欠なものではありません。例えば、視覚的な知覚の亢進など、知覚体験の臨場感に大きな変化が生じた場合、クライエントは催眠状態を体験したと報告することがあります。同じように、記憶がより鮮明になったり、イメージが通常の没入レベルよりも鮮明になった場合など、クライエントは、催眠状態を体験したと報告することがあります。

一方、体験がより鮮明でなくなったとき、トランス状態にいたと報告するクライエントもいます。このような場合、身体感覚がはっきりしなくなった、時間の経過が不明瞭になった、外部からの刺激が明瞭でなくなったと言うことがあります。意識が鮮明でなくなったり、刺激に対する感覚が鈍くなったりすることもあります。また、クライエントによっては、臨場感の変化だけで、自分が催眠を体験したと報告するのに充分な場合もあります。

不随意的体験

催眠を体験したと報告するには、一般にクライエントは何らかの不随意的（あるいは解離的）な体験をする必要があります。何かが「ただ起こった」、そして、「何かの一部でありながら……同時にそれから離れている」感覚です。こうした解離の体験には、身体的なものもあれば意識的なものもあります。

身体的な解離の例の一つに、腕浮揚があります。この場合、クライエントは、手や腕が「ひとりでに」上がると感じます。意志の力なしでそうした反応が起こるのは奇妙に思えるかもしれませんが、ほとんどの社会的反応は自動的に行われていることを考えてみれば、納得のいくことです。不随意的な体験の中には、ビジュアリゼーションがあります。例えば、ガイドによるファンタジー誘導の場合、クライエントに小道を歩いているところを想像してもらって、セラピストは以下のように暗示をします。「あなたが、突然遭遇したのはどんなものですか?」。するとクライエントは、何らかの感覚野の領域で、何かが「自然に」生じる体験をするかもしれません。

解離の特徴の二つ目として、「何かの一部でありながら……同時にそれから離れている」という感覚があります。意識が「分割」され、複数のレベルで生じたとき、クライエントは、トランス状態に入ったことを報告するでしょう。催眠によるトランス状態を体験したクライエントは、「私は先生の声を聴いていましたが、私の一部は、どこか別の場所にいました」「私がここにいたのはわかっています。でも、私は雲の中に浮かんでいるように感じました。私はそこにいたのです」と報告することもあります。

解離の三つ目の特徴としては、軽度の揺らぎが引き起こされることが挙げられます。軽度の揺らぎは、エリクソン博士が晩年よく使っていたものでした。クライエントの一部には、トランス状態を報告する判断基準として、軽度の失見当識の感覚が必要な場合があります。クライエントが、少し「クラクラする」と感じたときに、トランス状態を体験したと報告することがあります。

不随意的体験は、直接的にも間接的にも暗示することが可能ですが、自然に生じることもあります。例えば、健忘や年齢退行どの古典的な催眠現象が突然生じることもあります。こうした場合でも、クライエントが催眠を体験したと報告するには、意識的、あるいは身体的に解離を体験していることが重要になります。

不随意的（無意識的）反応性

催眠状態では、セラピストに対するクライエントの反応は、覚醒状態にあるときとは異なったものになります。クライエントは、催眠下での体験に対して、通常生じるよりも高い臨場感を持って、クライエントなりの意味づけを行おうとします。例えば、クライエントは自分が特定の暗示に反応していることをわかっていないでしょうし、反応の程度についても気づいていないでしょう。暗示が間接的に行われた場合や、ミニマルキュー［微細なシグナルや合図］を通して送られた場合には、特にそうなります（わかりやすいミニマルキューの例としては、セラピストが、クライエントの吐く息に合わせて話しながら、暗に呼吸数を合わせ、セラピストが話すスピードを次第に遅くしていくことで、クライエントの呼吸のリズムは「自然と」ゆっくりになるといったものがあります）。クライエントは、「私は、反応しているが、何をしているのか定かでない」、「どうしてこんな反応が生じているのかわからない」というように、現実がはっきりしなくなるような体験をするかもしれません。意識することなしに反応したり、そうした反応を引き起こすミニマルキューにいつの間にか反応しているといった感覚を通して、クライエントは、通常の覚醒状態での反応とは明らかに異なる体験をします。無意識的な反応を体験するだけで、クライエントは自身がトランス状態にあると確信する場合もあります。

いかにして、ミニマルキューに対する反応を引き出すことができるか学生に理解してもらうことは、催眠を教える者として私が経験した課題の一つでした。セラピストは、具体的で、明解なコミュニケーションを行うようトレーニングを受けるため、暗示や示唆を使った技巧は、学習していません。

ミルトン・エリクソンは、暗示の達人でした。博士は、人間のコミュニケーションのあらゆる側面を使って、特定の反応を無意識的に得る方法を研究しました。博士は、トーンやテンポ、方向性など、声の利用の仕方だけでなく、ジェスチャーや姿勢、表現を意図的に用いることも探求しました。暗示を使って反応を引き起こすエリクソン博士の卓越した能力は、今も語り継がれています。こうした手法は催眠から得られたものでしたが、博士は、それを、フォーマルなトランス誘導を使わない場面でも活用していました。

無意識的な反応性を引き出す目的は、一部、失われているかもしれませんが、人間において中心的なものであり、私たちが進化の過程で受け継いできたものの一つです。社会心理学の領域は、エリクソン博士が生きていた時代には、揺籃期でした。社会心理学の関心の中心は、無意識的な反応性をはじめ、プライミング、感情の伝播、権威への服従、認知的不協和、帰属、社会的模倣などの効果に関する研究にありました。社会心理学によって、無意識の反応性は、人間の持つ本質的な社会的特性の一部であることが立証されています。

無意識の反応性は、進化生物学の一部とも言えます。動物は示唆に反応します。人間の反応には、意識による仲介は必須ではありません。それは、社会生物学の一部であり、欠かすことができない感情機能の一部なのです。

アート（芸術）では、暗示に対する反応が、中心的な役割を果たしています。芸術家は、暗示を使う達人と言えるでしょう。これはトレーニングや経験で強化されるものです。アートの目的は、鑑賞する者たちに感情的な体験をしてもらえるように方向づけを行うことです。直接的な指示は、感情や「ありよう」を引き起こすのにあまり有用ではないことがわかっているため、あらゆる分野の芸術家たちは、情報を与えるのではなく、暗示するのです。

アートは催眠とどのような関係にあるのでしょうか？　催眠状態は一つの「ありよう」として、引き起こされるものです。それは、感情と同じように情報を与えるだけでは引き起こすことができません。本書で示す催眠モデルの中心テーマには、無意識的な反応性がエリクソニアンアプローチの基盤をなすということがあります。ミニマルキューに対する反応性が可能な範囲で引き出されたら、誘導は終了します。

催眠としての状況の定義

私たちは、たびたび、意識の変化、臨場感の変化、不随意的体験、不随意的反応の四つの現象を体験します。クライエントは、こうした要素が、催眠と定義されるコンテクストと一致したとき、催眠を体験したと報告します。例えば、白昼夢が極めてリアルであり、周囲からの刺激に対する意識が変化して、仮想的で、存在がなくなるような状態に至ることもあります。車の運転中に、退行が自然に生じることもあります。ある人のあくびが、無意識の反応として別の人のあくびを引き起こすこともあります。しかし、こうした体験はいずれも、催眠とは見なされません。ここには、五つ目の現象論的要素が存在します。おかれている状況が、催眠と定義されている必要があるのです。

クライエントは、直接的であれ、間接的であれ、セラピストによって暗示された定義にエネルギーを注ぐことになります。伝統的な催眠なら、「それでは、これから催眠をかけます」と直接暗示するでしょう。エリクソン博士は、よく声のトーンや方向を変えることで、これからから始まるコミュニケーションが催眠誘導であるということを精妙に示すことがありました。

状況を間接的に定義することは、暗示に対する反応性を構築する上で有益です。しかし、もちろん限界もあります。大学院生だったとき、私は、誘導を創って、録音し、実験室に一人で座っている被験者に再生して聞いてもらったことがありました。私は、催眠に関わるあらゆる暗示を録音から排除しました。すると、催眠反応が起こることはありませんでした。催眠反応を起こすには、状況の定義のレベルを高めるべきだったのです。

自己催眠は、本書で定義した催眠と同じ実体を持たないという点で、不適切な名称であると言えます。

自己催眠は、アクティブイマジネーションや瞑想、リラクゼーション、マインドフルネス、バイオフィードバックなどの「ありよう」とより類似したものです。これらはいずれも、無意識下で行われている対人的な反応性と関係がありません。無意識下での対人的な反応性は、本書では催眠を定義する上で、中心的な役割を果たしている特性です。

自己催眠と関連する「ありよう」には、共通している現象もあります。それらは、程度の差はあっても、意識の変化、臨場感の変化、解離／揺らぎの反応を伴います。例えば、瞑想は、マントラに注意を集中することで行うことができます。アクティブイマジネーションは、「ただ起こるがまま」というイメージを生じさせることができます。マインドフルネスは、その場の体験に新たな臨場感をもたらします。しかし関連する「ありよう」のいずれも、暗示に対する反応が中心となる対人関係において行われているものではありません。「ありよう」を定義するコンテクストが、本質的に体験を変化させるのです。私たちが状況をどんなふうに定義するかによって、物事の体験のされ方は変化します。

以上をまとめると、五つの現象論的要素の一つあるいは複数の組み合わせを体験したクライエントは、トランス状態を体験したと報告することになります。セラピストが行うべきことは、目的を果たせるように状況を整えることです。さまざまな技法を使って、セラピストは、催眠の構成要素を活性化させ、しっかりしたものにし、クライエントが認識していない学びを評価し、再構成する中で、クライエントがそれらをトランス下での体験として統合できるように援助します。中には、催眠を睡眠に喩える人もいますが、セラピストは、これまで眠っていた構成要素を覚醒させるのです。構成要素がいかに相乗的に融合されるかが、誘導に影響をもたらします。

現象論的モデルを使う場合、催眠は、注意の変化、臨場感、解離からなる三つの心理的要素、暗示に対する反応という社会的要素、そして、状況的因子からなるコンテクスト的要素という、心理的／社会的／コンテクスト的な要素が融合したものであると言うことができます。こうした要素は時間と共に変化しますが、クライエントは一つのものとしてそれらを体験します。すなわち、催眠がもたらす「ありよう」として体験されるのです。

セラピストは、望む現象を引き出すために、クライエントとコミュニケーションを行います。クライエントは、セラピストとのコミュニケーションを通して受け取った臨床的な暗示の中心軸の周りに、主観的な催眠の要素を肉付けすることで、命を吹き込みます。セラピストは舞台を提供し、クライエントはドラマを提供しながら、そのドラマにタイトルをつけるのです。

ミルトン・エリクソンは、直接暗示と間接暗示の両方を含む、伝統的な催眠モデルの多くの側面を活用しました。博士は、催眠下で生じるさまざまな体験についても重視しました。エリクソン博士は、催眠の定義を、静的で、精神内の、セラピスト主体のモデルから、一人ひとりのクライエントに合わせた対人的なものへと変化させました。エリクソニアン催眠では、暗示に従うことを強制するのではなく、クライエントの持つ可能性を引き出す[注2]ために暗示を用います。無意識的な反応にアクセスすることが誘導の主な目標なのです。

エリクソニアンアプローチでは、催眠を使って個人個人の目標を達成するという観点から戦略的に物事を考えます。アプローチを一人ひとりのクライエントに合わせる目的は、効率と効果を高めることにあります。愛情や喜び、痛み、抑うつ状態に個人差があるのと同じように、催眠の体験の仕方も人それぞれ異なります。

催眠誘導を行うことは、必然的にクライエントに影響を及ぼすことになります。それは、法律的な契約に喩えることができるかもしれません。クライエントは署名することで、拘束力のある契約を承認したことになります。心理療法の場合、クライエントは、個人特有の無意識的な反応性にアクセスし「署名する」ことで、影響を受ける準備が整っていることを示します。その後、クライエントは心を開いて、潜在能力（リソース）を発見することになります。例えば、クライエントは、疼痛の知覚を変える能力があることに気づくかもしれません。心理的に、クライエントは新たな柔軟性を発見することもできます。

催眠によって生じる反応の主なものには、ミニマルキューに対する解離的な反応があります。エリクソン派のセラピストは、マルチレベル・コミュニケーションの基本である、ミニマルキューを無意識的な命令という形で送ります（Zeig, 1985a参照）。暗示についての理解をさらに深めるため、これからマルチレベルで行われるコミュニケーションについて見ていきましょう。

［註2］エリクソニアンアプローチから催眠ついて考えるとき、「誘導する（induce）」という用語よりも「喚起する／引き出す（elicit）」という用語を使う方が、より正確であることをご留意いただく必要があります。「誘導」という用語があまりに頻繁に使われているため、本書でも「誘導」を使っています。しかし、本章における、「誘導」は「喚起」と同意であることをご理解ください。同じように、伝統的な催眠モデルでは、「セラピスト」と「クライエント」の代わりに、「催眠術者」と「被験者」という用語が、広く用いられています。こうした区別は（伝統的な）術者主体のモデルと（エリクソニアン催眠モデルの）対人関係主体のモデルの違いを反映しています。

第9章　催眠的（体験喚起の）コミュニケーション

マルチレベルのコミュニケーションが持つ命令的な側面を理解するには、グレゴリー・ベイトソン（Gregory Bateson）にまで遡ることが必要です（Ruesch & Bateson, 1951, pp.179-231）。ベイトソンは、コミュニケーションを報告と命令からなるものとして説明しました。メッセージには、報告として明示される情報の他に、提示された情報の枠組みを決める関係性についての暗黙の指示（命令）も含まれています。例えば、明示された指示が「こっちに来なさい」であったとしても、メッセージの背後には、「これは遊びだ！　これは仕事だ！　これは学習だ！　これは親密さだ！」「これは本気で言っているんだ！」といった命令が存在しているのです。

エリック・バーン（Eric Berne, 1972, p.227）は、コミュニケーションは社会的なレベルと心理的なレベルで構成されていると考えました。バーンは、的確な方法で、行為の目的は心理的レベルで決定されることを示しました。例えば、ある男性が、パートナー候補に「私の自宅に来て、蝶のコレクションをご覧になりませんか？」と誘う場合について考えてみましょう。表向きの大人から大人へのメッセージ（単なる訪問）は、表面に表れていない子どもから子どもへのメッセージ（誘惑）と異なります。残念なことに、バーンは、この種のやりとりに「裏面的」という軽蔑的なラベルを付け、心理的なレベルのコミュニケーションを誹謗しました。バーンにとっては、心理的な健全性は、大人と大人の交流の中に存在するものでした。しかし、マルチレベルでのメッセージのやりとりは、あらゆるコミュニケーションに存在するものであり、積極的に用いられています。

言語学者のノーム・チョムスキー(Noam Chomsky)は、文法規則の表層構造と深層構造に関する説明の中で、別の解釈を示しています(Bandler & Grinder, 1975)。チョムスキーは、私たちを行動へと誘うのは、深層構造から引き出された意味であると述べています。

ポール・ワツラウィック(Watzlawick, 1985)は、言葉の外延を叙実的なもの、内包を命令的なものと記述しています。私は、コミュニケーションにおいて主要な二つのレベルに、情報提供(informative)と体験喚起(evocative)と名づけるのが良いと考えています。「ありよう」や感情の変化は、体験を喚起するコミュニケーションを通して引き起こされます。メッセージの喚起の部分は、(明示されず)暗示されているため、受け手はそれに対して何かしたり、何らかの体験をする必要があります。また、喚起のコミュニケーションは、進化論的社会生物学の一部で、その上に、意識が介在する情報提供的なコミュニケーションが成立しています。催眠は、人間の進化の上に成り立っているのです。

「ありよう」を変化させるときにもあてはまることですが、催眠状態は、喚起のコミュニケーションによって副次的にもたらされるというのが、本質的な理解です。情報提供的なコミュニケーションは、他者が自らの「ありよう」を変える手助けをするのに充分な影響を及ぼすことができません。情報提供的なコミュニケーションは、例えば、数学や科学を教えるなどの知識について具体的な説明を行うのにもっとも適しています。一方、体験喚起のコミュニケーションは、例えば、詩やユーモアなどのように、暗示の持つ力によって「ありよう」の変化を促します。エリクソン博士は、体験喚起のコミュニケーションに熟達していたと言えるでしょう。それは「ありよう」の変化を引き起こす基本となるものだからです。

「情報提供的なコミュニケーション」と「体験喚起のコミュニケーション」の違いを理解するため、エリクソン博士が使った幼少期の一連の学び（アーリーラーニングセット）誘導について考えてみましょう。これは、クライエントに、記憶の詳細に没入してもらう誘導です（Zeig, 1985a）。表層構造では、子どもが文字を書く学習課題にどのように取り組むかということが説明されており、深層構造では、催眠誘導が行われています。エリクソン博士は、文字の書き方について話し始めると、クライエントから眼を逸らし、おそらく、床の方に眼をやって、「内側に入りなさい」と暗示して、非言語的な催眠誘導を行います。そして、ゆっくりと、注意深く、抑揚のある声で話します。以下は、アーリーラーニングセット誘導を要約したものです。

これから、だいぶ前に起こったことについてあなたに思い出していただきたいのです。あなたが、アルファベットの文字の書き方を学習したときに、それはどれも難しいことでした。〝t〟に点を付け、〝i〟に横棒を付けたことはありませんでしたか？〝n〟と〝m〟にはいくつ山があるでしょうか？〝b〟や〝p〟、〝d〟のマルは、どっちの側につけますか？　次第に、あなたの心の中には、視覚的なイメージが作られ、それが、それまで使われていなかった何十億という脳細胞に永遠に残ることになりました。ところで、私があなたに話している間に、あなたの呼吸のペースが変化しました。心拍数も変わりました。眼の動きも変化しました……

情報提供的なコミュニケーションの背後には、体験を喚起する命令がたくさん含まれています。そのいくつかは、「今がトランス状態に入るときです」と暗示するエリクソン博士の最初の非言語的な行動に示されています。セラピストは、クライエントに、言語的、非言語的に示される精妙で暗示的なメッセージに反応するように命令します。文脈的に、並行して使われている心理的なメッセージは「あなたがずっと前、文字の書き方を最初に学んだときのように、このタスク（トランス状態に入ること）は、最初は難しいかもしれませんが、いずれは、簡単にできるようになります！」というものです。

次にエリクソン博士は、〝i〟に横棒を付け、〝t〟に点を付けると言うことで、積極的な揺らぎを引き起こしました。揺らぎは、催眠現象を引き起こす前段階として、顕在意識の構えを崩すのに、有益な働きをします。[註3] クライエントには、まず、過去のことを思い出すように求め、その後、過去形から現在形へと時制を変えます。「〝t〟に点を付けたことはありませんでした**か**？」の過去形から「山はいくつありますか？」の現在形へと変化させるのです。エリクソン博士は、クライエントが、明らかに「今」の記憶に没入できることを暗示しています。同じように、〝n〟を〝m〟の前に出すことで、軽い揺らぎが引き起こされます。

その後の命令は、文字の書き方を学ぶ場合と同じように、催眠的な学びも徐々に進んでいき、最終的にずっと使えるものになることを、クライエントに暗示しています。文字の書き方を学ぶプロセスと同じように、催眠反応を学習することができるのです。それは、最初は、骨の折れる意識的な学習から始まり、やがて無意識的なものになっていきます。

クライエントがコンテクストとの関係から意味を抽出する中で、マルチレベルのコミュニケーションは活性化されます。この場合のコンテクストとは、文字の学習ではなく、催眠に関するものです。また、クライエントは、文字だけでなく、後に続くトランスワークにおいても、「永続的に」視覚イメージを創造できるよう、暗示されています。

エリクソン博士は、いわゆる承認の発話を行っていました。「あなたの呼吸のペースが変化しました……」から始まる発話です。承認とは、単純な平叙文で、クライエントが誘導に没入したとき、起こった変化を反映させるものです。こうした発話を行うことで、クライエントが実際に催眠に反応していること、催眠的な反応と一貫性のある望ましい方向で反応していることを、暗に確信してもらうことができます。表3では、エリクソン博士のアーリーラーニングセット誘導を、直説的なメッセージ、命令的なメッセージに分けてまとめています。ここでは、情報提供的な発話は、平叙文、疑問文で、一方、体験喚起の意味は、命令文で示しています。

伝統的な催眠を使った心理療法では、「あなたは、悲しそうに見えます」とか「何か、過去のことを思い出しますか？」というように、よく陳述や疑問からなる平叙文や疑問文が用いられます。一方で、「助けて下さい！」など、クライエントが無意識的に使っている文法は、命令文です。催眠下で用いられる

［註3］伝統的な催眠誘導は、子守唄のように眠気を誘う傾向があります。エリクソン博士は、誘導中ずっと、交響曲のように緊張の度合いを調整していました。

表3　アーリーラーニングセット

情報提供的（直説法）	体験喚起的（命令法）
1.（エリクソン博士は、床を見ながら、ゆっくりと、機械的な声のトーンで話し始めます。）	1. (a) トランス状態に入りなさい！ (b) 私が発する微細な合図を見なさい！ (c) 反応しなさい！ (d) 私の非言語的な振る舞いに反応しなさい！ (e) 内側に入りなさい！
2.「私は、だいぶ前に体験した出来事をあなたに思い出していただきたいのです」	2. (a) 思い出しなさい！
3.「あなたが初めて文字の書き方を学んだとき」	3. (a) 催眠は簡単です！
4.「“t”に点を打って、“i”に横棒を引きましたか？」	4. (a) 混乱しなさい！
5.「“n”と“m”には山がいくつありましたか？」	5. (a) 混乱しなさい！ (b) 物事の順番は予想できないかもしれない!! (c) 記憶に没入しなさい!!
6.「あなたは、何十億という使われていない脳細胞の中に永遠に留まるように、徐々に、心の中で視覚的なイメージを創り上げました」	6. (a) 学習には時間がかかることもあります!! (b) ビジュアライズしなさい！ (c) こうした催眠的な学びは、持続します！
7.「そうして、私があなたと話している間に、あなたの血圧や脈拍も変化しました」	7. (a) あなたは反応しています！ (b) あなたは、ちゃんと反応しています！ (c) あなたは、催眠的な反応を示しています！

文法は命令的なため、クライエントが無意識的に使う文法と一致しているのです。

アーリーラーニングセットを使った催眠誘導には、没入と承認の二つの段階があることを覚えておいて下さい。これらは、エリクソン博士が、晩年フォーマルな誘導を行う際、使っていたものです。第12章でお話ししますが、没入（Absorb）、承認（Ratify）、喚起（Elicit）の三段階モデルが、エリクソニアン催眠の誘導の基本となります。

アーリーラーニングセット誘導では、セラピストとクライエントの間の対人関係的な反応性にアクセスするため、間接的な手法が多く用いられています。大切なのは、技法自体の素晴らしさではなく、命令に対するクライエントの反応であり、後に続く治療に活用できることなのです。

エリクソニアン催眠を使って行われる心理療法は、いわば、体験喚起のコミュニケーションテクノロジーと呼ぶことができます。エリクソン博士が充分に理解していたように、「ありよう」や感情に変化を引き起こすには、情報提供的なコミュニケーションよりも命令的なコミュニケーションの方が強力です。

簡単に言うと、セラピストは、クライエントからのコミュニケーションがマルチレベルで行われていることは理解していても、自身がいかにマルチレベルのコミュニケーションを活用できているか認識できていないのです。農業に喩えて考えてみましょう。硬い地面に種を蒔いて、何かが成長するのを期待することは意味のないことです。まずは、長年固くなっていた地面を耕すことが必要です。土を掘り起こして、肥料を撒くことも必要です。まず、内在的な受け容れ体制を構築する必要があるのです。

誘導中、暗示に対する反応性を構築することは、地面を耕すことと似ています。また、トランス状態でリソースを活用するには、心理的なレベルでの反応性が重要になります。トランス下でメタファーを

表4

誘　導	治　療
「A」と言う	「X」と言う
「B」を意味する	「Y」を意味する
「C」という反応を得る	「Z」という反応を得る

使って治療を行う場合、それは心理的なレベルで作用します。したがって、誘導では、心理的なレベルのコミュニケーションの反応性を高め、命令の内容に対して、クライエントの「注意」が無意識的に向くような道筋を作る必要があるのです（表4参照）。

治療で用いられる暗示の構造は、先行する誘導の構造と同じです。誘導の際、セラピストは、社会的なレベルで（例えば、アルファベットの文字の書き方の学習について）話をしながら、心理的なレベルでは、意識の変化、臨場感の変化、解離、暗示に対する反応などの催眠現象を、クライエントが体験できるように誘っています（状況は、すでに催眠として定義されています）。治療でリソースを探す場合、セラピストは、社会的なレベルのメタファーを使って、山道を歩いたり、聡明な女性と出会う話をするかもしれません。一方、心理的なレベルでは、メタファーを使って、リソースにアクセスして効果的な行動を起こせるような情報が提供されます。本質的に誘導は、治療の呼び水となるだけでなく、治療と同じように作用します。体験喚起のコミュニケーションは、誘導と治療を支える基盤としての働きを持っているのです。

マルチレベル・コミュニケーション

クライエントは複数のレベルでコミュニケーションを行っています。言葉で表現されるのは、氷山の一角に過ぎません。伝統的な催眠を行うセラピストの中には、クライエントが話したことを深く掘り下げ、それが実際に何を意味するのか説明している人もいます。ジークムント・フロイト（Sigmund Freud）は心理療法が成功を収めるための金言を残しています。「エスがあったところに、自我をあらしめなさい」。そこでは、治療中に未開の力を明らかにし、それを表面に引き出すことで、不適応を起こしている衝動が、適切に処理されることが前提とされています。

哲学者のサンタヤーナ（Santanya）は、誰かが良いアイデアを思いつくと、別の誰かが必ずそのアイデアを誇張すると述べました。心理療法の分野でもこうした解釈のしすぎが、雑誌でパロディとして描かれてきてました。二人の精神科医が、あるカクテルパーティーで出くわしたところを描いた漫画を取り上げてみましょう。二人は「こんにちは」と友好的に挨拶をしますが、心の中では、「彼の言ったことに隠されている真実は何だろう？」と考えています。

クライエントが物事を解釈する際、セラピストの理論的嗜好の影響を受けます。次のパロディーは、現在の心理療法の学派についてのものですが、臨床で、どのようにマルチレベル・コミュニケーションが行われているかを浮き彫りにしています。

抑うつ状態にあるクライエントが、診察室に入って、セラピストに「今日は本当に美しい日ですね」

と言ったら、セラピストはどんなふうに答えるでしょうか？

ロジャーズ派のセラピストなら、「今日は、あなたの気分がとても良いように思えます」と答えるかもしれません。ロジャーズ派のセラピストは共感のスペシャリストであり、感情の背後にある意味を掘り起こすことができると考えています。クライエントの言葉のもととなる感情を、共感的に映し出すことが、クライエントが成長するための中核条件であるとロジャーズ派のセラピストたちは考えているのです。

認知行動療法が専門のセラピストであれば、こんなふうに言うかもしれません。「どのような根拠をもとに、そうおっしゃっているのですか？」認知行動療法では、よく背景にある信念体系や認知スキーマに焦点を当てます。認知の歪みを見つけ出し、修正を行うのです。

もしセラピストが精神分析家である場合には、こんなふうに言うかもしれません。「ええと……あなたがどうして私にそんなに親しげに話すのか、私には不思議です。きっと、子どもの頃の友達と私のことを間違えているのではないですか。私のことを……あなたのお父さんと間違っているのではないでしょうか？」精神分析家は、感情の転移や、現在の事象を歪めている昔の体験の面影に焦点を当てます。したがって、背景にある転移を表面化させ、分析する必要があるのです。

セラピストがゲシュタルト療法のトレーニングを受けている場合、こんなふうに言うかもしれません。「〝その日〟に誰も座っていない椅子のところに来て、座ってもらいましょう。椅子に座って、〝その日〟になってみます。そして、あなた自身に話しかけます」ゲシュタルト派のセラピストは、背景にある投影に焦点を当て、完成していないゲシュタルトを終結させるのです。

もしセラピストが交流分析家であったら、こんなふうに言うかもしれません。「これまでの経験から、あなたは、その日のことについて意味もなく話すことで、よくセッションを始めていたことがわかります。交流分析のモデルでは、これを暇つぶしと呼んでいます。暇つぶしは時間を構造化する一つ方法です。親密な関わりのように、あなたが別の方法で、時間を構造化したいか決めるのに役に立ちます。それでは、フリップチャートに、私たちの自我状態を示す図を描いてみましょう。これから三つの円を描きますが、それぞれ、親、大人、子どもを表しています。暇つぶしは大人から大人へのやり取りのようです。しかし、これまでの経験から、クライエントが〈暇つぶし〉を行うと、セラピストは批判的な親のスタンスをとって、クライエントを判断するようになると考える人もいますが、私はそういうことはしません。こうしたとき、交流分析では、〈交錯交流〉と呼ばれている状態が生じていると考えます。大人から大人へのやりとりが、親から子どもへのやりとりのように受け取られているのかもしれません。交錯交流は、交流分析では〈ゲーム〉と呼ばれるシーケンスの一つで、そこで、行われるゲームは、〈キックミー〉と呼ばれています。あなたは、ラケットという代用感情にアクセスするためにゲームを行っています。代用感情とは慢性的に悪い気分をもたらすもので、あなたの場合には、傷つけられた気分をもたらします。こうした〈偽物感情〉が積み重なっていくことで、〈I'm Not OK, You're OK.（自己否定・他者肯定）〉といった基本的な構えが確立されて、それをもとに〈敗者〉としての悲劇的な人生脚本が進行していくのです。ですから、〈暇つぶし〉はやめて、あなたがすべきことを行いましょう。変化を起こすために、あなたはどんな約束をしますか？」

エリック・バーン（Eric Berne）によれば、交流分析を使った心理療法の第一段階は構造分析であり、自我状態の理解です。それに続いて、意識していなかった人生脚本を分析し、建設的に変化させていくための交流分析に入ります。

それでは、うつ状態のクライエントが、エリクソン派のセラピストのオフィスに入ってきたら、どのようなことが起こるのでしょうか？　クライエントにマルチレベルで会話する能力がある場合、セラピストもそれに合わせて対応します。また、会話の礼儀として、相手が話した内容の背景を解釈することは無作法なことです。

パロディーを使って表現するなら、エリクソン派のセラピストはこんなふうに言うかもしれません。「あなたは、本当に美しい日だと、気づいています。そうして、あなたがどんなふうに〈美しい日だ〉と気づかれたのか、私にはわかりません。おそらく、暖かさを感じられたのかもしれませんし、あなたが今注意を向けている……光の反射によってかもしれません。あるいは、音……もしかすると、それは、木の枝に止まっている鳥のさえずりかもしれません。しばらくすると、あなたは、眼を閉じることができます……それは、あなたが今〈美しい日〉を体験されているように、過去のことも簡単に思い出して、別の〈美しい日〉を鮮明に思い出すことができるからです。それは、幼い子どもの頃の〈美しい日〉の記憶かもしれません……〈美しい日〉と関係する、学校での記憶かもしれません……高校の頃の記憶……大学の頃の記憶。こうして気持ち良く過去のことを振り返ることができたら、あなたは、未来のことも自信を持って、期待を持って想像することができるでしょう……自信を持って、心地良く想像することができます。でも、〈美しい日〉の色鮮やかな新たな体験を、どんなふうに心地良く体験することができるか、あなたの顕在意識はわかっていません。ですが、光の反射や、暖かさの心地良い感覚、鳥のさえずりに簡単に気づくことができます。そうしていると、あなたは、あなた自身の方法で、あなたの時間

の中で、あなたにちょうど良い方法で、実感することができます……今日という〈美しい日を！〉

もちろん、これはパロディーです。しかし、エリクソン派のセラピストなら、マルチレベルのコミュニケーションを活用して、幾分揺らぎのある、自然に引き起こされる、催眠的な会話を行うことができるでしょう。この手法は、多くのセラピストが普段行っていることと対極をなすものです。多くのセラピストは、セラピストが意味するところをクライエントに理解してもらおうとしています。これに対して、エリクソン派のセラピストは、セラピストの発話の背景にある意味を、クライエントが解釈できるように曖昧で詩的な話をするでしょう。治療的な状況では、立場の逆転が起こります。表面的には、セラピストの方がクライエントにより積極的に接しているように見えても、実際は、セラピストの話の深層構造にクライエントが自分にとっての意味を見出そうとしているのです。

こんな喩えが役に立つかもしれません。クライエントは症状で包装された問題という「ギフト」を持って、セラピストのもとを訪れます。エリクソン派のセラピストは、その中身の構造を分析するのではなく、クライエントにお返しのギフトを贈ります。メタファーのようなマルチレベルの技法を使ってギフトラッピングされた解決法です。クライエントは、自分に内在していたギフトに気づき、元気を取り戻します。そのとき、セラピーは、クライエントとのプレゼント交換になるのです。

マルチレベル・コミュニケーションは、サイコセラピーのほとんどの学派で、介入効果を高めるのに活用することができます。これは、催眠を学習することで容易になります。クライエントにトランス状態を引き起こすには、セラピストは、マルチレベル・コミュニケーションの活用の仕方を学ぶ必要があります。マルチレベル・コミュニケーションは、「ありよう」を効果的に変化させる王道であり、催眠誘導に不可欠なものなのです。

命令と誘導

催眠誘導は、体験喚起のコミュニケーションを拠りどころにしています。催眠は、主に、コミュニケーションの命令や表現に対する不随意的な反応が強化された「ありよう」と捉えることができます。催眠下で、もう一つ重要なものとして、クライエントのミニマルキューに対する反応の変化が挙げられます。アーリーラーニングセットを含む、いかなる誘導法も、間接的に状況を催眠と定義するコンテクストで生じます。直接的にせよ間接的にせよ、その状況を催眠と定義することで、暗示的なメッセージに対するクライエントの反応を高めることができるのです。続いて、セラピストは、ミニマルキューや間接暗示に対する反応性を高めていきます。催眠と定義される状況では、トランス状態とは、クライエントが、言葉の外延を超えたコミュニケーションが行われていることに気づいていて、それに従って反応する時間を指します（Zeig, 1987）。ジョークや音楽、芸術が、マルチレベルからなる表現力の高いメッセージで構成されているのと同じように、催眠もまた、マルチレベルで行われるコミュニケーションで構成されています。こうしたマルチレベルで行われる手法は、「ありよう」に影響を及ぼす手段となります。エリクソニアンアプローチでは、体験喚起のコミュニケーションは、誘導だけでなく、催眠療法のあらゆる局面で用いられています。

メタファーと同じように、命令は、表面上のメッセージから「一段上がった」コミュニケーションのとり方です。（「間接技法」、「ミニマルキュー」、「マルチレベルメッセージ」などの）無意識に作用する暗示的な命令は、目指すゴールに向けてクライエントの反応性を高めるために用いられます。特に、セラピーのゴールが、効果的な「ありよう」を引き出すことに向けられているような場合には、暗示を注意深く活用することで、催眠療法のあらゆる局面で治療的な効果を高めることができます。

催眠における命令

命令的な手法を使うことで、催眠の機能をどれほど強力にすることができるか見てみましょう。誘導中、セラピストが、催眠状態にあるクライエントに頭を動かすように指示して、クライエントが従ったとしても、必ずしもトランス状態にあるとは言えません。しかしセラピストが、より深いトランス状態に向かって「没頭（headed down）」していることにクライエント自身が気づいていると間接的に言及して、クライエントが頭を動かして無意識的な反応を示している（つまり、反応の随意性に変化が起こっている）場合、それは、催眠反応と見なすことができます（Zeig, 1987）。

もう一つの例を示しましょう。催眠状態にあるクライエントにセラピストが「腕を上げて下さい」と言って、クライエントがその指示に従った場合、それを催眠反応と見なすことができるでしょうか？　セラピストは、無意識的な反応を促すような糸口を観察しています。そして、クライエントに対して、「あなたは、腕を上げる……ことができます」といった事実の描写とも暗示とも解釈できる二層のコミュニケーションを行います。より間接的な表現を用いることで、ゴールをさらに曖昧にすることも可能です。

「あなたの腕は、いつ少しだけ持ち上がるか、私にはわかりません」「あなたは、警戒心を解いていきながら、催眠が、簡単に、あなたにちょうど良い方法で、あなたの気持ちを引き上げてくれることに気づくことができます」あるいは、短い物語をいくつか話すこともできます。「子どもの頃、教室で、先生に質問したいと思った経験がありますね。子どもの頃、キッチンに行って、棚の上にあるクッキーをとりたいと思ったこと。子どもの頃、車の中にいて、窓を開けて、空気の流れを感じたいと思った体験がありますね」メッセージの内容に対するクライエントの反応性が高まっていくにつれて、クライエントの無意識的な反応性も高まっていきます。

ミニマルキューに対する反応性を構築することが、無意識の扉を発展的に開く鍵となります (Zeig, 1987)。誘導の初期段階で体験喚起のコミュニケーションを行うことで、反応性が構築され、それを通して、リソースを引き出して発展させることで、治療に役立てることができます。コミュニケーションの観点からは、トランス状態に入る可能性を、良好、普通、不良などと判断しないことが肝要です。ミニマルキューに対するクライエントの反応を、最大限に育むことの方が重要なのです。伝統的な催眠でよく用いられるメタファーに、トランスの深さという表現があります。エリクソニアン催眠の視点では、それは、無意識の反応性ということになります。この場合も、無意識の反応性が最大限に育まれたとき、誘導は終了します。それに続くメタファーなどの技法は、無意識の反応性を使った治療をより効果的なものにします。

反応性を育む

コミュニケーションが、無意識的で意味のあるものになるように、反応性を構築することが、催眠の基本となります。誘導は、命令に対する反応性を高めていく段階です。体験喚起の技法の具体的な使い方については、催眠言語の章でお話しします。暗示に対する反応を引き出すには特別な文法が必要になります。

本章の最後に、但し書きを一つ。言語的なメッセージも非言語的なメッセージにも、どちらも暗示的な意味をもたらします。催眠的なコミュニケーションを行う場合、それが最善の形で行われることで、反応性が構築され、単なる言葉ではなく、総体的なコミュニケーションを織り成すことが可能になります。

第10章

エリクソニアンモデルによる誘導と催眠

これまで、現象面での関心事とコミュニケーションのマルチレベル構造についてお話ししてきました。本章では、トランス現象の喚起を視野に入れて、エリクソニアン催眠の基本姿勢について見ていきます。誘導の原則を用いることで、クライエントがトランスの構成要素を体現するのを手助けすることができます。まずは、トランス状態の喚起の側面から、伝統的な催眠の手法とエリクソニアン催眠の手法を比べてみましょう。

誘導前

晩年、エリクソン博士は、よく誘導前の段階をとばすことがありました。私は、博士がフォーマルな催眠誘導を使って、クライエントや学生とのセッションを始めていた頃のことを覚えています。博士はトランス状態の喚起によって、ラポールを築き、臨床的なアセスメントを行い、催眠についての誤解を解きました（私との出会いざまに博士が催眠を始めたときのことは、『ミルトン・エリクソンの心理療法セミナー（A Teaching Seminar with Milton Erickson）』（Zeig, 1980, p.84）に紹介されています）。

時折、エリクソン博士は、いわゆる「ナチュラリスティック（自然発生的）な」誘導を使って、セッションを始めました。ナチュラリスティックな手法は催眠から派生したものですが、フォーマルで儀式的な誘導手順はありません。エリクソン博士は、フォーマルな誘導を行うときと同じように、声の調子や抑揚を変えることで、治療的なメタファーを関連づけたり、「催眠的」に治療的なタスクを与えることがありました。ナチュラリスティックな手法では、介入にドラマや自然に備わった力が加わることで、治療効果を高めることができます（一九七三年に私との初めてのセッションで、エリクソン博士のナチュラリスティック誘導を使った例については、ザイグの文献（Zeig, 1985, pp.89-91）をご参照下さい）。ナチュラリスティックな手法には、驚愕法（Erickson, 1964a）もあり、効果的に抵抗を回避するのに役立ちます。インフォーマルな誘導を使ってセッションを始めることで、クライエントは、無意識のうちに反応することが必要になります。意図されている命令は、「すぐ、仕事に取り掛かって！」……「この手順で、変化のプロセスが始まります！」……「予期していないことを大切にしましょう！」といったものかもしれません。

熟練したセラピストの場合、早い段階から治療的な誘導を行っても良いでしょう。エリクソン博士は、ナチュラリスティックな手法を使うようになるだいぶ前から、催眠や心理療法を行っていました。迅速にクライエントの状態を評価する卓越した才能を持っており、ほんのわずかな反応のサンプルだけで、クライエントの性格因子の特徴を正確に査定することができたようです。さらに、無数の誘導を行った結果、クライエントがどんなふうに博士の戦略的な働きかけに反応するか予測することができました。軽視できないのは、エリクソン博士の名声と評判でした。博士の非伝統的な手法は、広く知られるところとなり、博士が間接的な手法や驚愕法を使って治療的な変化を引き起こすことを期待して、たくさんの人たちが博士のもとを訪れました。

ナチュラリスティックな手法を用いることで、セラピストは、介入を行う際、クライエントの反応を捉えながら、目標に照準を合わせたメッセージを送ることができます。ナチュラリスティックな手法は、アセスメントにも使うことができるのです。伝統的な催眠では、誘導前の段階の目標として、被暗示性、パーソナリティ、社会的要因、提示されている問題についての情報収集があります。エリクソニアンアプローチでは、個人個人の催眠スタイルや、クライエントの催眠暗示性が高い、普通、低いの判断よりも、命令に対するクライエントの反応の仕方を理解しようとします。

したがって、フォーマルであれ、インフォーマルであれ、セッションの初期の段階で誘導を行うのが有益です。(例えば、隠喩、類推、または逸話といった)命令的なコミュニケーションに対する反応の仕方から、セラピストは、クライエントの反応性、注意力、解離の能力、没入のスタイルにアクセスすることができます。実際、観察力の鋭いセラピストは、「自由なものの見方」をします。相互循環の早い段階で、ナチュラリスティックな手法を用いることで、セラピストからであれクライエントからであれ、失敗の可能性を最小限に抑えることができます。

エリクソン博士は、直接的な手法と間接的手法の両方を使って、情報を集め、できるだけ早い段階でアセスメントから治療へと切り替えました。当然のことながら、エリクソン博士がアセスメントにかけることができた時間は、とても限られていました。博士は、過去からたくさんの情報を求めることは滅多にせず、多くの場合、問題の構造に関する情報を求めました。私は、エリクソン博士が、たった二、三の質問をするだけで催眠療法を始めたケースをたくさん覚えています。採るべきアプローチの道筋が決まるや否や、博士は治療を始めました。博士は、セッションを進めながらさらにアセスメントを蓄積し、治療を進めながら、手法の「再調整」を行いました。さらに、上手に介入を行いながら、ラポールを築いていきました。

伝統的な催眠の場合、セッションの後半まで、催眠をとっておいて、セッションの前半では、クライエントに話しかけます。エリクソン博士は、学生たちに初めから催眠を行うように指導していました。ディスカッションは、後からでも行うことができます。催眠を最初から行う目的は、体験的な変化をできるだけ早く起こすことにあります。無意識に働きかける命令は、「私たちは、変化のプロセスについて語るだけではなく、すぐに変化のプロセスに入るのです」というものでした。

医療の臨床現場では行うことができないような社会的な文脈で、いかに介入をアセスメントに先行させることができるか、話を広げて考えてみましょう。

医療においては、医師は、身体検査、生活歴、臨床検査など、診断の手順に従って、治療プランを作成します。社会的な介入としての心理療法は、同じ制約に従う必要はありません。医療の臨床は、定義された決定木に従って、アルゴリズム的に実践されます。心理療法では、プロトコールを避けるセラピストの場合は特に、柔軟で、体験的かつシンプルな仮説を用いる傾向が高くなります。治療で社会的な介入を行う際、介入は、かなりの頻度で、アセスメントに先行します。アセスメントから収集された情報は、すぐに介入に利用され、それがまたその後の介入を形作ることになります。柔軟な適応の仕方をモデリングすることができれば、それはクライエントにとっても有益でしょう。セラピストが「いつでも反応できる」状態であれば、何が起ころうとも、建設的に対応することができますし、それによって、クライエントも同じように建設的に反応することができます。

トランス状態の喚起

エリクソン博士のアプローチは、伝統的なアプローチとは一線を画していました。伝統的な催眠モデルを見ると、興味づけ、リラクゼーション、既定のスクリプト以外にも、誘導に、人間の持つ機能にまつわるたくさんの原則があることに気づくことができます。セラピストは、上記以外のプロセスに注意を向けることなく、催眠に内在する未開発で潜在的に有用な側面をそのままにしてしまうかもしれません。

エリクソニアンアプローチの場合、クライエント一人ひとりに合わせて手法がしつらえられるため、体験の喚起に決まった形は存在しません。さらに、エリクソニアンアプローチでは、誘導がクライエントから引き出された反応をもとに展開されるように仕立てていきます。あらかじめ決められた喚起の技法を使うよりも、使える原則を利用するのです。

これからご紹介する原則は、エリクソン博士がまとめたものではありませんが、博士の業績を詳細に研究する中で、私は、博士が普段使っている原則を一〇個にまとめることができました。これらは、クライエントのニーズやリソースに合わせて組み合わせたり、重複して用いられていましたが、恣意的に順序を変えて用いられることはありませんでした。

また、これらの原則は、すべて同じように用いられるものでもなく、誘導で毎回使わなければならないものでもありません。ここに示した体験喚起の原則は、トランス状態を構成する現象をクライエントが実感できるように用意されたものです。誘導の主要な目的となる現象は、大きく、(1)反応性（特にミニマルキューに対する）を構築する、(2)注意や意識を変化させる、(3)臨場感を変化させる、(4)不随意的（無意識的）な反応を最大限促進する、(5)状況をトランスとして定義する、の五つに分けることができます。

誘導の一〇原則は、さらに、四つの一般的なゴール（I～IV）に分類することができます。

催眠状態を喚起するための原則

I　反応性を構築する

(1)特にミニマルキューに対する反応性を引き出し、高める

(2)注意や意識を誘う

(3)連想を誘う

(4)役割の退行を確立する

(5)モチベーションにアクセスする

II　進行中の行動やコンテクストを、催眠の方向性と合わせる

(6)反応を承認する

(7)状況を催眠として定義する

III　顕在意識による習慣的な反応パターンを中断する

(8)混乱／揺らぎを利用する

IV　無意識的な反応を促す

(9) 知覚の変化を促す

(10) 解離を促す

セラピストは、さまざまな方向から総合的に反応性を確立していきます。目標は、注意、意識、臨場感、連想、社会的役割、動機づけを変化させることです。催眠状態を引き起こす際、指針となるのは、無意識的な反応性を構築することです。セラピストは、特にクライエントがミニマルキューに積極的に反応するように、クライエントが持つ能力を特定し、アクセスして、強化します。セラピストは、最初は、当たり障りのないタスクを通してクライエントと関わることで、暗示に対する反応性を高めていきます。

当たり障りのない指示

エリクソン博士は、よく、フォーマルな誘導を始める前に、クライエントに何か「些細な」ことをするように依頼しました。例えば、クライエントに椅子を動かすように指示したり、手を普段は触らない場所におくように指示しました。クライエントが、躊躇するか、迅速に従うか。博士は、クライエントの反応を観察することで、見立てに必要な情報を集めました。

エリクソン博士は、さらに、「反応」を「つなげて」、「フロー」を引き起こすことで、トランス状態へと誘導しました。例えば、クライエントに椅子を動かしてもらった後、机の上にあった文鎮に注意を向けるように言いました。エリクソン博士が別のことについて話している間、クライエントに文鎮の方を見つめるように指示することもありました。そうして、段階的に、クライエントを優しくトランス状態へと誘ったのです。

暗示をつなげて使うことは有益です。エリクソン博士の当たり障りのない指示に従うことで、クライエントは、徐々に安心して、一連の指示に反応する中で、博士からの合図を待つようになります。一つひとつのステップ自体は小さなものですが、恐れるものもなく、単純なお願いに応えることに抵抗もないため、クライエントは抵抗することなく協力するのです。

小さなステップを踏んでいくことで、クライエントはほとんど失敗のリスクなく、実質的に成功体験を得ることができます。指示を戦略的につなげて用いることで、協力心が芽生え、積極的に推進力が高まっていくように組み立てられていることに、クライエントは必ずしも気づきません（クライエントによっては、驚愕法を使った誘導がより効果的である場合もあります）。

I　反応性を構築する

⑴ 特にミニマルキューに対する反応性を引き出し、高める

一般的に、セラピストは、徐々に指令をより暗示的にして、クライエントが段階的に間接的で微細な命令に反応するように促していきます。そうすることで、無意識による反応を高め、反応に対する影響力を強化するのです。

クライエントがミニマルキューに反応するとき、反応は、無意識的に行われているように見えます。クライエントの無意識的な反応が高まるにつれて、セラピストからの働きかけは少なくなっていきます。ク

ライエントは「内側から外側に《インサイドアウト》」活性化されていきます。セラピストは、芸術家が絵を描くのと同じように、指示を与えます。例えば、芸術家が発した指示を見て、鑑賞する者たちは芸術家のものの見方を味わうのです。

この過程では、セラピストが正確にクライエントが持つ特性を評価できることが不可欠になります。クライエントの中には、初めから指示に対する反応が良い人もいれば、直接的な暗示に良く反応する人もいます。クライエントによっては、言語的な指示に反応する人もいれば、非言語的な指示に反応する人もいます。どんな場合でも、クライエントとセラピストが持つ能力を最大限に発揮できるように、ミニマルキューに対するクライエントの反応を高めることがセラピストの仕事です。単にクライエントに対してセラピストが発する言葉に反応してもらうだけではなく、イントネーションや、音調の変化、強調などのキューに反応してもらえるようにします。例えば、エリクソン博士は、クライエントの時間の認識を変化させるようなミニマルキューを創りました。博士は、話す言葉の長さを変化させました。時間の流れをゆっくりにするのに合わせて声の調子を伸ばしました。博士は、「now」「time」という言葉を、ゆっくりと意図的に延ばして「nowww」「tiiime」というように発話しました。その目的は、「now」を延ばすことで、主観的な時間の歪みの感覚を、クライエントに精妙に暗示することにありました。セッションの最中か後に、エリクソン博士は、暗示に対して知覚できるような反応があったかどうかを確認するために、クライエントに質問を行いました。

セラピストは、言語や非言語をクライエントの呼吸のペースに合わせることができます。しばらくして、セラピストは、自分の呼吸のペースを変えることで、クライエントの呼吸も変わるか確かめることもできます。同じ様なことは、クライエントの姿勢についても行うことができます。

ミニマルキューへの反応は、人間の一般的な反応で、催眠の文脈だけに限られたものではありません。例えば、講堂で誰かが咳をすると、別の人も咳をすることがあります。隣同士で座っている人たちは、よく呼吸のペースが同じになったりします。他人同士が並んで歩いている場合も、歩調が合っていきます。しかし、催眠の場合は、こうした社会模倣現象を意図的に生じさせたり、組み立てることができます。暗示に対するクライエントの反応は、ラポールの指標となります。これによって、セラピストは、建設的に無意識のプロセスへの扉を開けることを許されるのです。ひとたび、セラピストがクライエントの無意識の世界に入ることを許されると、リソースへのアクセスが始まり、クライエントは、無意識的により柔軟で適応力のある「ありよう」へと誘われていきます。

治療を始める前に、ミニマルキューへの反応を構築することは、至極当たり前のことですし、エリクソニアン催眠の技法を用いる場合に限ったことではありません。セラピストは、いわば、クライエントが所有している畑の借地人に喩えることができるかもしれません。セラピストは、まず畑で働く許可を申請します。そして、クライエントは、ミニマルキューに対する最初の反応を通して許可を与えます。セラピストは、反応を引き出し続け「畑を耕して」、そこで育まれる実りを収穫します。前にも述べましたが、畑を耕して、準備が整うまでは、種をまいて（治療を行って）もほとんど意味がありません。セラピストが正しい手順を踏んで行えば、準備されたステップに対するクライエントの反応は育まれていきます。クライエントは、暗示に対する無意識的な反応を繰り返す中で、反応性を高めていくのです。

この場合、催眠誘導を使って、影響が与えられています。クライエントは、ミニマルキューに反応することでそれに同意しています。そうすることで、セラピストに「いいですよ。あなたが私に影響を与えても」と許可を与えているのです。催眠療法は、ミニマルキューに対する反応が引き出されてから始めるのがベストです。ミニマルキューに対する反応はとても大切なため、じっくり時間をかけて、構築する必要があります。治療の成功は、暗示に対して築かれた反応性の高さと比例すると言ってもよいでしょう。

エリクソニアン催眠の誘導は、命令に対するクライエントの反応によって、長くなるかもしれませんし、短時間で終わるかもしれません。伝統的な催眠の場合、誘導は、だいたい一〇分から二〇分ほどですが、その長さは、セラピストが使う誘導のスクリプトの長さによって決まります。エリクソニアン催眠の場合、誘導の長さは、クライエントの反応によって決まります。ひとたび、クライエントがミニマルキューに対して最大限反応するようになれば、誘導は終了です。

ミニマルキューに対する反応を引き起こすのにもっとも効果的な方法は、そのときクライエントの振る舞いに表れる反応を精妙に利用して、その後の反応の自律性が高まるように誘うことです。例えば、誘導の初期の段階で、エリクソン博士は、目を閉じてゆっくりうなずいていた女性に尋ねています。「あなたは、人が普段どんなふうにうなずくか知っていますか？　普通はこんなふうにうなずきます」そして、博士は、普通の人たちのうなずき方を真似てみせます。「そうして……あなたは……うなずきます……頭を……こんなふうにして」エリクソン博士は、クライエントのゆっくりとした機械的な頭の動きに、話すテンポをゆっくりにしてより機械的に際立たせることで、ペーシング（歩調合わせ）しました。（ちなみに、エリクソン博士が話している間、その女性は、目をずっと閉じていたのですが……）「そうして、あなたには、私が何を話

していくのかわかりませんが、あなたの手は、今顔に向かって上がっていくことができます」[註4]

エリクソン博士は、話すテンポを変えることで、女性が博士の声のテンポをキューとして使えるという命令を行いました。同時に、博士は、彼女のゆっくりうなずく目に見える反応が、催眠の表れであることを精妙に暗示しました。さらに、彼女がもはや「普段の」ありようにいないことを言葉で暗示しました。そうして、博士は、間接的でマルチレベルの働きかけを行い、女性の反応性を構築したのです。

複雑な暗示に進む前に、エリクソン博士は、よくお互いの能力とクライエントが本来持っている能力を最大限に発揮できるように、ミニマルキューに対する反応を構築しました。先ほどもお話ししたように、ミニマルキューに対する反応性は、その後の暗示を行う上での基盤となります。複雑な暗示は、こうした反応性が継続的に構築されることで成立するのです（Zeig, 1987）。

また、ミニマルキューに対する反応性の構築は、セラピストとクライエントの両者の力が必要となる相互的なプロセスです。クライエントの内側に反応する準備を育んでいくステップと言えます。クライエントにとっては、受容的に別の誘導のストラテジーを受け容れる準備にもなります。その中で、もっとも重要なのは、催眠現象の中核をなす無意識的な反応、不随意的な体験と解離です。

クライエントが示す反応性には、他にも次のようなものがあります。

⑵ 注意と意識を誘う

注意は、流動的で主に不随意的なプロセスで、あまり意識的な努力を必要としないという点で、集中とは異なります。セラピストは、反応性を最大限高めるという意図を持って、注意を誘導します。また、セラピストは、必要な催眠現象が生じるようにクライエントの体験を変化させていきます。注意はさまざまな方法で導くことができますが、通常、その方向性によって、(a)外側から内側へ向ける、(b)その瞬間起こっている体験を拡張させる、(c)対象に強烈に焦点を合わせる、の三つの方法があります。

外側から内側の体験に注意を誘導することは、催眠療法では一般的に行われます。例えば、伝統的な凝視法では、セラピストはクライエントに、壁の一点を見つめるよう指示します。クライエントの瞼が重くなって、目を閉じて、「内側に入って」リラックスできるように、徐々に暗示が与えられていきます。

しかし、注意の誘導は、外側から内側だけに限る必要はありません。セラピストは、外側への注意と内側での体験の間を行ったり来たりしながら、有効な緊張状態を創ったり、反応性を築いて、劇的な効果を加えたりしながら、注意を誘導することができます。

ときには、クライエントの注意を内側に誘導するのが好ましくない場合もあります。例えば、偏執症のクライエントは、防衛反応として、外側に注意を向けて警戒しようとするかもしれません。意識を内側だけに向けて集中することは、彼らのパーソナリティ構造と相容れないものです。こうしたクライエントの場合、私たちは、外側で起こっている出来事からもう一つの出来事へと誘うことで、外側への意識を高めていくこともできるでしょう。

また、注意を特定の方向に誘う際は、クライエントの人格様式を考慮に入れて行います。普段内側に注意が向いている人は、徐々に内側から外側の感覚体験へと注意を向けていくようにすると得るところ

［註４］この誘導の動画は、「誘導のプロセス――ミルトン・エリクソン一九六四（The Process of Induction: Milton Erickson, 1964）」というタイトルで、ミルトン・エリクソン財団から入手可能です。

ができます。

が多いかもしれません。こうした違いを創ることで、クライエントを新たな（催眠）体験へと誘うことが

今、ここで、拡張された体験への気づきをもたらすために、セラピストは、そのとき起こっている体験の細部にまで注意を向ける必要があります。そうすることで、「何かが違う」という感覚がもたらされます。普段、私たちは、今この瞬間に意図的に注意を向けていることは稀だからです。今この瞬間に注意を向けているとき、それまでにないくらい知覚されるものが新鮮で、それまで見たこともなかったものや、それまで見えていたものと違ったものが見えて、クライエントは、自分がトランス状態にあったことに気づくことになります。

もう一つもたらしたいものに、一般的にトランス状態の効果として報告されている注意の集中状態があります。ジェームス・ブレイドは、一九世紀に、「単一観念性」、すなわち、一つの観念に注意を集中させることを催眠と呼びました。注意は、外側の対象やプロセス、視覚イメージなどの内側の体験に向けられます。

ここでも、全体的に反応性が高まるように、注意を誘導することが重要なテーマとなります。催眠を使ってどこに注意を向けるかは、クライエント、セラピスト、治療の状況によって変わります。クライエントによっては、自分がトランス状態にあったことに気づいて報告するのに、注意と意識の変化が必要な場合もあります。

⑶ 連想を誘う

人間が持つ連想の能力は、日常生活において、認知的にも精神的にも重要な役割を果たしており、催

眠の原動力として利用することができます。私たちが、コミュニケーションを行うとき、それが、催眠的であれ非催眠的であれ、（暖かいとか、心地良いといった）一連のイメージ――投影、空想、知覚、感覚、記憶――は、前意識の段階で機能しています。そして、それらは、その後の相互作用や行動に大きな影響を与えます。人の行動や社会的な反応は、ポジティブな思考とネガティブな思考が複雑に織り合わさって決定されているのではなく、主に前意識での連想によって決定されています。

エリクソン博士は、反応を引き出す際、連想を誘うことで生じる現象を利用しました。博士は、あなたが誰かにその人の兄弟について話して欲しければ、あなた自身の兄弟について話すのです、とよく言っていたものです（Zeig, 1985）。もしあなたが、私たちがどこの学校に行ったか知りたければ、あなたがどの学校に行ったかを話すのです。

エリクソニアンの催眠療法では、連想は、無意識のレベルで誘われていました。フォーマルな誘導を行うとき、エリクソン博士は、よく暗示しました。「あなたは、床に足をつけて座って、あなたの手は膝の上にゆったりと、こんなふうにおかれています。そうして、あなたの親指は、どこにも触れていません」こうした指示は、続く催眠療法に向けて、クライエントに、開放的な姿勢を通して「心の開放」を連想してもらうためのものでした。

エリクソン博士は、間接的にクライエントの連想を誘導しながら、治療を行いました。博士は、クライエントに、特定の物事について考えるように指示することはしませんでした。むしろ、クライエントが、自由に新しい連想や関連づけを行う機会を与えながら、新たな思考の流れに乗って進んでいけるように誘導を行いました。命令を使って連想を誘うことは、一般的に、意識的にクライエントの物事に対する考え方を変えるよりも効果的です。連想が実現する可能性も高まります。催眠において、連想の誘導は、観念運動の一部でもあります。

フィンガーシグナルなど、明白な目的で、観念運動を行う伝統的な催眠とは異なり、エリクソニアンアプローチでは、連想を使って、積極的な記憶を引き出す喚起の手法が用いられます (Zeig, 1985)。ポジティブな連想がたくさん刺激されれば、それに続いて、積極的な反応が「自然に」起こります。これは、クライエント自身の手柄であり。クライエントは変化を身をもって体現します。一方、セラピストは、単に指示を与えるだけです。例えば、拒食症に催眠療法を行う場合、エリクソン博士は、暗に空腹と食事についての話を治療の物語の中に散りばめました (Zeig, 1985)。クライエントは、エリクソン博士が使っていた技法にはほとんど気づくことなく、話された内容にも抵抗を示すことはありませんでした。それでも、クライエントの連想は、気づかないうちに、食べものや空腹、そして食べ物にまつわる感情や生活場面に向けられていたのです。実際、望ましい形で食事ができるのに充分な連想が体験されていました。こうした散りばめ技法は、エリクソン博士がもたらした貢献の中でもっともユニークなものの一つでした。

誘導を行うとき、セラピストは、引き出したい治療的な反応をクライエントが連想しやすいように工夫します。例えば、エリクソン博士の自宅で行われたティーチングセミナーに参加した学生と誘導を始める際、エリクソン博士のゴールは、リラクゼーションを引き起こすことでした。学生と直接ワークを行うよりも、博士は、声のリズムや抑揚を使って、会場の参加者全員に向かって話しました。「それでは、心理療法を行うにあたって、クライエントに安心して心地良く感じてもらわなければならないという、もう一つの確固たる信念を休ませておきましょう」(Zeig, 1980, p.186)。エリクソン博士は、「くつろぎ」「安心」「心地良さ」といった言葉を強調することで、クライエントの連想を誘いました。エリクソン博士は、直接的に働きかけなくても、クライエントが物事に対して、その人特有の連想をすることがわかっていました。連想へと誘われることで、必要となる反応が体験されていきます。直接的にゴールに働きかけるよりも、博士はパラレル(並行的)なコミュニケーションの技法を用いました。望む反応とパラレルな話し方をすることで、積極的に連想を引き起こしたのです。

クライエントの記憶を呼び覚ます、エリクソン博士のアーリーラーニングセット誘導を思い出してみましょう。アルファベットの文字を学んだときのことを、丁寧に詳しく話すことで、博士は、クライエントを、瞬間的に連想へと誘って、クライエントがそのときの記憶をより深く体験できるようにしました。エリクソン博士は、トランス状態を構築するもっとも簡単な方法は、クライエントが記憶に没入して、そこで起こった変化を承認することだと語っていました(私信 1974)。誘導の段階で記憶を連想させることにより、長いこと忘れられていた積極的な記憶が思い出され、後の治療でも役立てることができます。

連想の誘導は非常に重要です。前意識で行われる連想は、とても強力に私たちの行動に影響を与えているからです。セラピストがクライエントの反応に影響を与える際、クライエントの連想は、治療の方向に沿って、喚起される必要があります。エリクソニアンアプローチでは、心理療法は、問題が創り出された体験のレベルで行われるという前提があります。もし問題が言語レベルで作られているならば、話すことが変化をもたらします。多くの問題と同じように、クライエントから新たに積極的な連想を引き起こすことで、最善の変化を生じさせることができるのです。

連想を誘う手法は、特に、それまで心理教育的な手法を学んできた人たちにとっては、理解しずらかったり、効果を出すのが難しいことがあります。心理教育は、治療に必要な場合もありますが、ゴールが「ありよう」を喚起することであるならば、適当なツールとは言えません。それは、「ありよう」が暗示によって引き起こされるからです。理解を深めるために、再び、科学とアートを比べてみましょう。

科学は、事実を研究して、知識としての情報をもたらすため、科学で用いられる言語は、明確で具体的に事実を示すものである必要があります。大学院では、多くの場合、科学的なモデルをもとにした治療の理論や技法を学習します。

一方、アートでは、暗示を探求します。アートは、体験を方向づけます。アートは、知識としての情報を提供するのではなく、意味を暗示します。小説を読んだり、映画を見たりするとき、私たちの連想は、そうした体験の中で誘われています。芸術家が用いる手法の細部は、鑑賞する者にはわかりません。もし細部の構造がわかったら、アートは知識的な情報になって体験的なインパクトが失われてしまうからです。アートの目的は、無意識のうちに、気分や知覚、「ありよう」に影響を与えることなのです。「ありよう」を喚起するためには、連想を誘導する必要があります。無意識的な反応を構築する中で、連想は誘われていきます。

(4) 役割の退行を確立する

四つ目の誘導の原則は、退行の確立です。さまざまな人間関係の中で、クライエントが適応して行っている役割を体験します。反応性を築き、注意を誘導し、連想を誘うには、セラピストが提供するものに、クライエントが進んで順応できるような関係性を確立する必要があります。セラピストは、クライエントの人生に体験的な「影響を及ぼす」には、そして変化を引き起こすには、ワンアップのポジションにいる必要があります。ワンアップにいる側が、関係性を定義し、コンロールして、社会的な役割を引き出すのです。

催眠という関係性では、クライエントは、ワンダウンのポジションにいることが特徴的です。暗示を行うワンアップ側の役割に「対応する準備ができている」という姿勢を示すことが、ワンダウン側の役割です。心理学の用語で言うならば、クライエントは、外的参照枠、外的帰属を維持するのです。クライエントが催眠状態に入るためには、トランス状態にある大半の時間を、ワンダウンで過ごせるだけの柔軟性が必要となります。

また、ここで言う退行の確立とは、催眠の年齢退行のことではなく、役割への適応力を意味します。役割の退行という概念は、幾分、精神分析の研究者たちが採る考え方と似ています（Gill & Brenman, 1959）。彼らは、催眠を自我を支えるための退行として記述しています（Gruenewald, Fromm & Oberlander, 1972 参照）。催眠では、クライエントが批判的な判断を停止させたとき、退行が生じます。

ローランド・ショア（Roland Shor 1959）は、トランス状態では、クライエントの普段の現実感が薄れることを示しました。彼は、催眠深度のレベルを、ロールプレイ、トランス、昔の関係性に分けて定義しました。そこでは、ロールプレイが、役割の退行へと向かうステップとなります。

クライエントによっては、関わりの中で習慣的な役割を手放すことができなかったり、批判的な判断を中断することができない場合もあります。こうした人たちは、一般的に難易度の高い催眠被験者と見なされます。セラピストが、個人個人に合わせて催眠療法を行い、ラポールを築くことができたとしても、抵抗を克服することができない場合があります。

特に、より指示的な心理療法の場合、クライエントは、セラピストにコミュニケーションの方向性を委ねます。判断を一時停止したクライエントは、セラピストの感覚を信用して、示された建設的なゴールに期待しながら、定められた方向についていかなくてはなりません。適応的な退行は、どんな心理療法においても不可欠なものですが、催眠療法の場合は、特に大きな役割を果たします。

エリクソン博士は、よく最初のやり取りから退行を始めました。そうすることで、クライエントが慣れ親しんだ、機能していないであろう役割を担うことができないようにしたのです（エリクソン博士と私の最初の出会いは、『ミルトン・エリクソンの心理療法セミナー（*A Teaching Seminar with Milton Erickson*）』（1980）、『ミルトン・エリクソンの心理療法――出会いの三日間（*Experiencing Erickson*）』（1985）でも報告されていますが、混乱を利用して、適応力を高める退行を喚起した例が紹介されています）。エリクソン博士が使ったアーリーラーニングセット誘導は、子どもの頃の体験を間接的に喚起することで適応的な退行を促しました。繰り返しになりますが、これは、子どもの頃に戻る年齢退行ではなく、子どもが、どんなふうに周囲の反応を見ながら学習していくかについて適応力を高めるための退行です。役割の退行を確立することは、セラピストが催眠現象を引き起こす際、セラピストとクライエントの関係にとって不可欠であり、催眠では必要な治療的介入です。さらに、方向づけを行う上で、もう一つ大切なものに、モチベーションがあります。

⑸モチベーションにアクセスする

歯科医師のケイ・トンプソン（私信 1974）は、催眠暗示を行う際、初めて、私にモチベーションの大切さについて気づかせてくれた人です。モチベーションは、あらゆる心理療法の成功に不可欠であり、社会的、心理的影響力をもたらす基本となります。催眠や短期的・戦略的セラピーでは、特に動機づけの行為を重要視します。モチベーションは非常に大切なため、ここでは、誘導の原則の一つとして扱います。クライエントが、催眠下でタスクを行う際、モチベーションが高まった状態で行うと、良い結果が出ます。人は、物事を行うとき、他人から命令されたくありません。伝統的な催眠では、一般的に、権威的な方法が用いられます。例えば、クライエントは、次のように言われます。「あなたは、もっと深いトランス状態に入っていきます」「あなたの手は、膝を離れて、上がってきます」暗示の後、動機づけの言葉を加えるのも良い方法です。モチベーションについて話すことで、「どうして」与えられた暗示に従うべきか、理由が明確になるのです。「なぜなら、それは、興味深いからです」「というのは、それは、楽しいからです」。セラピストの技量が上がるほど、クライエントの心理的なモチベーションが把握できるため、その人の価値観にあった動機づけが行える可能性も高まり、結果として、クライエントもセラピストの提案を進んで受け容れるようになります。

恣意的にクライエントを動機づけたり、一般的で広く受け容れられているモチベーションについて話すことは可能です。しかし、もっとも良いのは、クライエントがすでに持っているモチベーションに気づいて、利用することです。クライエントが学ぶことに興味を持っている場合は、それを動機づけに活用することができます。「あなたは、内側に集中することができます。それは、何か価値のあることを学ぶことができるからです」。もしクライエントが好奇心を大切にしているのであれば、指示には、新たな発見をすることを含めても良いでしょう。クライエントが安全を重視している場合は、安全がもたらされているという概念と結びつけて、指示を行うこともできます。

エリクソン博士にとって、モチベーションにアクセスすることは、フォーマル、ナチュラリスティックといった手法を問わず、大変重要なことでした。ときには、一回目の予約の前であっても、博士は、クライエントのモチベーションを確認して、それにアクセスするようなタスクを与えることがありました。一九七三年に、初めてエリクソン博士から私宛に送られた手紙でも、変化への動機づけの大切さが力説されていたことを心に留めておいて下さい。

Ⅱ　催眠の方向性に合わせて、起こっている反応やコンクストを整える

反応を承認して、状況を催眠として定義することは、催眠特有のものですが、両方とも、催眠現象を生じさせる上で重要な役割を果たしています。

(6) 反応を承認する

誘導の最中、（伝統的なモデルでは催眠の終了後）クライエントがトランス状態にあることを「承認」することは有益です（Erickson & Rossi, 1979, p.10）。承認は、「確信」をもたらします。承認を行うにあたって、セラピストは、クライエントがトランス状態のとき生じる現象を体験していたことを、はっきりと、あるいは暗に、クライエントに示します。トランス状態から出た後、伝統的な催眠の場合、クライエントにこんなふうに言うかもしれません。「あなたは、どのくらいの時間トランス状態に入っていたようですか？」もしクライエントが、実際に経過した時間よりもかなり長く、あるいは、短く感じたと答えた場合、クライエントは、トランス下で時間を知覚していたこと、そして、無意識下で、催眠的な反応を体験していたことを認めることになります。効果的に承認が行われると、クライエントはその反応を催眠に帰属

しますが、こうした帰属性は、クライエントの態度や反応に大きな影響をもたらします。

エリクソン博士のスタイルは、間接的な承認を通してこうした帰属性を構築するものでした。これは、催眠と見なされる反応をフィードバックすることで行われます。（この章でも後述しますが）こうした反応は、催眠布置と呼ばれます。例えば、（エリクソン博士が前に行ったように）もしセラピストが、トランスワークの最中に、クライエントがそれまでと違ううなずき方をしていると指摘したら、それは、クライエントがトランス状態で反応していることを暗示しています。それはまた、催眠の「ありよう」が続いていくことを暗示するものです。多くの点で、催眠を行うセラピストは、実際起こっている反応を、目的に必要となる現象の方向へとシフトするためのフィードバック装置となります。

先ほどお話ししたように、エリクソン博士は、簡単な誘導の手法は、クライエントを記憶に夢中にさせること、クライエントが記憶に没入してから起こった変化を承認することだと述べています。例えば、アーリーラーニングセット誘導では、博士が子どもの頃文字を書けるようになるのに苦労した話の後、承認の発話が続きました。「私があなたと話している間に、あなたの瞬きの仕方（瞬目反射）が変化しました。脈拍も変化しました。唾の飲み込み方（嚥下反射）も変わりました。筋肉の緊張や動きも変化しました」ここでは、一つひとつの承認の発話が、催眠的な反応が起こったことを暗示しています。こうした発話は、生じた反応が望ましく、期待されたものであることも意味しています。

⑺ 状況を催眠として定義する

実験研究によると、状況を明確に催眠として定義することで、課題《タスク》に対するクラエイントの反応が向上することが報告されています（Barber, 1969）。状況を催眠として定義すると、クライエントは微細な変化を通して、それまでと異なった反応をするようになります。微妙な差違に反応したり、不随意的な解離現象を体験することもあります。

エリクソン博士は、催眠暗示を行う際、どのように間接的な表現を使ったのでしょうか？　博士は非言語や準言語的な技法を組み合わせることで、クライエントを「この状況は催眠である」という認識へと誘いました。エリクソン博士は、催眠的になるように言葉を選んで、突然声のリズムや抑揚を変化させました。聴衆に向かって話しかけるとき、声の方向を変えました。そうすることで、博士の声がさまざまな方向から聞こえてくるようにする効果を持たせたのです。また催眠状態にある人の動きを真似て、ゆっくりと機械的に動きました。

それを相手にわかるように行うにせよ、暗に行うにせよ、状況を催眠として定義することは不可欠です。クライエントは、その状況が催眠であることになんとなく気づいているだけでいいのです。

では、エリクソン博士は、なぜ直接的な手法を用いず、状況を間接的に「催眠」として定義しようとしていたのでしょうか？　先ほどもお話ししたように、無意識的な反応を促すことがエリクソン派のセラピストの仕事なのです。状況を間接的に定義することで、セラピストは、二つのものを同時に手に入れることができます。博士は、ミニマルキューに反応する機会を提供するのと同時に、状況の定義を行っていたのです。

Ⅲ　顕在意識による習慣的な反応パターンを中断する

治療的な混乱や揺らぎといった技法は、顕在意識で行われる習慣を中断して、催眠的な反応性の基盤を確立するために用いられます。ここでも、揺らぎと興味づけは、催眠を体験する上で不可欠となります。

⑻混乱／揺らぎを利用する

ジェイ・ヘイリー（Haley, 1990）は、セラピストが気づいていてもそうでなくても、あらゆる誘導には、混乱が用いられていることを観察しました。混乱が上手に使えると、反応性、注意、解離、臨場感、没入を通して、体験的な変化を生み出すことが容易になります。揺らぎの技法は、種まきの前に畑を耕すことに似ているかもしれません。

もしかすると、混乱の利用は、特に操作的な場合、最初は躊躇することがあるかもしれません。しかし、作曲では、協和音と不協和音、安定したハーモニーと不安定なハーモニーの両方が使われることを思い出して下さい。不安定なハーモニーの後には、安定したハーモニーが来ます。不協和音なしでは、音楽の効果は制限されます。ジョークは、多くの場合、コミュニケーションの異なるレベルで瞬間的な揺らぎが起こることで成立しますが、後に起こる笑いは、瞬間的に起こる緊張をほぐすのです。

催眠状態にあるクライエントを、ひどく混乱させることは必要なことでも望ましいことでもありません。軽い注意の転換や、一時的な揺らぎが必要なくらいです。多くの場合、セラピストが、優しく軽快な声や普段と違う抑揚を使って話したり、通常と違うコミュニケーションの方法を採ることで、揺らぎは非言語的にもたらされます。クライエントが、ぼんやりして、瞬間的によくわからない感覚を感じたら、軽度の揺らぎが起こっています。揺らぎは、マルチレベルのコミュニケーションがもたらす効果として副次的に生じるものです。社会的、心理的なレベルでメッセージの意図することを理解しようとするとき、軽度の揺らぎが起こります。

セラピストは、クライエントに普段とは異なる反応を求めます。例えば、クライエントに手を上げるように言いながら、自分で意識的にではなく、といった一見矛盾するようなことを依頼します。催眠状態にあるクライエントにただ「手を上げてください」と指示しても、解離的な動きの反応は生じないでしょう。したがって、伝統的な催眠においても、クライエントが意識的でなく「無意識的に」タスクを行うきっかけになるように、微細で、少し興味を惹くような方法が用いられます。腕浮揚の暗示には軽妙なトーンを使います。次の例に見られるように、揺らぎの技法を使うことで、さらに不随意的な感覚を容易に引き起こすことができます。

これは、まさに揺らぎの中でのギフト……心地良いギフトになります……そうして、あなたの手が上がっていくにつれて、あなたは、その体験にもっと没入していくのを楽しむことができることをわかっています。そうして、徐々に動きが変化していくことを実感することは心地の良いことです……そうしてあなたの無意識は、どちらの手をあなたの顔に向かって上げることにするか、あなたにはわかりません。

必要な暗示を行う前に、揺らぎの手法を使うことは一般的です。私たちは、不確実性の感覚を好みません。したがって、特に、自分の反応が混乱によって生じた緊張を減少させると感じられると、それまで行っていたパターンを中断した後に与えられる具体的な暗示に対して、積極的に反応しやすくなるのです。

状況によって、エリクソン博士は、催眠的、治療的な関係性を混乱技法を使って引き起こしています。こうしたアプローチは、習慣的に行っている役割や一連の反応を中断させるのに効果的ですが、使いこなすには相応のスキルが必要となるため、初心者にはお奨めしません。

三つのステップで構成された手法は、催眠的な反応を確立するプロセスの一部となります。セラピストは、ペーシング（歩調合わせ）、中断、パターン化の三つのステップを続けて行います（Tart, 1975; Bandler & Grinder, 1975参照）。クライエントの体験をペーシングして、揺らぎを使って中断を起こし、催眠を使って、新たな意識状態とそれに付随する反応がもたらす現象を（喚起して）定着させます。揺らぎがもたらす未分化で一元的な意識状態によって、その後の展開がさらに強力なものになります。

例えば、セラピストがクライエントに、内側に注意を向けてもらいたい場合、まずはクラエイントが気づけるであろうその場の外部の対象について話をすることで、それまでのクライエントの外向きの注意に同調することができます。それから、少し揺らぎを起こして、最終的に、目標である内側に注意を向けることを暗示します。やや伝統的な手法である閉眼を使った誘導の例を見てみましょう。

ペーシング

ここに座っていると、あなたの足は、床の上で心地良くくつろぐことができます。あなたの手は、軽く膝の上でくつろぐことができます。腕は、あなたの身体の横で心地良く休むことができます。

中断

そうして、あなたが、待っていたかもしれない、重さのない感覚を実感することに、重きをおく必要もありませんし、頑張る必要もありません。

パターン形成

しかし、あなたは、心地の良い呼吸をして、目を閉じることができます。そうすることで、内側に入って、あなたの内側の心は、ある感覚、ある心地良い感覚、新たに広がる心地の良い体験へとあなた自身を誘うことができるような重さのない感覚を広げることができます。

ペーシング、中断、パターン化は、暗示のミクロ構造の一部というだけではなく、こうした手法は、心理療法の基本とされるものです。クライエントが問題を提示した後、セラピストは、問題を受け容れ、ペーシングします。おそらく、クライエントが習慣的に使ってきて不適応を起こしているパターンを、少し定義し直しながら中断して、クライエントがより効果的な反応として統合できるように援助するのです。ひとたび、中断が生じたら、今度は、無意識的な反応を喚起することで、クライエントにトランス体験を引き起こす準備が整います。

Ⅳ　無意識的な反応を促す

これまでも強調してきましたが、催眠中、クライエントにある程度の不随意的な体験をもたらすことが大切です。一般的に、誘導の目的には、知覚の変化と解離の促進の二つがあります。

⑼ 知覚の変化を促す

誘導の最中、クライエントは、二次元的な知覚や身体イメージの変化、動きの感覚などの軽度の現実喪失感と、それに伴う感覚の変化を体験します。こうした変化は、誘導の最中、同時進行で起こり得ます。誘導の最中、知覚的な変化を起こすためには、セラピストはクライエントの知覚的な機能が持つ可塑性の能力を最大限発揮できるようにする必要があります。セラピストは、多くの場合、クライエントの身体や、不随意的で自然発生的な現象を利用することから始めます。例えば、伝統的な凝視法の誘導では、セラピストは、クライエントがある対象を凝視する暗示を行うことができます。その間、クライエントは、トンネルビジョン（トンネル状視野狭窄）のような視覚的な変化や、涙が出るなどの身体的な変化に気づくかもしれません。セラピストは、こうした自然発生的な変化が起こる前に、それをあらかじめ暗示したり、ひとたびそうした変化が起こったら、それを取り入れることによって、変化を増幅させることができます。例えば、次のように言うことができるでしょう。「あなたは、本当に、内側で起こるトンネルビジョンに気づいて、楽しむことができます」利用可能な知覚的な変化には、他にも物の輪郭がよりシャープに見えたり、身体イメージが変化して、人の頭が大きく見えたり、頭が足から離れて歪んで見えたり、実際には起こっていない揺らぎの感覚が生じるといったものがあります。

知覚の変化は、暗示されたものであれ、自然に起こったものであれ、クライエントにとっては、「確信」をもたらすものとして重要になります。何かいつもと異なることが起こっていて、クライエントが催眠状態の影響下にあることを暗示するものだからです。知覚の変化は、内側で無意識的に生じるため、セラピストからの承認によって、クライエントは変化を実感することができます。

⑽ 解離を促す

知覚的な変化を促すことと関連しますが、解離は、私たち人間が持っている、不随意的な体験を可能にする能力のことです。解離は、無意識的な作用を伴います。催眠現象、知覚変化、催眠反応には、解離が伴い、ある程度不随意的に起こります。解離状態にあるクライエントは、よく何かが「ただ起こった」と報告することがあります。

解離は、心理的レベルにおいても、身体的レベルにおいても生じます。多くの場合、トランス状態を体験すると、あるレベルでは、現実に対して習慣的な方向性を持ちながら、別のレベルでは、その体験に非常に入り込むと言われています。例えば、暗示に反応して、クライエントはこんなふうに言うかもしれません。「私は、あなたと一緒にここにいたことはわかりましたが、まるで、子どもの頃、学校にいるような感じでした」腕浮揚などの身体的な解離の場合、クライエントは、身体から腕が解離して動いているような体験をします。

私が行っているトレーニンググループでは、二人の学生が順番でもう一人の学生に解離体験を引き起こすダブル誘導の練習をしますが、そのとき、クライエント役の学生は、知覚の変化と心理的な解離と身体的な解離について、次のように述べていました。

いくつかの反応が起こりました。ガイド役の一人の方は、とても穏やかで落ち着いた声で話していて、とても良かったです。もう一方からは、正反対の感じの声が聞こえていました。まるで、私に関心を持った二つの部分が存在しているかのような感じでした。それから、私の顔が左右対称になっていない感じがしました。半分は、なんと言うか本当に深くリラックスしていて、もう半分はそうではなかったです。私の耳もこちら側の声の方に注意を向けていたような感じでした。それから、私は目が閉じていたのですが、こちら側の目は開いているみたいでした。興味深かったです。二人とも、私の表情が非対称に見えたと教えてくれました。

一部には、解離に対してネガティブに反応するクライエントもいます。別のセミナーの参加者は、次のような報告をしています。

気が散ったのは、催眠状態のとき、セラピストが私の反応を観察して、瞬きを指摘したときです。

私は、自分でそうしていることを想像できなかったので、それを信じることができませんでした。私は、「自分の身体がコントロールできないから、今お手上げ状態なんだ」と思いました。私は、そのビジュアリゼーションは好きではありませんでした。だから、自分自身がそういう状態に抵抗していることに気づきました。その後、私はポジティブに感じた発話、私をもっと力付けてくれる発話に関わってみてもよいかもしれないと思いました。

こうした報告が示しているように、クライエントの反応を観察することは、非常に大切です。瞬きや付随して起こる解離を承認する際、クライエントにとって心地良くない体験が起こっている場合には、学生／セラピストは、そのことに気づける必要があります。セラピストは、クライエントの緊張や呼吸数の変化、抵抗を示す動きに気づけたかもしれません。こうした情報から、学生／セラピストは、よりサポーティブで積極的な暗示ができたかもしれないのです。

無意識的な解離の例は、私がエリクソン博士を訪問して間もない頃、一度体験したことがあります(Zeig, 1975)。一九七五年、私は、ビデオ録画の専門家だった友人のポールを連れて、エリクソン博士を訪ね、博士が誘導を行う場面を録画しました。ポールは、私が催眠を学び始めたとき、初めて私とワークをしてくれた友人の一人でした。当時の私は、催眠についてほとんど知識がありませんでしたが、ポールもおそらくそのことに気づいていました。彼は、私の働きかけに反応しませんでした。というのも、私も使える技法などまったく持っていなかったのです。しかし、結論からお伝えしますと、ポールはエリクソン博士のもとでは、夢遊病的な反応を見せるクライエントだったのです。

ある日、私たちは、エリクソン博士がポールと行うセッションの撮影をしていました。催眠についての知識も経験も浅いクライエントに対する、素晴らしい誘導が入ったセッションでした。私は、この内容に非常に感動しました。私たちは、エリクソン博士の初期のビデオテープを何本か作成しました。しかし、その後、ポールがマイクを付け忘れていて、撮影されたものは、すべて無声のサイレントフィルムになっていたことに気づきました。それが明らかになった日の終わりに、私たちは、エリクソン博士にそのことを報告しました。そのとき、私は、サイレントフィルムの責任は私自身にもあることに気づきました。機材が正常に作動しているか確認することは、ポールだけの責任ではありませんでした。

翌朝一番に、エリクソン博士は、私にこんなふうに指示しました。「例のサイレントフィルムを見せて下さい」。私は、モニターの電源を入れて、前日撮ったビデオを再生しました。ポールは、クライエント用の椅子に座っています。エリクソン博士は、期待するようにポールを見ました。ポールもサイレントフィルムを見ていました。エリクソン博士は、期待するようにポールを見ました。ポールはサイレントフィルムをしっかり凝視していました。エリクソン博士の期待を込めた働きかけが合図となって、ポールはトランス状態に入りました。

私は、エリクソン博士がこれからポールとどんなことをするか撮影できるように、すぐにカメラをセットしました。セットが終わると、ポールは椅子からおもむろに立ち上がって、ぎこちない感じで部屋を横断して歩いていきました。彼の利き手である右手は身体の横にカタレプシーを起こして固まっていました。ポールは、ビデオテープの機材のところまで行って、左手で、すべてが正常につながっているか、特にマイクロフォンの入力は大丈夫か、チェックしました。それから、周囲のことを気にかけることもなく、ぎこちない様子で椅子のところまで戻ってきて座り、トランス状態は続きました。ポールは、エリクソン博士を見上げて、ゆっくりとたどたどしい口調で、こう言いました。「私がこの状態でいる間に、あなたにもっとたくさんのことを教えていただきたいのです」

ポールは、右手がカタレプシー／解離状態にあることに気づいていませんでした。彼は、無意識的な解離状態にありました。それは、私とポールにとって大変貴重な学びの体験でした。エリクソン博士は、通常、クライエントがそうした深い解離状態を体験できるようになるには、少し時間が必要ですと教えてくれました。

エリクソン博士は、私たちが何の価値もないと思っていたサイレントフィルムを活用しました。博士は「価値のない」ビデオを利用して、それに価値を吹き込んだのです。この体験は、利用法と、催眠状態にある人が、どんなふうに期待されたミニマルキューに反応するかについて忘れられない学びとなりました。博士は、クライエントが、以前のトランス体験を鮮明に思い出すのを援助することで、いかにトランス状態を創造することができるか示しました。

解離は期待するものではなく、日常的に体験されているものです。私たちは、自分が体験していることから、しょっちゅう解離しています。無意識的な反応は、車を運転したり、物想いにふけったり、読書をしたりするとき起こっています。解離は、日常の生活に不可欠なものです。

しかし、催眠において、解離は、手段として洗練された形で、戦略的に目的を持って使われます。解離の主な目的は、催眠現象を創り出すことです。それによって、治療のリソースとして役立てるだけでなく、クライエントが自分の反応に確信を持つ助けとなります。

治療では、リソースへのアクセスが欠かせません。多くの場合、リソースは、眠っていたり、クライエントの意識から「解離している」ため、クライエントは、それを見つけ出して利用することができないと感じています。不安なクライエントでも、明らかにリラックスしていた体験がありますが、そうした能力にアクセスすることができないと感じているかもしれません。さらに、心理的な問題は、それが「ただ起こる」というほど解離しています。解離性パーソナリティ障害や徘徊は、解離の最たる例です。恐怖症やうつは、それほど解離の要素を含まないかもしれませんし、家族に関する問題の場合は、解離の要素はさらに少ないかもしれません。しかし、あらゆる心理的問題には、ある程度解離の要素が含まれています。クライエントは、ある型にはめられたと感じ、望む反応を起こすことが「できない」のです。

しかし、解離は、ネガティブなものというより、かなり適用性が高く、ポジティブな体験です。生活におけるほとんどの行為――話すこと、歩くこと、注意を向けること――は、無意識的に行われています。不随意的な行為が、生活を可能にしているのです。解離は、問題にもなりますが、解決の基盤にもなります。催眠的な解離は、適応的な解離が創造される舞台となることができます。治療の目的の一つには、クライエントが無意識的にこしらえている問題の「ありよう」を、新しいより効果的な「ありよう」――セラピストとクライエントが、できるだけ無意識的に働いて欲しいありよう――に変換できるように援助することにあります。催眠を使うことで、クライエントにとって有益な無意識的な反応を引き出すことが容易になります。

一般的に、解離を喚起する技法の中には、顕在意識に特定の機能を、無意識に別の機能を割り振るものがあります。例えば、セラピストは、こんなふうに言うかもしれません。「あなたの意識は、部屋の音について思いを巡らすことができますが、あなたの無意識は広がっていく心地良さを楽しむことができます」（解離の発話に関するより詳しい説明は、次章の催眠言語の章をご参照下さい）こうした解離の発話は、催眠言語では一般的なものです。普段は使わないような文法が、無意識的な反応を容易にするためです。解離反応が生じたとき、それは、トランス状態が起こっていること、そして、著しく異なる何かが起こっていることをクライエントに確信させます。

解離は、私たちにとって一般的なものであるにもかかわらず、その実感の仕方は、一人ひとり異なります。一人ひとりの解離のスタイルをどう判断して利用するかは、セラピスト次第です。

どうして誘導の一〇原則を用いるのか？

誘導の一〇原則を使うことで、催眠現象が引き起こされ、クライエントは自分が催眠という「ありよう」にあることを許容することができます。さらに、包括的にクライエントに影響を及ぼすように工夫された治療戦略と相まって、効果を発揮することができます。望まれる効果は何なのでしょうか？ すべての原則は、協力という一つの目的に向けて連携します。結局のところ、誘導の目的は、クライエント自身が自分の問題解決に協力できるように支援することなのです（Zeig, 1985, p.4）。

受容的な「ありよう」を用意することは、心理療法では大きな課題になります。クラインエトが自分自身の潜在的なリソースや能力を覚醒させることが心理療法の目的となります。簡単に言うと、すべての心理療法が目指すところは、クライエントが自分自身に備わっている素晴らしいアドバイスに応じることができる環境を提供することにあります。ほとんどの場合、クライエントは、先延ばしをやめること、人間関係で優しくすること、転職すること、ダイエットすることなど、何をする必要があるか理解しています。しかし、彼らは、自分の思いが求めていることをその通り行動に移すことができないのです。伝統的な催眠においてもエリクソニアン催眠においても、誘導によって、反応性を高めて、協力しながら治療の目的が果たされるように、クライエントの能力を引き出します。

タバコへの依存症の例を挙げましょう。セラピストが喫煙者に対して、単純に「あなたは、もうタバコを吸いたいという衝動を持つことはないでしょう」と言っても、高い成功率を期待することはできません。しかし、そうしたシンプルな暗示であっても、上手な誘導の後であれば、ある程度効果を発揮するでしょう。より高度な手法を使って、クライエントが持つポテンシャルを引き出しながら治療を行えば、一層効果的かもしれません。しかし、どんな催眠技法が適用されても、まず最初に、誘導に対するクライエントからの反応の中に、協力的な姿勢が確立されている必要があります。

誘導の一〇原則と、それを活用した結果として起こる現象は、伝統的な催眠においてもエリクソニアン催眠においても生じます。セラピストによっては、ある原則は重視しても、別の原則は重視しないかもしれません。したがって、結果として生じる催眠は、セラピストの指向性を反映したものになるでしょう。

伝統的な催眠の手法は、一部のクライエントにとって大変役立つかもしれませんが、エリクソニアン催眠の手法は、より多くのクライエントに対してより良い結果をもたらすでしょう。それでは、伝統的なワークとエリクソニアンのワークにおいて、どんなふうに一〇原則が使われるか見ていきましょう。

伝統的な催眠では、あらかじめ設定されたスクリプトに従う傾向があるのに対して、エリクソニアン催眠の誘導は、柔軟で、オーダーメイドの原則に従います。あらかじめ用意されたスクリプトを用いるよりも、原則を用いることの利点は、主にセラピストが、クライエント一人ひとりの違いに合わせて適応することが可能になるところにあります。伝統的な催眠では、クライエントがセラピストのスタイルに合わせる傾向があります。エリクソニアン催眠では、セラピストが、クライエントのスタイルに合わせるように努めます。

誘導の原則の実際

私が初めて学んだ伝統的な誘導は、身体を使ったものでした。始めにクライエントは、握りこぶしの中にコインを握って、手のひらを下に向けて、腕を身体の前にまっすぐ伸ばします。私は、スクリプトに書かれたこの誘導を大学院のときに学びました。当時私は、たくさんのルームメイトたちと一緒に大きな家に住んでいました（ポールもそのうちの一人でした）。私は、彼らに一人ずつコインを持ってリビングルームに並んでもらって誘導を行いました。誰もコインを落とすことはありませんでしたが、私は、それにひるまず研究を続けました。私のルームメイト二人は、実際にエリクソン博士を訪ねましたが、そのとき、彼らは、反応の良い被験者であることが判明しました。彼らにリビングルームで並んでもらったときには、私はスクリプトを使っていて、自分の能力にほとんど自信がありませんでした。しかし、私はその次のステップについてのトレーニングは受けていなかったので、誰一人としてコインを落とさなかったのは幸いなことでした。

表5にはこの誘導の簡単な用例と分析が載せてあります。該当する誘導の原則は、右側の列に表示さ

表5

誘　導	誘導の原則
1.「私たちはこんなふうに催眠を始めます」	1. 状況を催眠として定義する。
2.「親指の一点を見つめます……」	2. 注意の集中。反応性を構築する。
3.「……そうして、視界が変化していることに気づき始めます」	3. 知覚の変化
4.「それはぼやけていくかもしれませんし、もしかしたら、あなたの目には涙が浮かぶかもしれません」	4. 知覚の変化
5.「しばらくすると、あなたはコインの重さに気づき始めます」	5. 連想を誘う。注意の焦点化
6.「そうして、あなたの指は、ゆっくりと開き始めます。コインが落ちると、あなたの目は閉じて、あなたはトランス状態に入っていくことができます」	6. 解離
7.「私は、あなたがそのことについて何か本当に興味深いことを発見するだろうと思います……」	7. 動機づけ

れています。

この誘導の中には、軽度の混乱や役割の退行といった原則も含まれています。タスクの最中で、新しいものが出てくると、少し混乱を招くかもしれません。それは、クライエントもセラピストの影響下で「退行した」役割を想像することが求められているからです。そこに、承認が加えられても良いかもしれませんが、伝統的なアプローチでは、多くの場合、承認は、トランス状態が終了した後に行われます。例えば、セラピストは、「今までにあなたの視界にこれほど大きな変化が起こったことがありますか？」と尋ねるかもしれません。肯定的な反応が返ってくれば、クライエントがそれまでトランス状態の「ありよう」にあったことが承認されるのです。

伝統的な催眠で、私が学んだ二つ目の誘導法は、ビジュアリゼーションの手法を使ったものでした。クライエントは、窓やドアのない壁の一点を見つめて、赤くて大きな秒針が動く時計をイメージするように言われます。秒針が一二の文字のところを通過するとき、クライエントは、目を閉じて、リラックスし、トランス状態に入るがままに任せます。一つ目の例のときのように、注意を集中させて、状況を催眠として定義して、解離が暗示されるという一般的な誘導の原則がここでも用いられます。しかし、伝統的な催眠は、機械的なプロトコールに頼る傾向にあり、根底にある誘導の原則を柔軟に用いることはしません。誘導を個人個人に合わせて、仕立て上げるという試みはほとんどなされません。誘導の原則は、催眠反応を引き起こす基盤となるため、伝統的なアプローチを使った臨床でも、エリクソニアンアプローチを使った臨床でも適用されます。しかし、エリクソニアンアプローチにおいては、いつ、どのようにそれらを修正するかを理解することが、重要になります。

エリクソニアン催眠では、一人ひとりに合わせたアプローチが選択されます。エリクソン博士の誘導は、セラピストからの一方的な働きかけというよりも、ダイアローグ（対話）でした。クライエントは、セラピストと相互に影響し合い、単なる暗示の受け手ではありませんでした。ときに、エリクソン博士は、言葉を一言も発することがないまま、誘導を行うことがありました。一九七三年の博士と私との最初のやりとりについて見てみましょう（Zeig, 1980, pp.19-20; Zeig, 1985, pp.89-90）。

私は、夜の一〇時三〇分頃、フィニックスにあるエリクソン博士のご自宅に到着しました。そのときが初めての訪問であり、私はゲストとして迎えられました。エリクソン博士の娘さんであるロクサナが、玄関で私を出迎えると、ドアのすぐ左のところに座ってテレビを見ていた博士に、私を紹介しました。「父のドクター・エリクソンです」。エリクソン博士は、ゆっくりとした機械的な動きで、少しずつ頭を上に向けました。博士の頭が水平になると、やはりぎこちない動きを使って、少しずつ私の方に顔を向けました。博士は、私の視覚的な注意を惹くと、おそらく、私の呼吸のペースに合わせて、眼の焦点をぼかしながら、一瞬止まりました。そして、ロボットのような動きを繰り返しながら、私の身体の正中線を上から下へと見下ろしました。

それまで、誰からもそんなふうに「こんばんは」と挨拶されたことはなかったので、少しの間、私は、「カタレプシーを起こして」固まりました。私がどうしたらいいかわからないでいると、ロクサナは、父はよく悪ふざけをするんですと言いながら、私を別の部屋へと案内してくれました。

しかし、エリクソン博士の行動は、悪ふざけではありませんでした。それは、完全な、非言語的な驚愕法の誘導だったのです。催眠誘導を行うのに必要な方法のすべてが、博士の行動と私との関わりの中で提供されていたのです。最初に、博士は、私の顕在意識の設定を中断させました。私は、エリクソン博士が「こんばんは」と言って、握手をするものと思っていましたが、博士の行動は通常の反応を一旦停止させるものでした。私は、普段の行動パターンに頼ることができませんでした。さらに、エリクソン博士は、単に中断させるだけでなく、新たなパターンを創り出していました。そして、私に体験してもらいたい催眠現象、例えば、クライエントが腕浮揚を行うときに見られる、解離を伴ったカタレプシーのゆっくりした動きを行ってくれました。博士は、鋭敏に、トランス状態の特徴である注意の焦点化を行っていました。身体の正中線に沿って、私を上から下へと見下ろしたとき、博士は、私を連想へと導いて、「内側に降りていきます。そうしてトランス状態を体験します」と暗示したのです。

エリクソン博士は、私に例を示してコミュニケーションが持つ力を教えてくれました。私が博士の卓越した創造性を実感するのに大して時間はかかりませんでした。その後の六年間、私は博士のワークを密に踏襲すべく、定期的に彼のもとを訪ねましたが、博士が私に使った誘導を二度と見ることはありませんでした。博士は、私と出会った瞬間、私のためだけの誘導を行ってくれたのです。

伝統的なアプローチよりエリクソニアンアプローチの誘導の原則を使うことには利点があります。セラピストは、誘導の原則に重点をおくことで、クライエントのトランス状態を促進させることができます。例えば、クライエントが知覚の変化によって恩恵を受けるのであれば、暗示を追加することもできます。自由形式の誘導は、関係性の中で感情の強さを高めたり、一人ひとりのクライエントに合わせたアプローチを可能にしながら、その場の状況から自然に提供されるものです。治療は、誘導の中に含めることできます。誘導を後に続く治療と調和させることができるのです。伝統的な催眠では、誘導はトランス状態を引き起こすための手段でした。誘導と後に続く治療の間に関係はありません。一方で、オーダーメイドの誘導は、その後展開される治療への前奏曲となるため、誘導に治療を含めることが可能になります。誘導は、単にトランス状態を創造するために用いられるのではなく、治療の方法となり得るのです。

誘導は、サイクリングやウォーキングなど、クライエントが関心を持っているトピックについて話すことによっても行うことができます。部屋に入るといった日常のありふれた行動さえも、誘導を組み立てる際に利用することができます。セラピストは、誘導と関連する事柄や原則が散りばめられるよう、社会的な文脈をテーマとして活用します。これからご覧いただくスクリプトは、誘導の原則を使って、いかに自由形式の誘導を創ることができるかについて示したものです（表6）。おそらく、後に続く治療は、

表6

誘　導	誘導の原則
（セラピストは、床を見て、ゆっくりと一定の声で話す。）	1. （間接的に）状況を催眠として定義する。注意の焦点化。
あなたは、部屋に入る体験をしたことがあります、おそらく、特別な部屋に。 あなたは、少しの間、躊躇するかもしれません……ほんの一瞬……そうして、少しの間、目を閉じることができます。そうして、思うかもしれません。	2. ミニマルキューに反応する機会。
そうして、期待を抱きながら、思いを巡らしている間、あなたは考えることができます。「心地良く内側に入ることができるとしたら、どれだけ素晴らしいか……その部屋の内側へと……」	3. モチベーションの構築。
暖かさを感じるでしょうか？……照明はちょうどいいですか？……何か予測していなかったことに気づくでしょうか？	4. 連想を誘う。
そうして、あなたは、踏みだすことができます……自信を持って内側へと……そうして、内側にいることがどれほど素晴らしいか、快適で、心地良くて……そうして、あなた自身が心地良く座る場所を見つけることができます。そうして、時間をとって、表れる心地良さを実感することができます。	5. 注意を焦点化させる。
そうして、あなたが好奇心を持って、内側を感じている間、部屋の……内側で気づきが起こります。	6. 揺らぎを促す。
そうして、あなたは、ここまでやってきたことを通して、突然、白昼夢のようなファンタジーに気がつくかもしれません。もしかすると、少しの間、家で、心地良い椅子に座って……あるいは、少しの間、あなたは……暖かくて、心地の良い日に、ビーチにいて……	7. 解離を促す。
そのとき、あなたは、おそらく、子どもで……	8. 退行を促す。
私があなたと話している間に、ある変化が起こりました。呼吸のペースや動き、そして、瞬きにも……	9. 承認。
そうして、あなたは、もしかすると、先ほどと比べて、どのくらい音がよく聞こえるようになって、視界が鮮明になって、感覚が鋭くなったか気づくことができます。	10. 知覚の変化を促す。

部屋に入ることと関係したものになるでしょう。

大切なのは、誘導の構造ではなく、得られる反応であるということを心に留めておいてください。結果として、誘導は、クライエントが発する非言語的なフィードバックに応じて、修正されるものです。多くの場合、クライエントの反応に対しては、臨機応変に誘導の原則を活用する必要があります。誘導の最中、クライエントと話をしながら、反応を確認することは大切です。行き着くところ、それが、催眠的な対話になるのです。

催眠布置

催眠的な反応の理解は、誘導の原則を効果的に使って、トランス状態を承認する上で、不可欠になります。こうした催眠的なもろもろの反応は、催眠布置と呼ばれてきました（Erickson & Rossi, 1979, p.10参照）。

催眠布置が生じることで、トランス状態を承認することができるだけでなく、それ自体が目指すべき指標となります。セラピストは、クライエント一人ひとりからはっきりと催眠布置を引き起こせるようにワークを行います。クライエントがすべての催眠布置を示すわけではありませんが、クライエントの多くは、いずれかの反応を示します。ひとたび、セラピストが、クライエント特有の反応のパターンに気づいたら、その後トランス下でそのパターンを確立していくことができます。例えば、あるクライエントは、トランス状態に入って、まぶたがピクピクしたり、左右が非対称のリラクゼーション反応を示すかもしれません。クライエントによっては、トランス状態で、習慣的な防衛反応を示して、反応に時間がかかる場合もあります。続く誘導では、その人その人の反応のパターンを確立していくことが目標になります。

トランス状態に入るのに、決まった方法や正しい方法はありません。次のリスト（表7）は、受容性を促す誘導の最中に、催眠状態のクライエントに一般的に観られる反応の特徴を記載したものです。[註5] クライエントには一人ひとり、独自の催眠のスタイルがあって、他の人たちには観られない反応のパターンもあります。セラピストは、必ずしも、クライエントがすべての現象を示すことを期待すべきではありません。また、クライエントの反応は、治療中にはっきり変化することもあります。催眠布置の反応のほとんどは自然に起こるものですが、暗示によって引き起こすことも可能です。

表7　催眠布置

催眠布置の反応には、自然に起こるものと暗示によって引き起こされるものがあります。

(1) 動き、反応、表現の簡素化
(2) リテラリズム（直解直訳反応）
(3) 反応の遅れ
(4) 嚥下、驚愕反射の変化
(5) 筋肉の弛緩
(6) 脈拍、呼吸数、血圧の変化
(7) 眼球反応の変化
　(a) 瞳孔の変化
　(b) 瞼の痙攣
　(c) 焦点ボケ
　(d)「トランス凝視」
　(e) 瞬き数の変化
　(f) 衝動性眼球運動の変化
　(g) 流涙
(8) 定位運動の減少
(9) 反復性
(10) 非対称的な反応
(11) 末梢循環の変化
(12) 束性収縮
(13) ラポールと反応性の増加
(14) 観念運動的な反応の増加
(15) フェイシャルマスク
(16) トランスロジック
(17) 身体方向性の変化
(18) 歯車運動
(19) カタレプシー
(20) 抑揚の変化
(21) 個人特有の変化

(1) 動き、反応、表現の簡素化

クライエントがトランス状態にあるとき、覚醒状態のときと比べて、あまりエネルギーを使わない経済的な動きや反応の仕方をする傾向があります。催眠状態で、ある方向を見るように言われたクライエントは、スムーズな動きではなく、ゆっくりと機械的に頭を回転させるように反応することもあります。また、非言語的にも言語的にも、シンプルな文を好み、短く簡潔なコミュニケーションをとる傾向があります。それは、まるで、催眠状態にあるクライエントが、エネルギー消費が最小限になるような反応を選択しているかのようです。

［註5］米国で伝統的に実践されているもの以外にも、クライエントの受容性を信頼し、クライエントの落ち着きを引き起こす催眠がたくさんあることに留意しておく必要があります。ブラジルでは、デービッド・アクスタイン（David Akstein, 1973）が、動きを伴う「テルプシコリオ・トランス・セラピー（Terpsicorio Trance Therapy: TTT）」と呼ばれる催眠療法を行っています（TTTに関する情報と文化的なトランス状態についてはリッシュポートの文献（Richeport, 1982）をご参照下さい）。エリクソン博士の催眠療法は、二者間の対話によって成り立っていました。ヒルガード（Hilgard, 1968）は、催眠現象は、被験者が能動的な場合喚起されることを示しました。彼は、スタンフォード式催眠暗示性スケールの一部を修正して、被験者がエクササイズバイクに乗っている間に、複雑な催眠現象を引き起こしました。エリクソン博士の主要な学生の一人であった、ケイ・トンプソン（Kay Thompson）は、リラクゼーションの活用を最小限にとどめる代わりに、「キラキラした目、ふさふさの尻尾のトランス（The Bright-Eyed, Bushy-Tailed Trance）」と呼ばれる技法を推進しました（私信）。

　トランス状態の受動的な側面が注目されることで、催眠は主にリラクゼーションとして認識されるようになりました（Edmonston, 1981）。催眠とは、リラクゼーションでも受動的なありようでもなく、能動的な心理的、関係性のプロセスであるというのが、本書の主張です。

(2)リテラリズム（直解直訳反応）

催眠下で適応的な退行が起こった結果、言葉通りの反応をする状態が生じます。子どもは、よく文字通りの反応をします。「立てますか？」と訊かれたら、催眠状態にあるクライエントは、ただ「はい」と答えて立ち上がらないことがあります。

(3)反応の遅延（タイムラグ）

求められている反応が、いつになく、長い沈黙を伴って返ってくることもあります。おそらく、こうした現象は、催眠下で体験される時間の歪みによって生じるものです。時間的な反応の遅れは、注意深く評価する必要があります。それは、抵抗ではなく、トランスが起こっている兆候かもしれないからです。

(4)嚥下反射と驚愕反射の変化

誘導中、クライエントの瞬きや嚥下反射の数が減少することがあります。また、クライエントは、直接関係のない刺激にあまり気をとられなくなります。予期しない妨害が入っても、覚醒状態のときに見せるような驚愕反射が見られなくなることもあります。催眠状態にあるクライエントは、目の前にある物事に注意を集中させる傾向があります。

(5)筋肉の弛緩

私たちは、受動的なトランス状態に入ると、一般的に、筋肉が弛緩して、動きがゆっくりになります。顔の筋肉は、「平板化」して、ろう面のような表情になります。

(6)脈拍、呼吸数、血圧の変化

催眠暗示によって没入状態が起こると、クライエントの脈拍、呼吸数、血圧が低下します。

⑺ 眼球反応の変化

クライエントには、瞳孔の拡大や収縮といった現象が表れることがありますが、通常、よりゆっくりとして不自然な衝動性の眼球運動、白昼夢のときに見られるレムムーブメント（REM）のような眼球の動きや、眼瞼痙攣が生じることがあります。また、一般的に「生気のないとろんとした眼差し」や眼の焦点がぼやけた「トランス凝視」、瞬きの減少、感情や目の疲労とは無関係の流涙が起こります。

私が研修生として、初めて臨床で催眠を行ったときのクラエイントは、屈強な軍人でした。トランスの最中、彼は、リラックスして、感情を表していないにもかかわらず、彼の一方の目から涙が流れていました。私は、「予期しない」反応に動揺してしまい、クライエントも困っていました。その後、誘導が進むにつれて、片側だけの流涙が生じる場合があることを学びました。

⑻ 定位運動の減少

通常の覚醒状態では、私たちはよく動いています。姿勢を整えたり、顔に触れたり、他にもたくさんの無意識的な動きを行っています。こうした動きを通して、外側の世界への見当識（自己と時空間、対人関係に対する認識）がもたらされ、普段の意識状態の拠り所になります。しかし、トランス状態では、そのような定位運動は減少するか消滅します。しかしクライエントは、通常の意識状態からの変化に気づかないかもしれません。クライエントは、定位運動の欠如によって、何かがいつもと違うと感じるため、正確には表現できなくても、自分がトランス状態にあることを確信することができます。

⑼ 反復性

催眠状態にあるクライエントは、ことのほか、動作に反復が多くなります。例えば、質問に対してクライエントが非言語的に反応するとき、かなり長い間、うなずき続けることがあります。ひとたびそれが始まると、動きを止めることが非常に困難になるかのようです。

⑽ 非対称的な動き／反応

クライエントがトランス状態に入ると、動きに顕著な左右差が生じることがあります。例えば、リラクゼーションの場合、顔の片側がもう一方の側より際立って弛緩している場合があります。指の動きも非対称になったり、顔の片側だけが痙攣したりすることもあります。反応もいつもと違って、非対称になることがあります。

⑾ 末梢循環の変化

誘導の最中、クライエントの皮膚の色に、部分的な変化が表れることがあります。クライエントの中には、直接的な暗示に反応して、抹消循環に変化が生じる場合もあります (Maslach, Marshall, & Zimbardo, 1972)。抹消循環が自然に変化することもあります。顔や首が紅潮したり、青冷めたりすることもあります。

⑿ 束状収縮

これは、トランス状態が進むにつれて、高い頻度で皮下で起こり得る「マウスに見られるような」小さな筋肉運動です。

⒀ ラポールと反応性の増加

トランス状態では、反応性やラポールが高まることがあります。エリクソン博士が指摘してるように、明示的な指示は、催眠状態では必ずしも必要なものではありません。しかし、クライエントがミニマルキューに反応するにつれて、全般的に反応性やラポールが向上していきます。

⒁ 観念刺激的な反応の増加

観念刺激的な反応には、観念運動や観念知覚反応があり、両方ともトランス状態でより顕著になります。観念運動反応とは、自動的に連動して「引き起こされる」反応のことを指します。トランス状態以外では、父親が幼い子どもに口を開けてもらおうとするとき、無意識に自分の口を開けるような場合です。父親の思いや注意の集中が、無意識に自分自身の行動に影響を与えているのです。

観念知覚的反応は、連想がいかに「知覚」体験を駆り立てるかということと関係しています。例えば、恥ずかしい思いをしたときのことを思い出すと、顔が紅くなるでしょう。

セラピストは、クライエントに知らぬ間に自然に生じる観念刺激反応を注意深く観察します。例えば、セラピストが伝統的な催眠誘導で、階段を降りていくイメージ法を使っている場合、クライエントは、階段を「一段」降りるたびに、無意識にゆっくりと頭を動かすかもしれません。クライエントが交響曲をイメージしている場合、気づかないうちに、音楽のビートに合わせて足踏みをすることもあるでしょう。

⒂ フェイシャルマスク（仮面のような表情）

トランス状態にあるクライエントは、多くの場合は、無表情で、仮面のような表情になります。

⒃ トランスロジック

トランスロジックとは、トランス状態以外の「ありよう」では矛盾するような概念を、トランス下の「ありよう」では何事もなく共存可能にする、変性意識特有の思考プロセスです。催眠下では、批判的な判断が中断されます。トランスロジックという概念は、マーチン・オルネ（Martin Orne）が、「催眠の本質――所産と核心（*The Nature of Hypnosis: Artifact and Essence*）」と題した論文で、一九五九年に「異常心理学・

社会心理学ジャーナル（*Journal of Abnormal and Social Psychology*）」に発表したものです。オルネは、その中で、催眠状態にあるクライエントが、自分の向かい側に座っている人が透明になるという暗示が与えられたときのことについて言及しています。クライエントは、自分の側に座っている人がそこにいることはわかっていて、その人が見えると報告する一方で、その人が座っているとき見えていたのは、椅子だけであったとも報告しています。しかし、こうした状況が示す非論理性は、本人にとっては問題ではありませんでした。

⒄ 身体方向性の変化

トランス状態を体験すると、自身の身体の感じ方が変化することを報告する人がいます。手足にいつもと違う感覚が生じたり、固有受容感覚が変化したり、身体の感じが変わって、離人感が生じる場合もあります

⒅ 歯車連動

歯車連動は、腕や脚が動くとき、ピクピクしながら、歯車のように動くことを言います。例えば、腕浮揚を体験しているとき、痙攣しながら、腕は自然と上に向かって上がっていきます。

⒆ カタレプシー

カタレプシーは、手足がろうのように固まることを指します。筋肉が硬直して、手足の位置が固定されたりします。例えば、催眠状態にある人の腕を動かそうとするとき、セラピストもカタレプシーを感じることができます。

⒇抑揚の変化
トランス状態にあるときの特徴として、発話の長さが短くなる傾向にあります。ときに、声の抑揚が誇張されることもありますが、多くの場合、調子は平坦になります。

(21)個人特有の変化
クライエントによって、その人特有の反応が起こることがあります。例えば、私の場合、トランス状態で、全身が震えるクライエントに会ったことがあります。ひとたび、現象を認識することができたら、私はそれを喚起するように努め、クライエントが明らかに震えを示したのを見てから、利用法を使って後催眠暗示の段階へと進みました。他にも個人特有の反応には、ため息やけいれんなどがあります。

催眠布置反応のさらなる活用

セラピストは、二一の反応のいずれかが起こったとき、それを認識できる必要があります。また催眠布置は利用法（ユーティライゼーション）を使う段階で、クライエントにプライミングを行うとき重要な役割を果たします。また、催眠布置は、⑴クライエントが、固有の布置を体験するための誘導として、⑵クライエントがトランス状態にあることを承認するため、⑶誘導の段階が終わりに近づいて、利用法の段階が始まる合図として、の三つの目的で活用することができます。

催眠布置の反応は、単に、個人の精神状態を表すだけではなく、対人関係のありようを表すシグナルとして理解することができます。クライエントに、まぶたの痙攣や反復といった、催眠布置が生じたとき、それはセラピストに、クライエントが充分トランス状態に入っていて利用法の段階に入ることを知らせるシグナルとなります。

催眠布置は、クライエントがトランス状態にあることを承認する手段としても使われます。承認は、誘導において、大変役に立ちます。催眠布置の側面からクライエントの反応を承認することで、トランス体験が強化され、反応性も高まり、協力関係も深まります。承認を行うにあたっての原則や手順は、第12章のAREモデルのところでご説明しますが、承認を用いることで、催眠状態の深まりを認識することができます。

催眠現象の活用

技法を丸暗記するよりも、誘導の原則を優先させる理由に光を当ててみましょう。セラピストが、五つのトランス現象（意識の変化、臨場感の変化、不随意的な体験、不随意的な反応、状況を催眠として定義すること）を促そうとする場合、あらかじめ決められたスクリプトを使うよりも、誘導の原則を使って、自由形式でワークを行うのがベストです。自由形式で誘導を行うことで、セラピストは、クライエントの反応に焦点を当て、最高の状態が生じるように、技法を修正することができます。誘導によって、クライエントに五つの反応のいずれかの組み合わせを、体験して実感してもらうことが可能になります。また、セラピストは、クライエントの反応を通して、催眠現象を引き起こしながら、起こった現象のフィードバック装置としての役割も果たします。

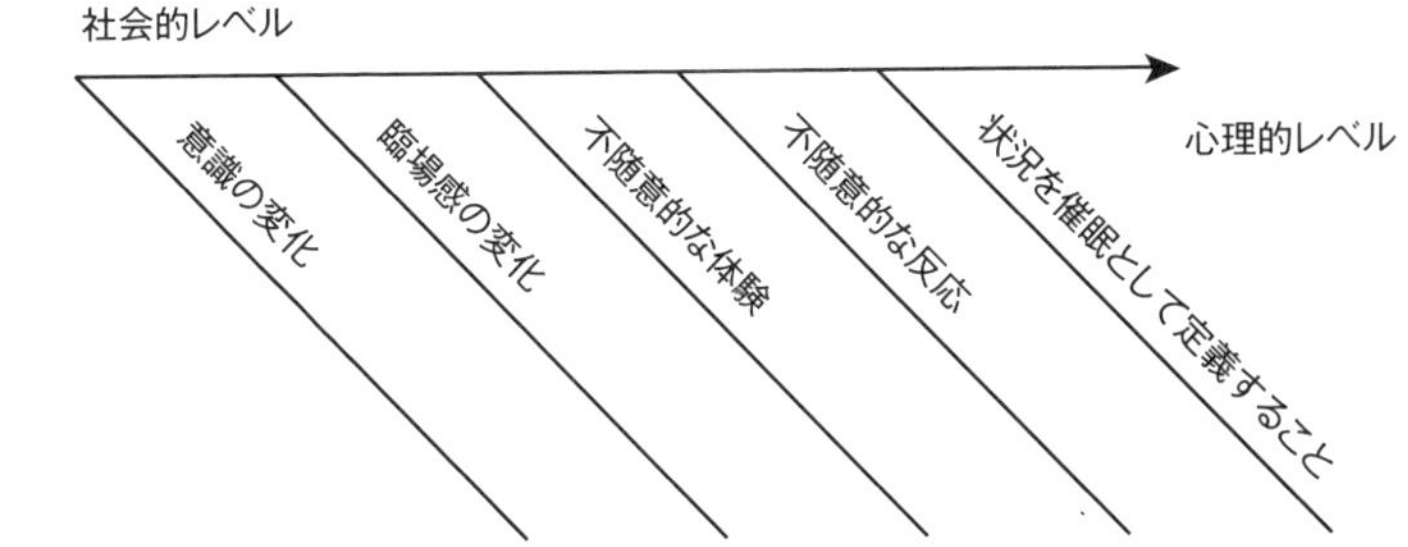

図4

セラピストは、誘導の中で、「心理的」レベルでは、催眠現象が喚起されるような可能性をちりばめながら、「社会的」レベルでも表層的に話ができるようなテーマを選択します。また、セラピストは、状況の必要性に応じて、主観的な側面へと話を進めていくことができます。図4を見てみましょう。

架空の例を使って、このプロセスについて見ていきましょう。セラピストは、社会的なレベルでは、自転車に乗れるようになることについて語っているようです（社会的なレベルのテーマの選択は、当てずっぽうではなく、治療の目的に合わせて行うのがベストです）。心理的なレベルでは、トランス現象がちりばめられます。それでは、例を見てみましょう。

そうして、あなたは目を閉じて、私の声を聞いていると……特別な方法で……いろいろな興味深い体験をすることができます。新鮮な眺め……今感じる心地良さ……鮮明な記憶。

クライエントが目を閉じることで、状況を催眠として定義しようとしていることを示しています。

例えば、あなたは、自転車に乗ったことがあるでしょう。

あなたが……身体の中にいつもとは異なるバランス感覚を楽に創造することができるか……といった問題です。最初は、難しく見えても、しばらくすると……あなたは、心地良く座って……空気の暖かさや、今いる場所から新たな場所へと進んでいく自由な感覚に気づくことができます。

セラピストは、クライエントの意識の状態が変化するきっかけを提供しながら、クライエントが示す反応に注意を向けます。クライエントが、反復的にうなずいたりして、協力的な反応を示したら、セラピストは、先に進みます。クライエントの反応に抵抗が見られたら、セラピストは、それをフィードバックとして利用して、テーマを変更したり、別の可能性を強調したり、より間接性を高めたりすることができます。そして、続けていきます。

そうして、自転車に乗っている間に……あなたの能力が発揮されて……バランス感覚も高まって、新たな視界もはっきり開けて、動きもとても楽になっています。

そうして、それは、とても快適で、とても心地良く、あなたは、自由に新たな場所に出かけるのを楽しむことができます。あなたが進んでいくにつれて、ご自分のバランス感覚が高まるのに気づきながら……そうして、あなたのバランス感覚が本当に高まっていくにつれて、その状態を続けていくことがもっと楽になっていきます……あなたは時の流れに気づかず、心地良く座っていることにも気づいていないでしょう……

セラピストは、没入感を高めて、臨場感を変化させる機会を提供します。

というのは、あなたが進んでいって……そこに着いたとき……あなたは突然気がつくかもしれないからです。一瞬、あなたがその動きに注意していなかったことに……自転車に乗って……目的地に到着するまでの間……しかし、あなたは、ご自身が探していた記憶に没入しています……とても素晴らしい……とても心地良い……そうして、今、それまでとだいぶ違った時間が流れて……おそらく、他の人たちもあなたと一緒にこの旅の中にいて……自転車に乗っています……そうしていると、今どんな人たちが、あなたと一緒に楽しんでいますか？

セラピストは、自然に生じる記憶や想像した仲間の登場といった解離体験を暗示します。時間歪曲などの催眠現象も暗示することができます。

そうして、あなたは……足を動かすことができます……手も動くかもしれません……あなたが進んでいく道を示すために……そうして、あなたは見上げることができます……あなたの進んでいく道を見ることができます。

セラピストは、例えば、手、足、頭の動きの反応など、目に見える反応が起こるようにキューを送ることができます。こうした変化が、間接的な暗示によって生じることで、不随意的な反応として体験されるのです。

もちろん、クライエントと話をすることは役に立ちますし、その結果に応じて、催眠の手法を修正していきます。その後、セラピストは、自転車のメタファーを続けながら、クライエントの反応性を高め、催眠布置を使った承認の段階へと進むことができます。例えば、「私が話している間に、あなたの瞬きのペースが変化しました。あなたの脈拍数が変わりました……」

社会的なレベルと心理的なレベルを行き来しながら、セラピストは、クライエントの進行中の反応に誘導を合わせます。セラピストは、クライエントが催眠現象を体験できるように、可能性を暗示します。

同時に、セラピストは、治療の目標に必要な現象へと方向づけを行うために、誘導一〇原則を使うことができます。セラピストは、さらに高度な催眠技法を使ったり、誘導の中で、治療的な話を散りばめることで、誘導を効果的なものへと仕立てていくことができます。

催眠深度

伝統的な催眠では、誘導の後、セラピストは、トランス状態の「深化」という段階を設定してします。一方、エリクソニアン催眠は、その深さについて異なる考え方をしてきました。晩年、エリクソン博士は、フォーマルな形でトランス状態を深化させることにあまり関心を示していないようでした。その代わり、博士は、ミニマルキューに対する反応性を構築することを重要視していました。

催眠の深さは、意識の変化、臨場感の変化、解離、不随意的な体験といった形で自然に生じます。クライエントにこうした変化が起こると、誘導がもたらす体験がより深いものなり、それがまたクライエントを「さらに深い」トランス状態へと誘います。クライエントのミニマルキューに対する反応が高まり、催眠布置が起こると、クライエントはさらに深いトランス状態へと入っていきます。マルチレベルのコミュニケーションを活用することで、伝統的に誘導と深化という二つの異なる段階であったものを、一つに統合することができます。

深化という概念を積極的に用いない理由はもう一つあります。クライエントは多くの場合、催眠療法では、深いトランス状態に入らなければ、効果がないだろうといった誤った考えを持っています。しかし、トランスの深さは、催眠療法の成功と必ずしも関係ありません。ほとんどの問題は、軽度のトランス状態で充分であり、セラピストは、クライエントが持っている固有のリソースを整理するのを助けるのに必要な深さのトランス状態が得られるようにします。

また、エリクソン博士は、特定の深化技法を用いませんでした。例えば、博士は、分断法（フラクショネーション）という技法を使うことがありました。分断法は、トランス状態を喚起してから、クライエントを完全に、あるいは部分的に覚醒させるプロセスから成る技法です。そして、クライエントと簡単な会話を行ってから、エリクソン博士は、クライエントを再びトランス状態へと誘っては覚醒させ、またトランス状態へと誘いました。こうした手順は、数回繰り返されました。

誘導を行う際、エリクソン博士は分断法を、クライエントが経験値の範囲を設定できるように使うことがありました。その過程で博士は、潜在的にトランス状態が持っている能力について何かを学ぶことを促しました。

分断法には、トランス状態を深化させる効果がありますが（Vogt, 1896（Kroger, 1977に引用））、それもまた、経験値の範囲を設定するのに役立ちます。分断法について考えてみましょう。時間が経つにつれて、クライエントはトランスに「深く入っていきます」。分断法の体験が繰り返される間に、クライエントは、「これがトランス状態で、これが覚醒状態」というように、トランス状態の範囲を経験的に理解して、整理統合します。経験値の範囲を確立するプロセスは、自分自身がトランス状態にあるときの体験を学習することができるという点で、特に経験の浅いクライエントにとっては効果的かもしれません。

経験値の範囲を確立することには、さらなるメリットがあります。それは、セラピストが、クライエントを、良い／悪い／普通といった特定のタイプに分類して可能性を狭めることなく、クライエントのトランス状態を助長できることです。セラピストの注意の焦点は、クライエントのトランスの能力をグループの中で比較するよりも、それぞれのクライエントが示す特有の反応に着目することに向けられます。研究においては、グループ内での比較の対象として、クライエントの能力に着目することは有用ですが、臨床では、それぞれのクライエントが示す固有の現象に着目することが有益です。

誘導を通して、トランス状態の範囲を体験的に確立したら、エリクソン派のセラピストは、単に深さを追求するよりも、催眠現象を引き起こすことに注意を向けます。伝統的な催眠では、催眠現象は二つの形で──誘導の前段階では、見立てのための非暗示性テストと誘導対象として、深化の段階では、クライエントがコントロールを失ったことを確信させるものとして用いられます。対照的に、エリクソニアン催眠では、被暗示性のテストは好まれず、催眠現象は、不随意的な反応を促すために誘導中に用いられます。しかも、それは治療の主要なリソースとして活用されることもあります。

リソースとしての催眠現象

先ほどもご説明したように、古典的な催眠現象は、クライエント一人ひとりの心の中で体験されるものです。まとめると以下のようになります。

古典的な催眠現象

(1) 幻覚（正／負）
(2) 感覚麻痺／感覚鈍麻
(3) 健忘（記憶喪失）
(4) 記憶増進
(5) 年齢退行
(6) 時間の歪み
(7) 解離
(8) 自動（無意識的）反応
(9) 観念反応
(10) 後催眠暗示

催眠療法の基本となるアプローチは、(1)トランス状態を引き起こすこと、(2)クライエントが一番体験しやすい催眠現象を特定すること、(3)催眠現象をリソースとして活用すること、の三つの手順を通して行われます。

催眠療法の指針

本書では、催眠の誘導を扱っていますが、催眠療法を行う際の指針についても少し述べておきましょう。催眠現象は、強力なリソースとなります。初心者が催眠療法を行うにあたって有用な経験則は、治療の際、一番のリソースとなるのは、クライエントがもっともうまく体験することができる催眠現象であるということです。こうした考え方を理解するために、疼痛の管理に関するケースを観てみましょう。

痛みを訴えるクライエントにトランス状態を引き起こした後、セラピストは、クライエントがどんな催眠現象をもっともありありと体験できるかに気づいて、それを喚起することに注意を集中することができます。この一見簡単に思える作業にも、何回ものセッションを要する場合があります。まるでリソースを掘り起こすかのように、セラピストは、クライエントが催眠現象を実感できるような機会を提供し始めます。どんな現象であれ、クライエントが一番上手に体験できるものは、治療で役立てることができます。クライエントが、正の幻覚をもっとも体験しやすいのであれば、痛みのある部分の上に、癒しのイメージや心地良い感覚を「幻覚」を見るように見てみるのもよいでしょう。もし負の幻覚が一番得意であるなら、痛みのある場所に「空っぽの穴」をおいてみることもできます。あるいは、感覚麻痺を使って、直接痛みを取り除くこともできるでしょう。感覚鈍麻は、痛みの感覚を鈍らせます。健忘を使って、痛みのある感覚を忘れることもできます。記憶増進や年齢退行を使って、痛みが始まる前の頃に、クライエントを連れ戻すこともできます。時間歪曲を使って、心地良い時間を長くしたり、痛みを感じる時間を短くすることもできます。クライエントは、痛みとは関係のない身体の別の部分に痛みを移動させて、痛みから解離することもできますし、身体の外に痛みを移動させてもよいでしょう。さらに、クライエントは、自分の身体から完全に解離して、違う場所にいる自分自身を体験することもできます。自動書記や自動描画を使って、心地良さを感じるための計画を「描き出す」ことも可能です。逸話や間接的な技法がもたらす観念刺激的な効果を使って、心地良い連想を創り出すこともできます。また、後催眠暗示の効果を使って、心地良い時間が続くことを暗示することも可能です。つまり、リソースとしてアクセスされた催眠現象は、クライエントのニーズやスタイルによって、問題解決のために直接的、間接的に利用することができるのです。

駆け出しのセラピストの場合、治療の初期の段階では、催眠現象を最大限に引き起こしておくのが得策です。しかし、セラピストが経験を積むに連れて、催眠現象に気づいて引き起こすことができるようになると、催眠が持つ可塑性という概念を使って、治療を有効に進めることができるようになっていきます。可塑性という視点を取り入れることで、一つひとつの催眠現象を拠り所にするよりも、さらに高い効果を上げることが可能になります。

催眠可塑性

エリクソン博士は、直接、可塑性という概念を使ったことはありませんでしたが、私は博士がこの概念を認めていたと考えています。可塑性は、一時的に新たな精神的、身体的パターンを確立することを可能にする能力です。それはまた、体験を消去、修正、創造することを可能にします。私たちは、普段、記憶や知覚、感覚や随意的な反応は、固定されていると信じていますが、実際は、流動的で変化しやすいものです。古典的な催眠現象を異なる角度から捉えると、一〇個の現象は、大きく四つのグループに分けることができます[註6]（表8）。

可塑性の四つの分野についてより詳しく見てみましょう。

分野I　感覚認知の可塑性

人間の感覚受容器官は、視覚、聴覚、味覚、嗅覚、皮膚感覚（触覚、痛覚、温度感覚、運動感覚、平衡感覚）に分類することができます。運動感覚は、私たちに、身体のパーツ、筋肉、腱、関節の相互関係や外部環境にある対象との関係についての情報を伝達してくれます。空間における身体の姿勢、平衡感覚は、三半規管や前庭嚢によって決定されます。

催眠現象の観点から考えると、伝統的な立場では、例えば、正の視覚的幻覚、負の視覚的幻覚、正の聴覚的幻聴、負の聴覚的幻聴というように、一般的に、対極的な区別を使って、正の幻覚や負の幻覚を

表8

古典的現象		可塑性の分野
グループⅠ	幻覚 感覚麻痺／感覚鈍麻	分野Ⅰ　感覚認知
グループⅡ	健忘 記憶増進 年齢退行	分野Ⅱ　記憶
グループⅢ	時間の歪み	分野Ⅲ　時間
グループⅣ	自動反応 観念刺激反応 後催眠反応	分野Ⅳ　不随意反応

別々に引き起こします。しかし、エリクソン派のセラピストの場合は、可塑性という考え方を採用することで、体験の創造から修正、消去への連続した流れの中で、感覚認知の変容を引き起こすことが可能になります。

感覚認知

（視覚／聴覚／味覚／嗅覚／皮膚感覚／運動感覚／平衡感覚）

創造 ―――― 修正 ―――― 消去

物事を知覚する際、視覚的な体験を大きく変えることができる人もいます。こうした人たちは、強烈な正の幻覚や負の幻覚を報告することがあります。視覚的な体験をある程度、修正することができる人たちもいます。視覚的な体験ばかりを創り出すことができる人たちもいますし、視覚的な体験を消去する能力を持った人たちもいます。瞬間的

［註6］私たちが体験する催眠現象は、創造、修正、消去という三つの基準によって分類することもできます。

に視覚的な変化だけを創り出すことができる人もいます。例えば、催眠状態にある人たちには、自分の前にあるテーブルから、バラの花が出てくる幻覚を見ることができる人もいます。他にも、テーブルの色がだんだん色褪せていくような、部分的な負の幻覚を創り出せる人たちもいます。人によっては、正と負の幻覚を両方創造できる場合もありますが、どちらか一方だけの場合もあります。同じことが、他の感覚についても当てはまります。カタレプシーは、運動感覚を修正する能力であると考えられています。可塑性の観点を取り入れることで、私たちは、催眠状態にあるクライエントの能力を「地図を見るように特定する」ことができます。可能性はさらに広がります。セラピストは、例えば、運動感覚や平衡感覚の変化を引き起こして、伝統的な催眠で行われる複数の感覚システムを使ったワークを行うことができます。

分野Ⅱ　記憶機能の可塑性

記憶機能の変化は、健忘から記憶増進、年齢退行への連続した流れの中で、創造、修正、消去することができます。

記憶

創造－修正－消去

年齢退行 ―――― 記憶増進 ―――― 健忘

完全な健忘を創り出せる人もいますし、出来事の発端やそのときの状況を思い出すことができないなど、部分的な健忘を体験できる人たちもいます（Kihlsrom & Evans, 1979）。健忘を体験する能力は、記憶増進を体験する能力とは、ほとんど関係ありません。健忘できるからといって、必ずしも記憶増進を体験できるとは限りません。しかし、年齢退行を体験できるクライエントが、実際にある出来事を再体験できるくらい、完全にその記憶に没入している場合には、より高い確率で記憶増進を体験することできます。

分野Ⅲ　時間感覚の可塑性

時間感覚の修正は、凝縮から拡張への連続した流れの中で引き起こすことができます。

時間感覚

拡張 ―――――― 凝縮

催眠下では、しばしば、時間の感覚を長くしたり短くしたり修正することができます（Cooper & Erickson, 1959）。凝縮よりも拡張の方が得意な人もいますが、多くの場合、どちらかを行うことができれば、もう一方も可能です。

分野Ⅳ　反応随意性の変化

古典的な催眠現象として認識されてきた不随意的な反応には、解離、観念刺激反応、自動反応（自動書記や自動描画を含む）、後催眠暗示があります。

可塑性の観点から見ると、こうした反応は、多かれ少なかれ随意的にも起こり得るものです。催眠反応は、クラエイントが反応を生み出すのに費やす意識的な努力の量によって、随意から不随意への連続的なスケールの中に収まります。例えば、腕浮揚は、充分に解離して無意識的に体験することができるだけでなく、非常に意識的であっても、あるいは、その二つの中間であっても体験することができます。

随意反応

随意的 ―――――― 不随意的

その他の考慮すべき事項

認知、情動、行動、態度、動機づけ、関係性のパターンなど、催眠を使って修正できる反応は、他にもあります。しかし、そうした修正は、通常、催眠現象とは見なされていません。同じように、血流の変化などの身体的な変化と催眠との関係も報告されていますが、伝統的にそうしたものも、催眠現象からは除外されています。

催眠と可塑性

可塑性は、催眠においては中核をなす概念です。実際、催眠には、心理的、身体的、社会的な関係性において、可塑性をもたらす力があると言えるでしょう。

エリクソン派のセラピストは、クライエントが、新たな視覚的な体験を創造することができるか、既存の視覚的な体験を修正できるか、あるいは、視覚的な体験を消去できるか――と、可塑性を体験できるようにクライエントを支援します。これは、他の感覚認知についても同様です。こうしたアプローチの利点は、セラピストがクライエントの可塑性の種類や範囲を確認できることです。体験を変化させる能力は、人によって異なります。クライエントによって、かなりの可塑性のポテンシャルを示す場合もあれば、そうでない場合もありますが、ほとんどの場合は、中間のどこかに分類されます。伝統的な催眠の場合、催眠現象は、クライエントが視覚的な幻覚を体験しているかいないかにより、ゼロか百かで分類されます。

可塑性の種類と範囲は、厳格に定まっているものではないことに注意して下さい。カテゴリー間で重複する場合もあります。例えば、カタレプシーは、随意反応の変化として捉えることもできますが、運動感覚の可塑性としても捉えることができます。感覚鈍麻は、負の幻覚としても、皮膚感覚の修正とも考えられますが、幻覚的な感覚麻痺としても、触感覚の減少としても生じることがあります。感覚鈍麻は、皮膚感覚や運動感覚の負の幻覚として生じることもありますが、それによって、手足が「なくなった」感覚が起こったり、皮膚の感覚が感じられなくなったりします。

さらに、セラピストが可塑性に注目する場合、単に人間の身体が持っている感覚の修正という自然な側面を利用しています。感覚や知覚について学んでいれば、幻覚は、どの感覚野でも生じることを知っています。人間の知覚システムは可塑的なのです。例えば、冷たい水が通るコイルと、温かい湯が通るコイルを絡み合わせると、絡み合ったコイルに触れた人は、熱く、焼けるような感覚を覚えます。平衡感覚にも歪みが生じます。飛行機がだんだん加速するとき、目隠しをした被験者は飛行機が上昇しているように「感じる」かもしれません。反対に、徐々に減速すると、被験者は飛行機が急降下していると言うかもしれません。中心窩の死角やファイ現象など、私たちの視覚的な体験でも、同様のことが起こります。非注意性盲目（Chabris & Simons, 2009）は、そうした現象が至るところで起こることを示しています。

しかし、ほとんどの人たちは、自らの能力としての可塑性に気づいていません。催眠体験の本質は、まさに、より柔軟性を持って、可塑性を高められるような状況を創ることです。繰り返しますが、催眠現象と可塑性は、通常の知覚や反応の範囲を大きく広げます。普段あまり認識されていませんが、こうした「至極普通」の反応は、催眠によって強化され、特定の目的のために組織的に活用されるのです。

可塑性は、「ゼロか百か」のはっきりした反応というよりも、体験の連続体です。クライエント一人ひとりが、望む現象をうまく体験できるか否かが鍵となります。例えば、視覚的な幻覚を体験できるかできないかで個人を判断するのではなく、セラピストは、クライエントがどの程度、視覚的な修正を体験できるかということに注目します。いわば、セラピストは、クライエントの持つ可塑性の地図を通して、クライエントに合った催眠のスタイルを創るのです。そして、催眠や治療の目的に合わせて、特定の可塑性を活用していきます。

治療

伝統的なアプローチとは異なり、エリクソン博士は、催眠セッションのある特定の段階で治療を行うのではなく、クライエントと出会ったその瞬間から治療を始めていました。博士は、誘導を始めてから、深化、セッションの終了に至るまで、治療を行っていました。治療は、誘導後の段階に限定されていませんでした。博士は、セッションを通して、何のために催眠現象を引き起こすか考え、治療の目的に合わせて、首尾一貫した姿勢で、最大の治療効果を上げるよう努力しました。現時点で、エリクソン博士の治療について詳細に掘り下げることは、本書で扱うことができる範囲を超えていますが、あえていうならば、多くの場合、逸話などのギフトラッピングの間接的な手法を用いて、それまで眠っていたクライエントのリソースを引き出して、参照体験として活用することで、「ありよう」やアイデンティティの変化を促進しました。

参照体験についての注意ですが、参照体験は絶えず、私たちのアイデンティティを創造し続けています。私たちには、自分が有能で、賢明で、素晴らしく、創造的であるということを示す参照体験がありますが、その一方で、自分は無能で、愚かで、醜く、想像力に欠けるという参照体験もあるかもしれません。治療とは、有意義で力を与えてくれるような参照体験を創造するプロセスなのです。

セッションの終了

エリクソン博士は、独特なスタイルで催眠を終わらせていました。私は、博士がクライエントに次のような伝統的な暗示を行っているところを見たことがありません。「私が、一から五まで数えます。そして、私が数を数えたら、あなたは、リラックスして、リフレッシュした気分で目覚めます」。エリクソン博士なら、こんなふうに暗示したでしょう。「一回か、二回か、三回、深い呼吸をして、あなた自身を目覚めさせます。辺りに充分注意を払って、全身がすっかりと目覚めます」

クライエントに（一回か二回か三回の呼吸の）選択肢を与えることで、博士は、クライエントが自発的に意思決定ができるようにクライエントの理性にコンタクトしました。催眠同様、それは、クライエントの不随意的な反応に重きをおいたものでした。その後、博士は、ご機嫌に「お帰りなさい！（Hi!）」と言ってトランスを終えて、クライエントと会話をすることで、素早く通常の意識状態でのやり取りを確立しました。文化的な条件づけとして、クライエントからは自動的に「どうも！（Hi!）」の返答が返ってきます。また、エリクソン博士は、非言語的な反応だけを使って、トランスが終了したことを暗示することもありました。博士は、声のトーンを少し上げることで、声の調子を変化させました。クラエイントが、博士からのキューに反応することは想定内のことでした。

エリクソン博士は、よく「型にはまらない」セッションの終え方をしていました。セッションの終了を、儀式的で単純な線引きとして行うのではなく、博士は、治療の目的が達成されるように、セッションの終了を利用していました。博士は、セッションを終了させるとき、よく間接的に健忘を引き起こしました。そうすることで、意識による分析が行われないように、暗示を封印して、無意識に定着させたのです（Zeig, 1985）。エリクソン博士は、セッションが終了した後、すぐに治療的な物語を語ることで、治療を再開することもありました。次のトランス状態へと誘導する機会として、セッションの終了後、すぐに驚愕法の誘導を行うこともありました。例えば、クライエントがトランス状態から出た後、博士は突然、クライエントの手を上げて、再びカタレプシーを引き起こすこともありました。驚愕法の誘導は、クライエントがあまり防衛的でない場合、催眠が持つポテンシャルを充分に体験してもらうのに効果的でした。

エリクソン博士は、ときどき、クライエントを部分的にトランス状態から出すだけに留めることがありました。博士は、クライエントの意識をトランス状態から出しても、クライエントの身体を催眠状態のままにすることもありました。またエリクソン博士は、フォーマルなトランスのセッションからの学びを統合して、さらにそれを深めるような物語を語って治療を続けることもありました。（『ミルトン・エリクソンの心理療法セミナー（*Teaching Seminar with Milton H. Erickson*）』p.97）

セッションの終了にあたって基本的な課題は、伝統的な催眠と同じで、顕在意識でラポール、コントロール、承認を再び構築することです。しかし、エリクソニアン催眠においては、このプロセスは、クライエントと治療の目的に応じて、一人ひとりに合わせた形で行われます。

つまり、エリクソニアンアプローチでは、伝統的な催眠の一部を活用しますが、それ以外の部分には重点をおきません。エリクソン派のセラピストは、誘導の一〇原則を指標として、催眠布置と呼ばれる一連の反応を引き起こします。エリクソニアン催眠誘導とエリクソニアン催眠療法の基本は、無意識の反応を構築して、リソースを引き出し、それを利用することです。催眠現象は、個人が持っているリソースであり、可塑性という観点から捉えられます。

おそらく、他のどんなセラピストよりも、エリクソン博士は、クライエント中心の催眠を実践していました。博士にとって、第一の目的は、クライエントのニーズを満たすことでした。クライエントが望んでいて、フォーマルな催眠を活用することができる場合は、博士は、それに喜んで対応しました。もしそうでない場合も、博士は自在に使うことができる技法を他にもたくさん持っていました。

エリクソン博士の並外れた功績の一つには、「ありよう」に変化を引き起こすマルチレベル・コミュニケーションの活用があります。それを可能にしたのは、博士が活用した催眠言語です。体験を喚起する文法を用いることで、望む「ありよう」を引き起こすことが可能になるのです。

第11章

催眠の言語

可能性のギフトラッピングのミクロ構造

本章では、催眠特有の喚起の言語を使って、治療のゴールに必要な現象をギフトラッピングして提供することを可能にする、体験喚起のミクロ構造についてお話しします。これには、自明の理（事実の描写）、前提、埋め込み命令、付加疑問文、イエスセット、引用、間接命令、間接使役、解離、二重解離などが含まれます。催眠現象をより効果的に引き起こすには、マルチレベルの命令法を使ったコミュニケーションが必要になります。これは一般的に用いられるコミュニケーションとは異なります。直接的に何かを教えるというよりは、望む現象へと方向づけを行って、無意識的な反応を促すものです。また、そこでは、シフト（SIFT）と呼ばれる三ステップの暗示（準備（set up）・介入（intervene）・遂行（follow through））が順番に用いられます。

そもそも、治療中のやりとりは、普段の会話とは異なるため、使われる手法も日常的に馴染みのあるものではありません。ソファーにもたれて浮かんできたことを語ったり、エンプティーチェアに話しかけたり、執拗に感情移入してくる人と葛藤について語ったり——といったことは、日常では極めて稀なことです。しかし、日頃行わないからこそ、治療という目的に役立ちますし、必要とされる現象を引き起こすことができるのです。

こうしたやりとりの中で出会う言語の形は、私たちにとっても周囲の人たちにとってもまったく耳慣れないものでしょう。しかし、こうした言語形態は、総じて、私たちの「ありよう」に変化を起こす力を持っています。

映画や詩を構成する要素は、分解されてしまうと、それぞれは意味をなさないかもしれませんが、全体として用いられることで、大きな効果を発揮します。

詩を書くとき、普段使わない押韻や頭韻、比喩を使うように、催眠においても普段使われないような言語を使ったコミュニケーションが行われます。もし感情や「ありよう」に影響を与えることが目的である場合には、通常と異なる言語形式が役に立ちます。催眠の言語は、ありようを喚起することができる、詩的な言語です。

特別な形の言語を使うことで、セラピストは、没入、臨場感の変化、無意識的反応、解離、意識の変容を促すだけでなく、その状況自体を催眠として設定することができます。こうした言語の形は、特に催眠において有用ですが、その言語の形自体が、コミュニケーションに大きな影響を与えるため、催眠を行わない心理療法においても使うことができます。

治療のゴールは、間接暗示の中にギフトラッピングする（包み容れる）ことができます。例えば、セラピストがクライエントに対して、食事のとき、ゆっくりと食べることが役立つかもしれないといった提案を念頭においていた場合、セラピストは、やりとりの中で、そのゴールを間接的にギフトラッピングすることができます。「あなたが食事をするとき、ゆっくりと食べることで、ひと噛みひと噛み、より味わいながら食べるに任せることで、それが心地良い体験になることに気づいて、興味深く思うかもしれません」

間接的なコミュニケーションは、社会的にも大きな影響をもたらします。しかし、行動を活性化するのはクライエント自身であることを覚えておく必要があります。セラピストは、クライエントが自身の感情的、精神的、社会的、心理的な可能性と関わることができるように催眠言語を用います（Lankton & Lankton, 1983）。

ひとたび、セラピストが（次章でご紹介するAREモデルのような）全体的な誘導の構造を理解することができたら、その中で、望む現象を促すことができるような方法で、誘導を行うことができます。催眠の言語は、その中で用いられる手法の一つです。

エリクソン博士は、本章でご説明する言語表現を創り出しましたが、形式化はしませんでした。博士の技法を説明しようとした人たちは、博士の業績を研究して、そこで使われている構造をマクロレベルとミクロレベルから観察し、自分たちの学派の考え方に基づいた名称を付けて分類しました。エリクソン博士は、教説よりも実用を重んじていました。博士は、どんな技法を使うか考えるのではなく、クライエントの現在の状態と、結果として望まれるゴールのことを思っていました。技法は、ゴールに向かって方向づけを行う際、副次的にもたらされるものでしかありませんでした。

本章で取り上げる間接暗示の表現は、マクロレベルでギフトラッピングを可能にする要素から成っています。マクロレベルで用いられる手法には、逸話、メタファー、ちりばめ技法などがあります。また、間接的な言語表現は、治療を支える構成要素として、ミクロレベルでも可能性をギフトラッピングしていると考えられます。

催眠言語は、主に言語的な技法から成り立っています。しかし、言語、非言語、準言語の要素で構成されるコミュニケーションモデルにおいて、言語的な技法だけを切り離すことは不可能です。例えば、「私は、彼がお金を盗んだとは言っていない」という発話では、「私は、彼がお金を盗んだとは言っていない」「私は、彼がお金を盗んだとは言っていない」というように、強調する単語を変えることで、発話の意味も変化します。

エリクソン博士は、言語、非言語を用いることに熟達していて、それを使って、クライエントを力づける方法を研究しました。催眠であれ心理療法であれ、非言語や準言語的な手法をどんなふうに利用することができるかを充分に探求するには、百科事典のようなものが必要になるでしょう。非言語や準言語の要素は、言語メッセージの意味を決定することがあるため、催眠言語を含む表現を使う場合には、こうした要素に気を配る必要があります。非言語と準言語を使ったコミュニケーションを行う際に起こり得る可能性について、読者のみなさんの注意を喚起するために、私たちはまず、前向きな期待に注目してみます。

前向きな期待

第一声が発せられる前から、セラピストとクライエントの関係性の質は、セラピストの期待によって大きな影響を受け、韻律、ジェスチャー、表現、姿勢、距離などの非言語的な振る舞いを通して伝達されます。クライエントがトランス状態に入り、治療の成果を上げる能力を持っていることを疑わないセラピストの態度は、クライエントに非常に大きな影響を与えます。たとえ精妙な言語を使って暗示を行っても、セラピストの態度に一貫性がなければ、効果は期待できません。セラピストがクライエントに、「あなたは、床からバラが生えてくるのを見ることができます」と幻覚を暗示する場合、暗示が有効に作用するか否かは、クライエントが幻覚を体験できるというセラピストの治療に対する信念にかかっています。

残念ながら、参考文献を見つけることはできませんでしたが、無意識のうちに、期待された態度をとる能力とその効果については、すでに実験が行われています。ある研究に参加していた大学院生が、二人の学部生がいる部屋に入るように言われました。大学院生は、学部生の一人に一〇セントを、もう一人には一ドルを渡すように言われました。学部生は、受け取ったお金をもらうことができました。大学院生は、どちらの学部生に一〇セントを渡し、どちらの学部生に一ドル渡すべきか前もって指示されていませんでした。大学院生には知らされていませんが、実験を行っていた研究者は、実験が始まる前に二人の学部生に会って、一方には一〇セントをもらうだろう。もう一方には一ドルをもらうだろうと、内々に伝えていました。実験の結果、言葉を交わさなくても、学部生たちの期待は、無意識のうちに、大学院生に伝わり、大学院生の行動が、学部生たちの期待に影響を受けたことがわかりました (Zeig, 1982 p. 262)。

エリクソン博士は、学生たちと同じような実験を行いました。博士は、学生たちを二つのグループに分けて、それぞれにトランストレーニングを受けた被験者とワークを行うように言いました。博士は、グループごとに異なる指示を与えました。どちらのグループも他のグループに与えられた指示は知りませんでした。一方のグループには、被験者はとても優秀だが、正の幻覚を起こすことができないと伝えられました。もう一方のグループには、被験者はとても優秀だが、健忘を起こすことができないと伝えられました。それぞれのグループは、別々に被験者とワークを行い、被験者の催眠現象を引き起こす能力を査定しました。その後、二つのグループが一緒に、それぞれの結果を報告しました。正の幻覚を期待していなかったグループは、正の幻覚を引き起こすことができまず、健忘を期待していなかったグループは、健忘を引き起こすことができませんでした。被験者は、実際にはどちらの現象も引き起こす能力があったのですが、どうしてその催眠現象を引き起こすことができなかったか、説明することはできませんでした。

エリクソン博士は、クライエントや学生に、終始、首尾一貫した態度で接していました。博士は、彼らがトランス状態に入ることができることがわかっていました。彼らが催眠現象を引き起こすことができることがわかっていました。彼らが変化することができることがわかっていました。博士は、彼らが充分に問題に対応する能力があることがわかっていたのです。

前向きな期待は、戦略的に非言語を用いることで伝達されますが、それは、セラピストが用いる多くの非言語的、準言語的な手法の一つでしかありません。それでは、言語を使ったコミュニケーションへと話を戻しましょう。

直接的コミュニケーション、間接的コミュニケーション

言語的な治療メッセージは、大きく分けて、直接と間接の二つのカテゴリーに分けることができます。両方ともクライエントとの関係を築くのに欠かすことはできません。エリクソン博士は、臨床で直接的な暗示を行っていました。しかし博士は、より効果的で、とても洗練された間接的な暗示を行ったことで知られています。不安で動揺したクライエントとの治療では、直接「リラックスしなさい」と言っても効果は期待できません。エリクソン博士は、多くの点で、間接的な暗示が役立つことに気づきました。その中でもっとも大切だったのは、クライエントの顕在意識による抵抗を回避する能力でした（Erickson & Rossi, CP I, 1980, p.455）。

ランクトン夫妻（Lankton & Lankton, 1983, pp.159-160）による間接暗示の研究では、以下のような見解が支持されています。

(1) クライエントは、固有の反応や可能性を示すことが許される。

(2) セラピストは、それまでのクライエントの学びから得られた、調和をはかり、関連づけ、比較し、対比する能力を利用することができる。

(3) 暗示は、顕在意識による批判を迂回するのに役立つ。

間接暗示は、クライエントの受け取り方に依存するため、結果としてクライエントがそれを意味のあるメッセージとして受け取るか受け取らないかにかかわらず、クライエント自身が適用できそうなもの

を選びます。

エリクソンとロッシ（Erickson & Rossi, 1980）は、関連する間接暗示の特徴を以下のようにまとめています。

(1) 間接暗示は、クライエントの個性、それまでの人生経験、開花しそうな固有の潜在能力を可能にする。

(2) 古典的な精神力学で言われる、連想、一貫性、類似、対比といった一連の学習は、多かれ少なかれ、すべて、無意識のレベルで起こっている。その結果として、

(3) 間接暗示は、顕在意識の批判を回避するのに役立つ。そのため、直接暗示より、効果的に用いることができる（p.455）。

エリクソン博士は、暗示はクライエントの顕在意識を超えたレベルで働くと考え、間接暗示を好みました。また、間接的な手法は、クライエントの反応の仕方を変化させるのに欠かせないものでした。

間接暗示は、無意識下での情報検索を引き起こし、クライエントの無意識を活性化させるため、クライエントは、よく自分の反応に気づいてビックリすることもあります。しかし、たいていの場合、間接暗示によって、自分が反応したり、部分的に影響を受けていることに気づくことはありません（Erickson & Rossi, 1980, p.455）。

本質的に、間接暗示は、「ありよう」に変化を引き起こすのに欠かせないものです。通常、私たちは、問題解決で必要となる「ありよう」に向かおうとするとき、無意識に社会的な状況に反応しながら、さまざまな「ありよう」にアクセスします。そこで、アートのように暗示を用いることで、強力なインパクトを引き起こすことができるのです。

間接暗示の構成要素

間接暗示の言語は、二つの基礎的な「粒子」で構成されています。原子の中性子と陽子のように、自明の理（事実描写）と前提が間接暗示の核であり、後ほどご紹介する複合的な間接暗示の基本要素となります。それでは、自明の理から見ていきましょう。

自明の理

自明の理は、単にクライエントの実際の体験と一致する現実を描写するものです。「あなたは、この本を読んでいます」は自明の理です。「あなたは椅子に座っています」は、自明の理でないかもしれません。「あなたは椅子に座ることができます」は、ほとんどの人たちにとって自明の理です。エリクソン博士は、心身の機能や認知のメカニズムを考慮しながら、クライエントがそれまでの人生で獲得した体験や連想から、観念運動的な反応を引き起こすことができるように、よく自明の理を使いました（Erickson & Rossi 1981, p.457）。エリクソン博士は、以下のような例を挙げています。「私たちは皆、意識することもなく、首を縦に振って『はい』と言い、首を横にふって、『いいえ』と言う体験をしたことがあります」

大まかに、自明の理には、ペーシング（歩調合わせ）の自明の理、注意を誘う自明の理、暗示的（指示的）な自明の理、象徴的な命令の自明の理の四種類があります。「あなたはこの本を読んでいます」は、ペーシングを使った自明の理ですが、「あなたは、部屋の音に耳を傾けることができます」という自明の理を使うことで、聴覚的な注意を誘うことができます。「あなたは、自明の理を使った新たな手法に心を開くことができます」と言うと、注意を導くだけなく、暗示にもなります。この後ご説明しますが、「あなたの足は、床についています」と言うと、それは、象徴的な命令の自明の理になります。

自明の理は、⑴クライエントの体験をペーシングする、⑵注意を誘う、⑶暗示を与える、⑷トランス体験を承認する、⑸象徴的な命令を行う、⑹命令を埋め込む、⑺イエスセットを創るといった目的を持って用いられます。初めの五つは、自明の理の基本的な使い方として、最初にご説明します。命令の埋め込みとイエスセットは、少々複雑なため、本章の後半でご説明します。

⑴ クライエントの体験をペーシングする

これまで見てきたように、催眠療法（と大概の心理療法）は、一般的にペーシング、中断、喚起という流れをたどります。セラピストは、クライエントの参照枠に合わせてクライエントと面接します。そして、習慣となっている反応のパターンを中断し、クライエントの持つリソースを活用しながら、生成的に反応のパターンが再構成されるように刺激を与えます。

自明の理は、クライエントの体験にペーシングしたり、クライエントと瞬時に「呼吸を合わせる」最初のステップとして用いられます。ちょうどダンスのように、セラピストは、クライエントのステップにテンポやポジションを合わせたら、リードにまわって、新しい踊りを始めます。こうした関係形成《ジョイニング》は、セラピストが、実際にクライエントの心の世界に入っていく際、クライエントの中で起こっている体験を受け容れる意思を示しているという点で、丁寧さを感じさせるものです。もし自明の理を使って、読者のみなさんの体験をペーシングするなら、「あなたは、今このページを見ています」そして、「あなたは、今何を読んでいるか、理解することができます」となるでしょう。

⑵ 注意を誘う

自明の理は、自明の事柄をペーシングするだけでなく、注意を導くのにも用いられます。「あなたの身体が、家具に支えられている感じを味わうことができます」というのは、事実を描写する自明の理ですが、それはまた、あなたの身体感覚にも注意を誘っています。「あなたは、ご自身の頭の位置に気づくことができます」と言うと、それまでと違った体験の側面に注意を誘うことができます。

自明の理を使うことで、心理的な体験や反応に注意を誘うことができます。「あなたは、呼吸のリズムに気づくことができます」と言うことで、反応に注意を誘うことができますし、「あなたは、内側の心地良い感覚に気づくことができます」と言うことで、内側の「ありよう」に注意を誘うことができます。注意を誘うときの自明の理とペーシングを行うときに使われる自明の理では、言語の形が違うことに気づいて下さい。ペーシングの自明の理では、「あなたは本を見ています」といった動詞の形をとりますが、「～ことができる」「～してもよい」「～かもしれない」といった許容的な助動詞が、注意を誘う際に用いられます。「あなたは、家具に支えられていることに気づくことができます」「あなたは、部屋の音に気づくかもしれません」

⑶ 暗示を与える

言語には曖昧さがあるため、充分具体的に対象を特定する文を創るのは難しいことです。発話には、ほとんどの場合言外の深い意味があります。自明の理の例を見てみましょう。「あなたは、子どもの頃の心地良い時間を思い出すことができます」これは、事実なので自明の理であると同時に、記憶に働きかけるという点で暗示的でもあります。暗示が与えられたからといって、望む反応がすぐに引き起こされるわけではありません。クライエントは、そのときおかれた状況下で、指示を解釈して、それぞれの反応を起こします。それでも、セラピストが、戦略的に暗示的な自明の理を用いる必要があると感じるなら、やってみる価値はあります。催眠療法において、戦略的な目標とは、次の例のように、必要な催眠現象を引き起こすことです。「あなたは内側の心地良い感覚に注意を向けることができます」「あなたは、今私がお話ししていることの中から、ご自分にとって意味のあることに反応することができます」

自明の理は、連鎖させたり、つなげ合わせたりすることでより効果を発揮します。セラピストが腕浮揚を暗示したい場合には、次のように言うことで暗示を強力なものにできるでしょう。「あなたの腕は、今脚の上にあります」（ペーシングの自明の理）、「あなたは、腕が動く感覚に気づくことができます」（注意を誘う自明の理）、「あなたは、腕が少し動くのに気づくことができます」（注意を誘う自明の理）、「あなたは、腕が上がっていくのを感じることができます」（暗示の自明の理）。こうしたプロセスは、連鎖的喚起のコミュニケーション（Sequenced Evocational Communication: SEC）と呼ばれます。

⑷トランス状態を承認する

自明の理の承認は、文脈に応じて用いることができる暗示的な自明の理の一種です。自明の理を使って、トランス状態を承認することは、催眠療法と（第12章でご紹介する）AREモデルで、重要な役割を担います。ほとんどの発話と同じように、自明の理には、表面に表れない意味が含意されているため、没入段階の誘導の後に、承認的な自明の理の意味を考慮する必要があります。セラピストは、次のように承認を行います。「私があなたとお話ししている間に、あなたの脈拍が変化しました。あなたの呼吸のペースも変わりました。あなたの動きも変化しました。あなたの瞬きの頻度も変化しました」このように一連の自明の理を用いることで、トランス状態を承認することができます。それによって、クライエントは自分自身の反応に気づき、確認することになるからです。また、催眠や没入といった文脈で、自明の理を用いることによって「あなたは変化している。あなたの行動は変わった。あなたは反応している。あなたは適切に反応している。あなたは、催眠的な反応を見せている」といった意味が生まれます。その点で、自明の理の承認は、催眠を行う上で、不可欠な要素となります。晩年、エリクソン博士は、よく自明の理を使ってトランス状態を承認しました。「～になる」という動詞は、しばしば承認の自明の理をつくる際に使われることを覚えておきましょう。このような動詞の使い方は、誘導の進行中、自明の理の承認がもたらす暗示的な側面を活かすのに必要になります。

⑸ 象徴的な命令

暗示的な自明の理は、言語の持つ暗示的な性質を利用するものです。複数の単語で構成されるイディオムもまた、マルチレベルのコミュニケーションでは、暗示的に用いることができます。次の二つの自明の理を見て確認してみましょう。「あなたの腕は確かです」「あなたは、これまでのように鵜呑みにはしません」。これらの自明の理には、象徴的／イディオム的な意味が含まれています。自明の理を使った象徴的な命令は、クライエントの連想次第で、豊かで想像力に富んだ発想を生み出します。表9には、自明の理を象徴的な命令として使った例とその解釈が示されています。表9では、自明の理は、象徴的／イディオム的な意味合いを持ち、中にはことわざが用いられているものもあります。

表9

自明の理	象徴的な意味
あなたの足は床についています。	あなたは安定している。
あなたは口を固く結んでいます。	あなたは決意している。
あなたは前を向いています。	あなたは将来を考えている
あなたの肩は（ゆったりと）落ちています。	あなたはリラックスしている。
あなたは鵜呑みにはしません。	あなたは以前の先入観を変えている。
あなたは一心に耳を傾けています。	あなたはとても興味を持っている。
あなたは違う方向を向いています。	あなたはものの見方を変えた。
あなたは黄金の鍵を想像することができます。	何事もやり方次第（「黄金の鍵で開かない錠はない」）。
あなたの手は冷たい。	あなたの心は温かい。

自明の理を命令的に使うには、セラピストが前もって準備を行い、望むゴールを設定して、それに間接的に言及するように、イディオムやジェスチャー、ことわざを連携させます。セラピストはその上で、自明の理を使って体験を喚起することができます。セラピストは、命令的な言語形式を使うことに若干の抵抗を感じるかもしれませんが、コミュニケーションの有効性は、構造だけで判断されるものではなく、コミュニケーションの相手であるクライエントの反応によって判断されるものです。

最後に、象徴的な命令の使い方についての注意をもう一つお伝えしておきます。イディオムやことわざは、文化が異なれば、その意味も異なります。同じ文化圏でも地域によって違った意味になることもあるかもしれません。命令的な自明の理を使うにあたって、セラピストは、そうした違いに敏感であることが求められます。

自明の理ではありませんが、やはりイディオム的に使うことができる非言語技法があります。例えば、セラピストは、注意深くクライエントにイディオムの意味が示すところへと、動いてもらうことができます。セラピストがクライエントの今後のコミットメントについて話をしているとき、まず、クライエントに手を胸の上におくようにお願いすることができます。これは、アメリカでは、固い約束を意味します。エリクソン博士は、デモンストレーションの中で、クライエントが、催眠体験にもっと心を開いて臨むことができるように、クライエントの手足を、よりオープンな姿勢になるように動かしました。非言語や準言語的な技法については、本書で扱うことができる範囲を超えていますが、そうした技法が役に立つと思う方もいるかもしれないので、ここでご紹介しました。

まとめると、自明の理とは、議論の余地のない事実を描写するものです。例えば、「あなたは、ここにいます」は、自明の理です。「あなたはトランスを体験しています」は必ずしも自明の理とは言えません。「あなたはトランス状態に入ることができます」は、私たちがトランス状態が存在すると考えている限り、自明の理になります。「あなたは、幸せを感じることができます」も、私たちが、幸せが存在すると考えている限り、自明の理になります。「あなたは、もっと学ぶことに関心を持つことができます」も自明の理です。

おそらく、私自身の誘導の少なくとも五〇パーセントは自明の理が占めていると思っています。次に、自明の理と並んで、トランス状態を促す主要な要素である「前提」についてお話しします。

前提

前提とは、これから語られる情報を、すでに起こっていることとして捉える間接的なコミュニケーションの手法です。「あなたは、リラックスすることができます」という自明の理から、例えば「楽しむ」という動詞を加えることで、「あなたは、リラックスすることを楽しむことができます」というように、前提を創ることができます。動詞を加えることで、リラックスするという「事態」を前提にして、情報の焦点を、リラックス感を楽しんでいるかどうかに移行することができます。このバリエーションには、「あなたは、どの程度リラックスしているか興味を持つことができます」「あなたは、リラックス感を好奇心を持って体験することができます」「あなたは、リラックス感が興味深い体験であることに気づくことができます」といったものがあります。ひとたび、セラピストがリラックスすることをゴールとして設定したら、それに修飾語を加えて自明の理をラッピングすることで、前提を創ることができます。

催眠療法で前提を使う方法には、基本的に、(1)自明の理の後に節を加える、(2)前提動詞を加える、(3)副詞を加える、といった三つの形があります。また、前提は、選択肢の幻想をもたらすことによっても創り出すことができます。そして、これらを組み合わせて前提を創ることも可能です。

節を加える

自明の理の前に接続詞や関係副詞を使った節を加えることで、次のような手順で、前提を創ることができます。

(1) ギフトラッピングするゴールを戦略的に決定する。
(2) そのゴールを含む自明の理を用意する。
(3) 接続詞や関係副詞の後に置く節を創る。
(4) 「いつ、どこで、どんなふうに、どのくらい」など、どんな接続詞や関係副詞を使うか決定する。

以下、簡単な例を見てみましょう。

(1) ゴール／目を閉じる
(2) 自明の理／「あなたは目を閉じることができます」
(3) 後に節を加える／「……か私にはわかりません」
(4) 接続詞／「いつ」

前提を含んだ表現は、「私には、いつあなたが目を閉じるかわかりません」となります。目を閉じることが前提となっていて、それがいつ起こるかに焦点が置かれています。

接続詞や関係副詞を替えることで、時間、場所、プロセス、量／速さ／期間といった前提を創ることができます。そうして創られた節はさらに修飾可能です。いくつか例を見てみましょう。

- 私には、いつあなたが内側の心地良さを体験することができるかわかりません。（時間の前提）
- あなたが、どの部分で内側の心地良さを、もっとも体験することができるかわかりません。（場所の前提）
- あなたの顕在意識は、どんなふうにあなたがもっともその心地良さをより鮮明に味わうことがで

きるかわかりません。（プロセスの前提）

• あなたの顕在意識は、どのくらい深く／速くあなたがもっともトランスの心地良さを味わうことができるかわかりません。（量／質／速さの前提）

前提は、催眠に限らず、治療においても用いられます。例えば、うつ状態にあるクライエントには、「私は、あなたがいつ、もっと活動的になるかわかりません」「あなたの無意識はあなた自身を助ける方法のすべてには気づいていないかもしれません」ということもできるでしょう。

前提動詞の使用

前提は、以下のステップのように、前提動詞を使って創ることもできます。

(1) ギフトラッピングするゴールを戦略的に決定する。
(2) そのゴールを含んだ自明の理を用意する。
(3) 前提動詞を加える。
(4) 文全体を整える。

以下、簡単な例をご紹介します。

(1) ゴール／目を閉じる。
(2) 自明の理／「あなたは目を閉じることができます」
(3) 前提動詞／楽しむ
(4) 文全体を整える／「閉じる」を名詞化して「閉じること」に変更する。

すると、前提は「あなたは、あなたの目を閉じることを楽しむことができます」となります。他の選択肢としては、「あなたは、目を閉じることを探求することができます」「あなたはトランスがもたらす心地良さによって、あなたの目が閉じることに、さらに感謝することができます」といったものが可能です。

副詞

副詞を加えることで、以下のステップのように、自明の理を前提にすることができます。

(1) ギフトラッピングするゴールを戦略的に決定する。
(2) そのゴールを含んだ自明の理を用意する。
(3) 副詞を加える。
(4) 文全体を整える。

簡単な例を見てみましょう。

(1) ゴール／目を閉じる。
(2) 自明の理／「あなたは、あなたの目を閉じることができます」
(3) 副詞／ゆっくりと
(4) 文全体を整える。

例えば、以下のような前提表現を創ることができます。「あなたは、ゆっくりと目を閉じることができます」。他にも、「あなたは、目をぱっと閉じることができます」「あなたは、目を優しく閉じることができます」「あなたは、簡単に目を閉じることができます」といったものが可能です。

「二者択一の幻想」と呼ばれる手法を使って、複合的な前提を創ることができます。ごく簡単なものが、時折子どもに対して使われています。「今、寝床に行く？　それとも次のコマーシャルの後にする？」催眠の腕浮揚の場面でも「あなたの左手が上がりますか？　それとも右手が上がるでしょうか？」といった暗示が可能かもしれません。

複文を使った複合的前提

シンプルな自明の理から始めて、節や副詞を加えることで、複合的な前提を創ることができます。例を見てみましょう。

あなたはリラックスすることができます。（自明の理）

「あなたは、すぐにリラックスすることができることに気づいていますか？」あるいは、「あなたは、すぐにリラックスすることができることに充分に気づいていません」

前提や自明の理を、さまざまな形で使う現象論的な理由があることについては、この章の後半でお話ししますが、催眠や治療で使われる言語パターンを、すべて説明して分類することは不可能です。ここでは、一般的に用いられる基本的なパターンを使って概要をご説明します。

学派を問わず、心理療法では、前提がある程度用いられます。バンドラーとグリンダー（Bandler & Grinder, 1975）は、英語の前提表現を可能にする三一の統語構造について解説しています。エリクソン博士の催眠や治療では、よく前提が用いられましたが、エリクソニアンアプローチでは、特に催眠療法で、催眠現象や「ありよう」の変化を引き起こしたいとき、前提が多用されます。

最初のうちは、前提表現を使うことに、ためらいがあるかもしれません。しかし、ひとたび、望むゴールを体験することが治療に不可欠であることが理解できると、前提表現を用いることで、クライエントの不信感や不安感を回避することへの抵抗感は、少なくなります。そして、セラピストがクライエントの問題解決能力に確信を持っていることは、治療の結果に自ずと影響をもたらします。

催眠言語を使って、暗示をギフトラッピングすることは有用です。クライエントは、言葉の中に暗示されている意味を汲み取ろうとます。しかし、自明の理や前提といった催眠言語のパターンを単独で使っても、その効果は限られたものになります。体験の喚起は、同じような暗示が、さまざまな形でギフトラッピングされて贈られる、相乗効果の総和によってもたらされます。レペティション（繰り返し／反復）では、限られた効果しか上がりません。リカージョン（部分的な繰り返し／再帰）の方がより効果的です。リカージョンでは、選択されたテーマに少しずつ修正を加えて変化させます。ベートーベンの第五交響曲の始まりの四音について考えてみましょう。ひとたび楽曲が始まると、ベートーベンは、リカージョンを使って変化をつけていきます。楽曲の中で起こる変化は、明らかにリスナーに影響をもたらします。これを同じように、選択されたテーマについて、さまざまなパターンの催眠言語を再帰的に用いることで、催眠の効果を高めることができます。

他の間接暗示のパターン

自明の理や前提に修正を加えたり、併用することで、八つの間接暗示のパターンが生まれます。

(1) 埋め込み命令
(2) 引用
(3) 付加疑問
(4) 間接命令
(5) イエスセット
(6) 間接使役
(7) 解離表現
(8) 二重解離文

(1) 埋め込み命令

埋め込み命令は、非言語や準言語を使って、文中の命令部分を強調することで創ることができます。特に英語の場合、命令文は一般的に動詞で始まるため、埋め込み命令を創るのに適しています。

自明の理について考えてみましょう。「あなたは、私の声を聴くことができます」。［日本語の場合］発話者が助動詞の前に間をおいて、声のトーンを変化させることで、命令文ができ上がります。「あなたは、私の声に（声のトーン、テンポ、方向を変えながら）耳を傾ける……ことができます」こうすることで、「私の声に耳を傾ける」というフレーズは命令になります。声のトーンを柔らかくすると、一層効果的です。エリクソン博士は、大げさに強調しないほうが、優しく許容的になるため、効果的な場合が多いと学生たちに教えています。これから、私がエリクソン博士のクライエントだった方から教えてもらったことをご紹介します。

まだ仕事を始めて間もない頃、私は、以前エリクソン博士のクライエントであったジェインから連絡を受けました。エリクソン博士が亡くなった後、私に支援を求めたのです。ジェインは、麻酔に対してアレルギー反応あり、次回の歯科治療に、催眠を使った感覚麻痺を希望していました。ジェインはエンジニアでした。私は、彼女が催眠技法についての知識があるとは思っていませんでしたが、それは、間違いであったことがわかりました。

誘導で、私は、「ジェイン、あなたは、本当に心地良く感じている……ことができます」「ジェイン、あなたは、本当に、あなた自身がリラックスした感覚を体験する……ことができます」と暗示をしました。私は、いわば、彼女に暗示を打ち込んでいたのです。ジェインはトランス状態から戻って、私に言いました。「ジェフ、素晴らしかった。まさに私が望んでいたことでした。でもね、エリクソン博士が埋め込み命令を使ったときには、声の調子を柔らかくしていた」。私は彼女からの貴重なアドバイスにお金を払っても良いと思いながら、「ありがとうございます」とお礼を言いました。

これは、私にとって、有益な学びとなりました。もしあなたが、何かを強調したいとき、アンダーエンファシス（誇張するのではなく、抑揚を控えめにして発話すること）が効果をもたらす場合もあります。私が初めて、埋め込み命令文について学んだとき、私は、暗示のメッセージを誇張するのが正しいと思っていました。今は、暗示が一層クライエントの記憶に残るように、アンダーエンファシスを使うようにしています。

ジェインが、別の相談で私のもとを訪れたとき、私は再び彼女に助けられました。このときも、私は催眠を使っていました。ジェインはトランス状態から出て、私に言いました。「ジェフ、本当に素晴らしかった。まさに私が必要としていたものでした。でもね、エリクソン博士は、催眠中、ずっと話してはいなかったの」。私が「それって、どういうことですか?」と尋ねると、彼女は、「あのね、博士は、私にたくさんの時間をくれたの。考えて、本当に感じることができる静かな時間をね」と答えました。私は、またジェインのアドバイスはお金を払うに値すると思いながら、彼女に「わかりました。本当にありがとうございます」と、お礼を言いました。

ジェインが言っていたように、催眠によって得られる空間を言葉で埋め尽くす必要はありません。大切なのは、セラピスト側の発話ではなく、クライエント側の体験なのです。セラピストは、クライエントが彼らの気分や物の見方を積極的に変化させられるように、最大限の機会を提供しようとします。ときに、最良の技法は、クライエントが静かに振り返ることができる時間を与えることです。

許容的な発話の中に命令が埋め込まれている場合、クライエントは、それに対して社会的なレベル（外延、言葉通りの意味）で反応するか、心理的なレベル（暗示された命令）で反応するか決めようとして、揺らぎや若干の戸惑いを起こすことがあります。クライエントは、コミュニケーションを通して届いたギフトの「包装を開ける」とき、反応を促されます。その瞬間、普段と異なる検索が内側で行われ、必要な催眠現象が喚起されるのです。

埋め込み命令は、さまざまな方法で創ることができます。動詞を繰り返すことで、命令を創ることができます。「あなたは、トランス状態に入る……入ることができます……」。他にも、許容的な動詞句の前にクライエントの名前を挿入しても良いしょう。「あなたは、ジョン……この体験にさらに没入する……ことができます」もう一つ、繰り返しを使うにせよ使わないにせよ、動詞と形式名詞を分離させることで、命令を埋め込むことができます。「内側に注意を向ける……（そうした）ことは素晴らしいことです」「注意を内側に向ける……向ける……（そういう）ことは素晴らしいことです」

先ほども述べましたが、英語は、特に、構造的に通常の語順で埋め込み命令ができる便利な言語です。しかし、他の言語には、この言語技法がうまく作れないものもあります。例えば、ドイツ語の場合は、動詞の命令形で文を始めますが、命令格が独特の変化をするため、埋め込み命令を創ることは簡単ではありません。セラピストは、戦略的な効果を狙って非文法的に話すか、引用の中に暗示をギフトラッピングすることで、戦略的に同じような効果をもたらすことができます。

⑵ 引用

引用を使って間接暗示を行うには、引用符の中に暗示を含む短い文章を入れたり、話題の転換を用います。同時に、引用がクライエントへの命令であるか、単なる話題の転換の一部分であるか曖昧になるように、非言語的なコミュニケーションを行います。例えば、セラピストはこんなふうに言うことができます。「私には、催眠に興味を持っている友達がいるのですが、その友達が催眠について意識的に考えているとき……『深く呼吸をして、内側に注意を向けます』と言ったのです」あるいは、こんなふうに言うことも可能でしょう。「トランス状態では、私たちは、自分のことについてこんなふうに考えるかもしれません……『深く呼吸をして、内側の心地良さに注意を向けることができる……』と」また、クライエントによって、アンダーエンファシスが好まれる場合には、非言語的な技法が大変重要な役割を担います。

⑶ 付加疑問

付加疑問とは、自明の理や前提の後に加えることができる、肯定形／否定形の疑問文のことです。例えば、「あなたは、内側に注意を向けることができますか？」「あなたは意識では、いつあなたが内側に注意を向けることができるかわかりません。そうではありませんか？」

付加疑問は、肯定文にも否定文にも合わせられるので、クライエントは、否定しにくくなります。反論はセラピストによって、あらかじめ先取りされているのです。付加疑問は、日常あまり使われないため、クライエントに一瞬の揺らぎを引き起こすことがあります。それによって、ゴールに必要となる暗示がより強力に作用します。

⑷ 間接命令

間接命令（Bandler & Grinder, 1975）とは、前提や自明の理が疑問文に変換されたものです。一般的に、疑問文に答えることで、反応が引き起こされます。「あなたは、眼を閉じることはできますか？」は、「眼を閉じなさい」といった直接命令よりも柔らかい感じがします。「あなたの身体の心地良い部分に気づくことができますか？」と言うと、心地良さが存在して、そこに注意が向けられることを前提としています。

⑸ イエスセット

イエスセットは、連鎖的な喚起のコミュニケーション（Sequenced Evocative Communication: SEC）の一例です。イエスセットは、一連の自明の理（一般的に三つ）をつなぎ合わせることで創られます。自明の理を使ってペーシングを続けることで、体験が喚起されますが、たいていの場合、それは暗示的になります。単純な自明の理と同じように、許容的な助動詞を使うと効果的です。

次の例を見てみましょう。

あなたは、部屋の外の音（sound）を聞くことができます。あなたは、私の声の音を聞くことができます。あなたは、ご自身の呼吸に耳を傾けることができます。そうして、体験することができます……広がっていく健やかな（sound）変化を。

このような発話には、さまざまな間接的なメッセージや暗示的なメッセージが含まれています。ここに含まれている自明の理は、単に注意を誘うだけでなく、周囲のクライエントから少し離れた場所（部屋の外など）から、内側へと精妙に注意を導きます。このイエスセットは、一つのまとまりとして、無意識のうちに注意を内側に導く暗示を含んでいます。その点で、「方向づけのイエスセット」と呼ぶこともできるでしょう。

この例の最後の部分にある、体験を喚起する自明の理には、慣用句的なあいまい性が備わっています。「音（sound）の変化」は、知覚的な変化を示すだけでなく、より良い方向へ「健やかな（sound）変化」を起こす知恵も示すことができるからです。最後の部分の自明の理には、埋め込み命令も含まれており、そうすることで、クライエントの反応に他の選択肢も提供しているのです。

イエスセットは、ニュートンの慣性の法則と同様に、事態の進行を促します。私たちは、「ひとたび、頭で『イエス』と考えると、外から何らかの力が加わらない限り、『イエス』と考え続ける傾向がありま す」。イエスセットは、連想を使った技法で、クライエントが「イエス」と答えられる可能性を、いくつも提示します。初めの三つの自明の理を、肯定文で答えらえるようにします。ひとたび、体験を喚起する発話が提示されると、クライエントは、レールに乗ってほとんど抵抗を起こすことなく、最終的に望むゴールに必要な暗示に肯定的に反応しやすくなるのです。

では、イエスセットを使った残念な例を見てみましょう。どこが失敗かはすぐにわかるでしょう。

あなたは催眠に興味を持っています。
あなたは、催眠について学びたいと思っています。
あなたは、エリクソニアン催眠について学びたいと思っています。
そうして、あなたは、www.erickson-foundation.org. に行って、次回のエリクソン財団の大会に申し込むことができます。

最後の自明の理は、暗示的です。しかし、それまでの自明の理から、飛躍が大きすぎます。命令的な自明の理へのつながりは、控えめにする必要があります。そうすることで、クライエントに違和感を与えることなく、スムーズに次のステップへと導くことができるのです。

階段の図を見てみましょう。最初の三段目までの「ステップ」では直近の体験を丁寧にペーシングしていますが、一番上の階段が少しだけ高くなっています。より戦略的に注意の誘導を行っているのです。

イエスセットは単に連想的な技法というだけではなく、明確な反応を引き出したい場合にも有用です。

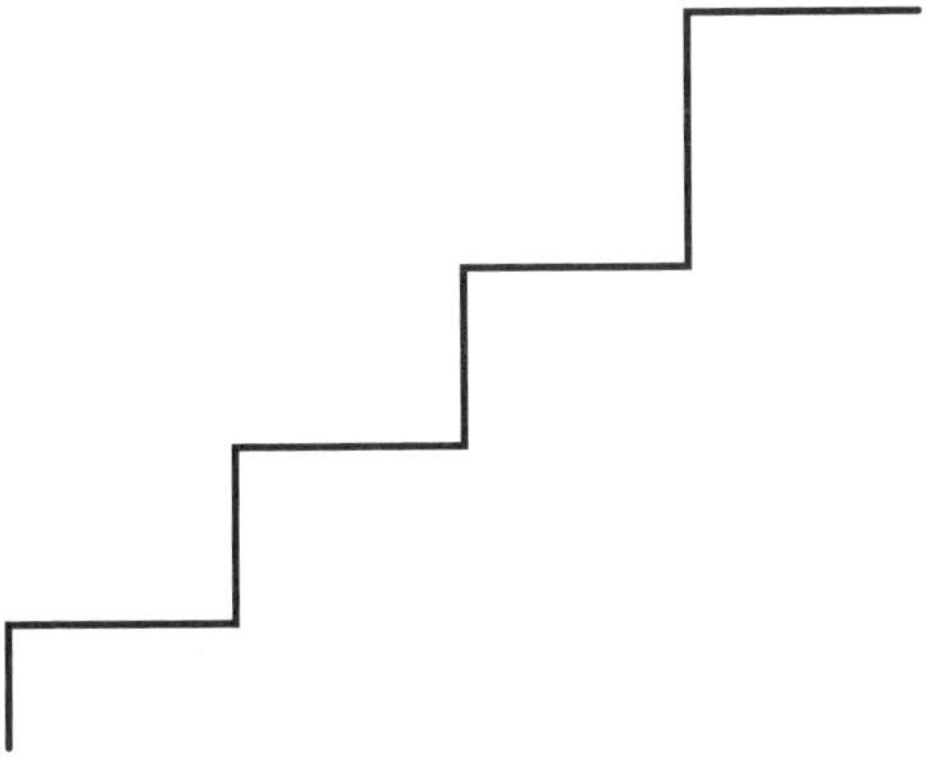

一九六四年にエリクソン博士が行った誘導のデモンストレーションについて考えてみましょう。デモに登場した被験者は、エリクソン博士が使ったセットに対して、はっきり「いいえ」と答えています。

　エリクソン博士が、最初に尋ねます。「あなたは今までに催眠のトランスを体験したことはありますか？」女性は答えます。「いいえ」「あなたは、これまでに催眠のトランスを見たことがありますか？」再び女性は「いいえ」と答えます。「トランス状態に入るとどんな感じかわかりますか？」女性は「いいえ」と答えます。「あなたは、これからワークをすべて行って、私はただ椅子に座ってくつろぎながら、そのワークを楽しむことをご存知ですか？」エリクソン博士が最後に使った前提表現は、クライエントの顕在意識を混乱させることを意図したもので、クライエントに揺らぎを引き起こすためのものでした。エリクソン博士は、手際よく、腕浮揚を使った誘導へと入ってトランス状態を確立しました。

「ノーセット」は、抵抗を「利用する」のに役に立ちます。クライエントは充分に「いいえ」と言った後には、より「はい」と言いやすくなります。

イエスセットは、例えば、自明の理と前提という元素からなる「分子」と考えてもよいでしょう。これからイエスセットを特徴ごとに一六種類に分類して例と共にご紹介します。

イエスセット一覧表

イエスセットは、「ペーシング」の際、連続した三つの自明の理や前提を合わせることで、創ることができます。(単純な)自明の理の場合と同じように、許容的な助動詞を使うことができます。四番目に来る自明の理は、体験を「喚起する」発話として働きますから、命令的な自明の理になります。可能な組み合わせは、以下の通りです。[註7]

(1)「イエスセット」付加疑問なし、付加疑問あり
(2)「ノーセット」付加疑問なし、付加疑問あり
(3)「私にはわかりませんセット」付加疑問なし、付加疑問あり
(4) 三つの思考から一つの思考へ
(5) 三つの感覚から一つの感覚へ
(6) 三つの行動から一つの行動へ
(7) 三つの未来から一つの未来へ
(8) 三つの過去から一つの過去へ
(9) 三つの現在から一つの現在へ

(10) 三つのプロセスオペレーションから一つのプロセスオペレーションへ
(11) 三つの聴覚情報から一つの聴覚へ
(12) 三つの視覚情報から一つの視覚へ
(13) 三つの触覚情報から一つの触覚へ
(14) 三つの催眠布置から一つの催眠布置へ
(15) 三つの象徴的命令から一つの象徴的命令へ
(16) 方向づけのイエスセット

以下の例では、すべて、自明の理を使って三回ペーシングを行って、その次に体験を喚起する自明の理が続いています。セラピストがベテランであれば、厳格にこれらのカテゴリーに固執する必要はなく、クライエントが示す反応に基づいて効果的なイエスセットを組み立てればよいことはすでにおわかりだと思います。しかし、初心者の場合は、こうした構造的な型は役に立つかもしれません。また、特に最後の方向づけの自明の理で、埋め込み命令を使うと役に立つかもしれません。

(1) イエスセット

あなたは、ご自身の足の位置を変えることができます。
あなたは、ご自身の手の位置を変えることができます。

〔註7〕初心者の場合、まずこれらのカテゴリーを使って練習することをお勧めします。そうすることで、注意を誘導することが可能になります。

あなたは、ご自身の頭の位置を変えることができます。

そうして、あなたは、やさしく変えることができます……ご自身のトランスの心地良さを。

――付加疑問つきイエスセット

あなたは、私の声に耳を傾けることができます。そうではありませんか？

あなたは、私の声の調子を聞くことができます。そうではありませんか？

あなたは、私の声の意味を理解することができます。そうではありませんか？

そうして、あなたは、私の声を使ってあなたの心地良さを深めることができます……そうではありませんか？

(2) ノーセット

あなたは、ご自分の聞く能力を認めることができません。

あなたは、ご自分の耳を傾ける能力を認めることができません。

あなたは、ご自分の理解する能力を認めることができません。

そうして、あなたの心地良く反応する能力を認めることができません。

――付加疑問つきノーセット

あなたは、私の声の調子に注意を向ける必要はありません。そうですね？

あなたは、私の言葉に注意を向ける必要はありません。そうですね？

あなたは、私の言葉の意味をすべて理解する必要はありません。そうですね？

あなたは、私の言葉の意味をトランス状態が深まっていることに気づくために使う必要はありません。そうですね？

(3) 私にはわかりませんセット

どのくらいの心地良さをあなたが想像しているか、私にはわかりません。

どのくらいの心地良さにあなたが達することができるか、私にはわかりません。

どのくらいの心地良さをご自身が楽しむことができるか、私にはわかりません。

そうして、私にはどれくらいかわかりません……あなたがご自分の内側の心地良さをありありと広げられるのか。

──付加疑問つき私にはわかりませんセット

私には、どのくらいの心地良さをあなたが体験することができるかわかりません。そうですね？

あなたには、どのくらいの心地良さをご自身が体験することができるかわかりません。そうですね？

あなたの顕在意識にはどのくらいの心地良さをあなたが体験することができるかわかりません。そうですね？

しかし、あなたの無意識には、どのくらいの心地良さをあなたが体験することができるかわかります。そうではありませんか？

(4) 三つの思考から一つの思考へ

あなたは、トランスについて思いを巡らすことができます。

あなたは、トランス体験について思いを巡らすことができます。

あなたは、トランスの広がりについて思いを巡らすことができます。

そうして、あなたは思いを巡らすことができます、どんなふうにトランス体験を深めていくことができるか……。

(5) 三つの感覚から一つの感覚へ

あなたは、落ち着いて、穏やかな感覚に気づくことができます。

あなたは、安心感に気づくことができます。

あなたは、穏やかさの深まりを感謝することができます。

そうして、あなたは、体験し続けることができます……その安心感の深まりを。

(6) 三つの行動から一つの行動へ

あなたは、本を脇におくことができます。

あなたは、手を膝の上におくことができます。

あなたは、手を心地良いところに動かすことができます。

そうして、あなたは、続けることができます……幸福感を深めるのに必要な調整を。

(7) 三つの未来から一つの未来へ

あなたは、心地良さを想像することができます。

あなたは、心地良さが高まるのを楽しみにして待つことができます。

あなたは、その心地良さがどんなふうに深まっていくだろうと思うかもしれません。

そうして、あなたは、心待ちにすることができます……深まっていく心地良さに気づくことを。

(8)三つの過去から一つの過去へ

あなたは、幼い頃の心地良さを思い出すことができます。
あなたは、子どもの頃の心地良い様子を本当に思い出すことができます。
あなたは、学生の頃の心地良い感覚を充分に思い出すことができます。
そうして、あなたは、心地良く思い出すことができます。

(9)三つの現在から一つの現在へ

あなたの耳は、今聞くことができます。
あなたの眼は、今閉じたままでいることができます。
あなたの皮膚は、この瞬間、暖かさを感じることができます。
そうして、あなたは、今、そうした感覚に注意を向け続けることができます……。

(10)三つのプロセスオペレーションから一つのプロセスオペレーションへ

「プロセスオペレーション」とは、私たちの知覚体験を示すカテゴリーとして私が使っている用語です。

あなたは、聞くことができます。
あなたは、理解することができます。
あなたは、注意することができます。
そうして、あなたは、取り入れることができます……幸福を感じるのに必要な暗示を。

(11)三つの聴覚情報から一つの聴覚情報へ

あなたは外を走る車の音を聞くことができます。

あなたは、プロジェクターのファンの音を聞くことができます。
あなたは、私の声の調子を聞くことができます。
そうして、あなたは、気づくことができます……声の調子の変化に。

⑿三つの視覚情報から一つの視覚情報へ

あなたは、壁にかかっている絵を見ることができます。
あなたは、テーブルの上の置物を見ることができます。
あなたは、ご自分の手を見ることができます。
そうして、あなたは気づくことができます……瞬きの変化に。

――クライエントが目を閉じている場合

あなたは、形を見ることができます。
あなたは、色を見ることができます。
あなたは、模様に気づくことができます。
そうして、あなたは気づくことができます……模様の変化に。

⒀三つの触覚情報から一つの触覚情報へ

あなたは、膝の上でくつろいでいる手を感じることができます。
あなたは、服の肌触りを感じることができます。
あなたは、服の温度に気づくことができます。
そうして、あなたは気づくことができます……感覚の変化に。

⒁三つの催眠布置から一つの催眠布置へ

あなたは、ご自身の観念運動の変化に気づくことができます。

あなたは、ご自身の呼吸のペースの変化に気づくことができます。

あなたは、ご自身の瞬きの数の変化に気づくことができます。

そうして、あなたは気づき続けることができます……没入の変化に。


この例では、承認の発話は、イエスセットに組み込まれています。こうしたイエスセットは、最初の誘導のプロセスの後で使うことが想定されています。

⒂三つの象徴的命令から一つの象徴的命令へ

あなたは、ご自分の足が床についていることに気づくことができます。

あなたは、ご自分の左肩が右肩から離れていることに気づくことができます。

あなたは、ご自分の頭が足からかなり離れていることを感じることができるかもしれません。

そうして、あなたは、気づくことができます……ご自分の頭が思ったより大きく見えるけれど、大きすぎないことに。


象徴的な命令の技法で使われる慣用句には、それぞれ自我の構築に関わるものがあります。多くの文化では、「落ち着いている」こと、例えば、姿勢が良く(健康で)、肩幅が広くゆったりとしていて(頼りになる)、少し大きな頭を持っている(頭が良い)ことは、知性や思いやりを連想させるため、肯定的で望ましいこととして捉えられます。

⒃方向づけのイエスセット

イエスセットの使い方は他にもあります。次の例を注意深く観察してみましょう

あなたは、ご自分の前にある壁に気づくことができます。

あなたは、部屋にある家具を見ることができます。

あなたは、ご自分が読んでいる本に気づくことができます。

そうして、あなたは、瞬きの変化に気づくことができます。

このイエスセットの方向はどちらに向かっているでしょうか？　遠くへ、近くへ、より近く、もっと近くへです。方向づけのイエスセットと呼ばれますが、これを使うことによって、効果は倍増します。注意が視覚的に導かれると同時に、外側から内側へと誘われています。

もう一つ、方向づけのイエスセットの例を見てみましょう。今度は下方から上方へと注意を誘導します。

あなたは、ご自身の足が床についているのを感じることができます。

あなたは、ご自身の脚に手が乗っているのに気づくことができます。

あなたは、ご自身の横に腕がくつろいでいるのを感じることができます。

そうして、あなたは、ご自身の頭が心地良いバランスでくつろいでいるのに気づくことができます。

方向づけのイエスセットは、過去から現在へと記憶を方向づけることもできます。

あなたは、子どもの頃の、リラックスしていた出来事を思い出すことができます。

あなたは、小中学校の頃の、リラックスしていた出来事を思い出すことができます。

あなたは、高校の頃、リラックスしていた思い出を持つことができます。

そうして、あなたは、リラックス感と心地良さを本当に思い出していくことができます。


方向づけイエスセットは、注意を導いて誘うことを可能にする高度な技法です。このイエスセットは、より複雑なマルチレベルの構造を使うことで、無意識の反応を助長し、望むゴールに必要となる催眠現象を促します。

上級イエスセット

さらに、前提表現を三つ使った後に前提表現を一つ加えることもできます。

あなたの顕在意識は、心地良さが深まっていくことに簡単に気づくことができます。

あなたの無意識は、心地良さが深まっていくことを速やかに味わうことができます。

あなたの顕在意識は、全体の心地良い感覚を大いに楽しむことができます。

そうして、あなたの無意識は、体験することができます……あなたのやり方で、今、その心地良い感覚を。


イエスセットは、単文を連続させるだけでなく、物語や逸話といった複合的な話法を使って創ることもできます。セラピストは、三つの物語でペーシングしてから、引き起こしたい体験を含んだ物語へと続けることで、無意識的な「イエス（はい）」を引き出すことができます。

セラピストがクライエントとラポールが築けているかどうか定かでない場合、イエスセットは特に有効です。イエスセットを使うことで、効果的にクライエントの体験をペーシングしてラポールを回復させることで、クライエントとのつながりを取り戻すことができます。イエスセットは、ペース、ペース、ペース、リードといった一連の暗示からなる戦略的な手法です。セラピストは、着地点となるゴールを描いて、そこへと導く中間ステップを創造する必要があります。それでは、これから、意図的にイエスセットだけを使った誘導のデモンストレーションをご紹介しましょう。

イエスセットを使ったデモンストレーション

これからご紹介する短い誘導は、シンガポールで行われた初級の催眠ワークショップの初日に行われたものです。その目的は、誘導の構成要素を順序立てて、受講生に説明することでした。したがって、ボランティアとして登場しているチャウという女性のために考えられたものではありません。また、このデモンストレーションの副次的な目的には、チャウと対話しながら、彼女の反応を利用するということもありました。

ジェフ　それでは、チャウ、あなたは、ご自身を心地良くすることができます。ただ、楽に呼吸をして……素晴らしいですね、そうして、あなたは、目を閉じることができます……いいですねぇ。そうして、あなたは、ご自身の姿勢を変える方法に気づくことができます。そうして、体験し始めることができます……トランスに入っていく心地良い感覚のいくつかを……そうして、気づくかもしれません、チャウ、あなたの足が床についている感覚に……そうして、あなたは、気づくかもしれません、チャウ、どんなふうに、あなたの手が心地良くあなたの脚についているか……そうして、腕が、心地良く、楽に横に降りているとき、腕がどんな感じか気づくことができます……そうして、あなたは、どんなふうにご自身の首の筋肉が楽にバランスをとっているか気づくことができます。そうすることで、あなた自身が、さらに心地良く広がっていくトランス状態に没入していくのがわかるかもしれません……そうして、チャウ、あなたの耳は、空調の音を聞くことができます……そうして、あなたは、私の声に楽に耳を傾けることができます……そうして、あなたは、ご自身の呼吸の音を聞くことができます……そうして、あなたの身体がくつろいだありように慣れていくにつれて、音の変化を感じることができます……そうして、チャウ、あなたは、幼い頃、とてもリラックスしていたときのことを思い出すことができます……そうして、子どもの頃、とてもリラックスしていたときのことを思い出すことができます……そうして、あなたが、学校にいたときのことを思い出すことができます……とてもリラックスしていて、とても心地良い……そうして、あなたは、そんなとても心地良い体験を本当に思い出していくことができます……そうして、チャウ、少し難しかったり、いつもと少し違うように思えるかもしれませんが、あなたは、たった今、どんなことを体験しているか、私に伝えることができます。今、あなたにとって興味深いことは、どんなことですか？　そうして、浮かんでくる思いを言葉にするのは少し大変かもしれません。でも、それはあなたができることなのです。ちょうど今、あなたにとって一番興味深いことはどんなことですか？

チャウ　（優しい口調で、ためらいながら）浮かんできたのは……木……だと思います。

ジェフ　そうして、あなたの声は、ほんの少しだけ変化しているように思えるかもしれません。思いを言葉にすると少し違う感じがするかもしれません……そうして、思いを言葉にしたとき、それがいつもとどんなふうに違っているか気づくことは楽しいことかもしれません……あなたは、他にもたくさんの心地良い感覚を体験していくことができます……そうしていると、チャウ、今、あなたにとって興味深いことは、どんなことですか？

チャウ　どこかに向かって、歩いています……

ジェフ　そうして、あなたは、ご自身がどこかに向かって、進んでいくのに気づくことができます……そうして、ご自身が歩いているのを想像することができます……そうして、この場所からその場所へと移動しているのを感じることができます……そうして、あなたは、本当に、動いている感覚と進んでいく感覚を楽しむことができます……そうして、あなたは、私がお話ししていることのすべてに耳を傾ける必要はありません、そうですね……そうして、私がお話ししていることのすべてに、集中する必要もありませんし、注意を向ける必要もありません……そうですね……そうして、あなたは、ご自身の中で広がっていくその特別な心地良い感覚をより一層感じる必要もありません、そうですね……そうしていると、今、どんなことを体験していますか？

チャウ　そよ風が吹いています……

ジェフ　あなたは、歩いています……呼吸をしながら……そよ風を……そうして、あなたは、爽やかなそよ風を感じることができます……そうして、その感覚がどんなふうに変化していくか気づくことができます……そうして、あなたは、その感覚を、本当にさまざまな興味深い方法で実感することができます……あなたは、微笑むことができます……そうして、動くことができます……そうして、心地の良い呼吸をすることができます……そうして、広がっていく感覚を、本当に楽しみながら、それが、あなたをトランス状態へと誘っていくのを楽しむことができます。そうしていると、今、あなたは、どんなことを感じていますか？

チャウ　肌寒いです。

ジェフ　そうして、あなたは、身体に感じるそよ風の涼しい感覚のいくつかを感じることができます……そうして、それがどんなふうに涼しいのか、とても興味を持って感じることができます……そうして、あなたは、どんなふうに、ご自身が、その涼しさに浸っているか気づくことができます……そうして、ご自身がもっと深く、もっと心地良くその体験に没入しているのが感じられるように、どんなふうに、その涼しさを利用することができるか、期待しながら楽しむことができます……

それでは、これから、あなたに再びこちらに注意を向けていただくようにお願いします。ご自身を呼び戻していただきたいのです。ご自身が充分に、完全に戻ることができることに気づきながら……あなたは、充分に、そして、完全に戻ることができます。今、戻ることができます。一回か、二回か、三回、心地の良い呼吸をすることで、今、ここに、完全に。そうして、一回か、二回か、三回、心地の良い呼吸をして、トランスの旅を終えて、充分に目覚めて、身体中しっかりと覚醒して、この場所に戻ります。

誘導の後、チャウが体験したことについてディスカッションを行いましたが、反応はとても肯定的なものでした。チャウとのワークで、誘導に入っていく途中、私は、彼女と話し始めました。私は、「今、どんなことを体験していますか？」と、自由回答型の質問をしました。トランス体験を相互作用的なものにすることは大切です。催眠における会話とは、受け手のクライエントに一方的に話しかけるものではありません。私たちは、トランス状態であっても話すことができます。

今回の誘導で、私は、意図的にイエスセットに自明の理を使って、ワンパターンのコミュニケーションを行いました。実際の臨床で行うことを意図したものではなく、デモンストレーションの中でエクササイズとして行ったものです。

おそらく、読者のみなさんは、誘導全体がまるで一つの長い文であるかのように、接続詞でつながっていたことに気づかれたかもしれません。こうした連結の目的は、フローを生み出すことにあります。連結については、本章で後ほどご説明します。

チャウのように、誘導を体験することで、トランス状態へと誘われます。あなたがたった今行ったように、スクリプトを読んだだけでも、軽い揺らぎの感覚に誘われるかもしれません。しかし、ひとたび、その構造を意識に上げると、それは、もはや、あなたの「ありよう」に影響を及ぼさないこともあります。多くの「ありよう」を引き出す魔法は、無意識下での暗示にあるのです。一旦、誰かが手品の種を知ってしまうと、その効果は失われます。「ありよう」に影響を与える手法は、クライエントの無意識に暗示されたとき、もっとも効果的です。ひとたび、手法が明示されると、それは単なる情報になってしまい、もはや、体験に影響をもたらさなくなります。「ありよう」に多くの影響をもたらすことができる人というのは、手品の構造を理解しつつ、意図を持ってそれを活用することができる人なのです。

チャウと行った誘導で使われたイエスセットは、読者のみなさんが、構造を理解しやすいように創られたものです。

そうして、気づくかもしれません、チャウ、あなたの足が床についている感覚に……

そうして、あなたは、気づくかもしれません、チャウ、どんなふうに、あなたの手が心地良くあなたの脚についているか……

そうして、腕が心地良く、楽に横に降りているとき、腕がどんな感じか気づくことができます……

そうして、あなたは、どんなふうにご自身の首の筋肉が楽にバランスをとっているか気づくことができます。そうすることで、あなた自身が、さらに心地良く広がっていくトランス状態に没入していくのがわかるかもしれません……

そうして、チャウ、あなたの耳は、空調の音を聞くことができます……

そうして、あなたは、私の声に楽に耳を傾けることができます……

そうして、あなたは、ご自身の呼吸の音を聞くことができます……

そうして、あなたの身体がくつろいだありように慣れていくにつれて、音の変化を感じることができます……

そうして、チャウ、あなたは、幼い頃、とてもリラックスしていたときのことを思い出すことができます……

そうして、子どもの頃、とてもリラックスしていたときのことを思い出すことができます……

そうして、あなたが、学校にいたときのことを思い出すことができます……とてもリラックスしていて、とても心地良い……

そうして、あなたは、そんなとても心地良い体験を本当に思い出していくことができます……

そうして、チャウ、少し難しかったり、いつもと少し違うように思えるかもしれませんが、あなたは、たった今、どんなことを体験しているか、私に伝えることができます。今、あなたにとって興味深いことは、どんなことですか？　そうして、浮かんでくる思いを言葉にするのは少し大変かもしれません。でも、それはあなたができることなのです。ちょうど今、あなたにとって一番興味深いことはどんなことですか？

チャウ　（優しい口調で、ためらいながら）浮かんできたのは……木……だと思います。

ジェフ　そうして、あなたの声は、ほんの少しだけ変化しているように思えるかもしれません。思いを言葉にすると少し違う感じがするかもしれません……そうして、思いを言葉にしたとき、それがいつもとどんなふうに違っているか気づくことは楽しいことかもしれません……あなたは、他にもたくさんの心地良い感覚を体験していくことができます。

そうしていると、チャウ、今、あなたにとって興味深いことは、どんなことですか？

チャウ　どこかに向かって、歩いています……

ジェフ　そうして、あなたは、ご自身がどこかに向かって進んでいくのに気づくことができます……

そうして、ご自身が歩いているのを想像することができます……

そうして、この場所からその場所へと移動しているのを感じることができます……

そうして、あなたは、本当に、動いている感覚と進んでいく感覚を楽しむことができます……

そうして、あなたは、私がお話ししていることのすべてに耳を傾ける必要はありません、そうですね……

そうして、私がお話ししていることのすべてに、集中する必要もありませんし、注意を向ける必要もありません、そうですね……

そうして、あなたは、ご自身の中で広がっていくその特別な心地良い感覚をより一層感じる必要もありません、そうですね……

そうしていると、今、どんなことを体験していますか？

チャウ　そよ風が吹いています……

ジェフ　あなたは、歩いています……呼吸をしながら……そよ風を……

そうして、あなたは、爽やかなそよ風を感じることができます……

そうして、その感覚がどんなふうに変化していくか気づくことができます……

そうして、あなたは、その感覚を、本当にさまざまな興味深い方法で実感することができます……

あなたは、微笑むことができます……

そうして、動くことができます……

そうして、心地の良い呼吸をすることができます……

そうして、広がっていく感覚を、本当に楽しみながら、それが、あなたをトランス状態へと誘っていくのを楽しむことができます……

そうしていると、今、あなたは、どんなことを感じていますか？

チャウ　肌寒いです。

ジェフ　そうして、あなたは、身体に感じるそよ風の涼しい感覚のいくつかを感じることができます……

そうして、それがどんなふうに涼しいのか、とても興味を持って感じることができます……

そうして、あなたは、どんなふうにご自身がその涼しさに浸っているか気づくことができます……
そうして、ご自身がもっと深く、もっと心地良くその体験に没入しているのが感じられるように、どんなふうに、その涼しさを利用することができるか、期待しながら楽しむことができます……

(6) 間接使役

間接使役、間接指示は、暗示の一種で、一般的に、自明の理や前提と共に連鎖的な喚起のコミュニケーション（SEC）として使われます。SECでは、XならばYという形になりますが、その場合、Xが反応でYが「ありよう」、あるいは、Xが「ありよう」でYが反応になります。例えば、「あなたが深い呼吸をすると、実感することができます……素晴らしい心地良さを」「あなたが深い呼吸をすると、あなたは、もっと心地良くなることができます」。別の例を挙げてみましょう。「あなたはここに座っているので、あなたはトランス状態がもたらす心地良さを実感することができます」「あなたが動くたびに、さらに心地良さを感じることができます」

反応と「ありよう」は、表面的に因果関係で結ばれています。間接使役は、偶発的な暗示として捉えることもできます。「あなたは、深い呼吸をすると、トランス状態に入ることができます」これは、反応から「ありよう」への移行です。「トランス状態に入っていると、あなたは、深い呼吸をすることができます」これは「ありよう」から反応への移行です。間接使役には、クライエントの意識状態が、自分の反応によって実際に承認されるという効能があります。例えば、「あなたが心地良く感じると、うなずくことができます」こうした間接使役により、クライエントの反応を高めることができます。

エリクソンとロッシは、関連づけの手法として、両極並置と呼ばれる構造について解説しています。両極並置では、軽さと重さ、暖かさと涼しさ、弛緩と緊張といった、反対の特性を持つ要素が関連づけられます。「あなたの手が軽くなって上がっていくにつれて、まぶたは重くなって閉じていきます」(Erickson & Rossi, 1980, p. 470)

二者択一の錯覚を利用した複文についても見てみましょう。「あなたが目を閉じるとき、あるいは、深い呼吸をするとき、さらに心地良く感じることができます」

(7) 解離表現

解離表現は、見た目よりも複雑です。しかし、解離表現の根底にある原則は、幅広く応用することができるため、ここでは、詳しくご説明します。

解離は、私たちが、すべてのことを顕在意識に載せずに日常生活を送る上で、重要な役割を果たしています。顕在意識だけでは限られた数のタスクを行うことしかできません。タスクのほとんどは、自律的に行われている必要があります。誘導においては、顕在意識の一部にある課題を課し、もう一つの課題は、解離状態で遂行されるように、自律的な反応を促します(Erickson & Rossi, 1980, p. 470)。解離や不随意的な反応を引き起こすことが、催眠の肝となります。そのためには、普段使わないような言語構造が必要となりますが、その内の一つが解離表現です。それでは、例を見てみましょう。

あなたの顕在意識は、床についている足の感覚に気づくことができますが、あなたの無意識は、楽しむことができます……その浮かぶような感覚を。それは、高まっていく気づきのさまざまな側面を体験することは素晴らしいことだからです。

解離を促す発話の基本フォーマットは、以下のとおりです。

「あなたの「(1)」は「(2)」できます。しかし、(そして、あるいは、一方で)あなたの「(3)」は「(4)」できます

……というのは、「(5)」だからです」

それぞれに挿入される概念は、以下の通りです。

挿入される概念

(1) 顕在意識で気づいていること

(2) 具体的な「ペーシング」

(3) 催眠下での意識状態 (1)と対極をなす概念)

(4) 一般的な「喚起」の発話、例えば、催眠現象を促すような推論的な発話

(5) できればクライエントが持っているモチベーション (クライエントの積極性と結びつけることが肝要)

クライエントが暗示に従いやすいように、その人特有のモチベーションを利用することができれば、一層効果的です。単文をつなげてイエスセットを創ったように、解離の発話でも自明の理を三つ続けて使いますが、パターンが異なります。最初の自明の理は、「あなたの顕在意識は、床についている足の感覚に気づくことができます」。これは、ペーシングです。二つ目の自明の理は、命令的な自明の理です。「あなたの無意識は、楽しむことができます……その浮かび上がる感覚を」。ペーシングの発話は、具体的なものになりますが、喚起の発話は、より曖昧で一般的なものになります。そうすることで、注意が誘導され、無意識のうちにクライエントの行動が活性化されるのです。三つ目の自明の理は、動機づけのた

めに用いられます。もちろん、解離を示すのに、自明の理の代わりに前提を使うことも可能です。

解離の発話で使われる対極的な概念は、顕在意識と無意識に限定されません。解離の発話には、思考／身体、心／体、右側／左側といった概念を用いることも可能です。例えば、次のように言うこともできるでしょう。「あなたの耳は、私の言葉を聴くことができます。一方で、あなたの身体の他の部分は、楽しむことができます……広がっていく心地良さを。というのは、役に立つ感覚をたくさん感じることは心地良いことだからです」

解離の表現には、数え切れないほどのバリエーションがあるため、臨床では、さまざまな選択肢を試すことが可能です。許容的な助動詞（～ことができます）の前に、ポーズ（間）をおくことで、セラピストは、埋め込み命令を創ることができます。クライエントの名前を、望まれる体験を喚起する発話の前に挟むことで、埋め込み命令の効果を高めることができます。また、接続詞の「しかし・そして・一方」を使い分けることによって、異なる効果がもたらされます。

解離表現を柔軟に用いることで、セラピストは、クライエントからの望ましくない反応や抵抗に対処することができます。例えば、(2)に、抵抗を含めることもできます。「あなたの顕在意識は、微笑むことができますが、あなたの無意識は、楽しむことができます……広がっていく心地良さを。というのは、顕在意識と無意識の両方で、物事を体験することは価値のあることだからです」。解離の発話に「抵抗的な反応」を取り入れることで、抵抗は、暗に、顕在意識の枠内に制限されることになります。

代案として、誘導の最中、(2)に催眠布置の要素を入れることもできます。そうすることで、解離の発話の最初の部分は、承認になります。「あなたの無意識は、例えば、呼吸のペースの変化に気づくことができます」

最後に、ポジティブな感情やモチベーションを関連づけることで、暗示の受容性を高めます。セラピストが、クライエントの価値観をよく理解することで、クライエントのモチベーションに合わせながら効果を上げることができます。

さらに、解離表現を並列的に用いることも可能です。その場合は、解離表現が用いられる三つのすべての段階で、概念が繰り返し暗示されます。並列的に解離表現を用いると、結果として、詩的な効果が生じることがあります。例えば、「あなたの心は、今、広がっていく心地良さに注意を向けることができますし、一方で、あなたの身体は、今、広がっていく心地良さを実感することができます。それは、心地良さが、今、どんなふうにあなたにちょうどいい具合に広がっていくかわかることは素晴らしいことだからです」

(8) 二重解離表現

二重解離表現は、揺らぎの要素が加わるためマルチレベルでより精巧なものになります。例を一つ見てみましょう。「あなたの顕在意識は、床に足がついていることに気づくことができて、あなたの無意識は、私の声に耳を傾けることができます。あるいは、あなたの無意識は、床に足がついていることに気づくことができて、あなたの顕在意識は、私の声に耳を傾けることができます」

二重解離表現の形は以下のとおりです。

あなたの顕在意識は、「A」できます、そうして

あなたの無意識は、「B」できます、あるいは、
あなたの無意識は、「A」できます、そうして
あなたの顕在意識は、「B」できます。

「シグナル」「ノイズ」といった概念は、二重解離を理解する上で役に立ちます。信号は、背景で起こる雑音よりも際立ちます。「あなたの足は、床についています」と「私の声に耳を傾けることができます」は、先ほどの二重解離表現では際立つ概念です。残りの部分は、ターゲットとなる暗示を際立たせるノイズとなります。また、二重解離表現は、あまり耳慣れないこともあり、その性質上、揺らぎを引き起こします。

多くの場合、解離表現は、単独で用いられても、効果を上げることができます。しかし、ときとして、対極の概念を含んだ複数の解離表現を合わせて使うことも必要になります。

解離表現の特質

私たちは、解離表現の構造からたくさんのことを学ぶことができます。さらに介入についても学ぶことができます。解離表現を使ってコミュニケーションを行うことで、戦略的に体験を喚起することが可能になります。

三部構成の解離表現

解離表現は、基本的に三部で構成されています。三部構成でコミュニケーションを行う方法は、私がエリクソン博士のもとで学んでいたときにまとめたものです。これは、トランス誘導を行うにあたって、

それまでの私の考え方を変える学びとなりました。また、三部構成のコミュニケーション法は、治療だけでなく、日々のコミュニケーションの行い方に変化をもたらし、感情的なインパクトをもたらしました。それほど、私にとって大切なものです。

私のセラピストとしての最初のトレーニングは、傾聴スキルに関するものでした。当時の私は、忠実なロジャーズ派のセラピストでした。治療では、「スタッカート」とでも呼べるような、メリハリのあるコミュニケーションの仕方を学びました。また、シンプルな言葉を使って対応していました。例えば、クライエントが何かを達成したと報告してくれたら、私は、「あなたは、そのことをとても喜ばれているようですね」と答えたでしょう。

その後、エリクソン博士の業績を研究しているとき、私は、博士がシンプルな文を使って話していないことに気がつきました。博士は三部構成のコミュニケーションプロセスを使っていたのです。エリクソン博士は、よくこの三つのステップを使って、劇的に効果的なコミュニケーションを行っていました。そのパターンは、入場・提供・退場（enter, offer, exit）で構成されていました。別の表現で言うと、準備・介入・遂行（set up, intervene, follow through）、あるいは、ペーシング・パターン化・動機づけ（pace, pattern, motivate）と言ってもよいでしょう。

このステップは、場合によっては、準備・準備・準備・準備、介入・遂行・遂行のように、より複雑になることもあります。例えば、「あなたは、ここに座っています。あなたは、注意を向けています。関心を持って注意を向けています。そうして、あなたは、ドラマチックなコミュニケーションを行うことの大切さに気づき始めることができます。そうすることで、メッセージも活気を帯びて、感情的なインパク

ト も高まるのです」という具合です。

SECを使って、戦略的に連続性のあるドラマを創ることで、効果を高めることができます。三部構成のドラマのようなコミュニケーションは、催眠や解離表現に限られたものではありません。日常生活においても使うことができます。例えば、高血圧や糖尿病に対する投薬などの場合、医師が患者に処方箋を出すとしましょう。医師は、当然指示に従ってもらいたいのですが、初期の段階では、比較的症状が表れにくい場合があります。はっきりした症状が表れないと、患者は指示に従うのが億劫になることもあります。

おそらく、単に患者に処方箋を渡すだけでは、充分ではありません。しかし、三部構成のコミュニケーションプロセスを使うことで、受け容れの可能性は高まります。例えば、医師は、こんなふうに言うかもしれません。「あなたは、楽器を演奏するのが好きだと伺いました。あなたが日頃から練習していることも知っています。あなたが、勤勉な方だということもわかっています。そして、誠実できちんとした方であることも。では、処方箋をお出しします。このお薬をきちんと飲んで下さいね。これはあなたに効きますから。効果は間もなく出るはずです。私は、あなたに健康になっていただきたいのです」三部構成のコミュニケーションプロセスを使っても時間はさほどかかりませんが、大きな効果をもたらすことができます。

三部構成のコミュニケーションプロセスを習得する方法として、私は、「サンドイッチ」メソッドと呼ぶ記憶法を使っています。クライエントに単に「具材の部分」を渡すのでなく、サンドイッチに挟んで手渡すのです。準備と遂行は、言わば、パンの役割を果たしています。接続詞は、調味料です。真ん中の引き起こしたい体験が肉にあたります。そして、その後に動機づけが続きます。

解離の発話は動機づけで終わることを覚えておきましょう。エリクソン博士がかつて使っていた技法では、ゴールを暗示した後、それに従う理由を入れた動機づけが続いていました。例えば、腕浮揚を行う場合、博士は、「あなたの手は、顔に向かって上がっていくことができます。なぜなら、それが顔につたとき、あなたは深い呼吸をすることができて、それは本当に心地良いからです」解離や暗示への動機づけは、「なぜなら・というのは」といった単語でつなげたり、理由を暗示することで行うことができます。例えば、こんな感じです。「あなたは、深い呼吸をすることができます。なぜならそれは心地良いからです」あるいは、「あなたの身体は椅子でくつろいでいますが、あなたの心はさまよっています。というのは好奇心を持って体験できることは、こんなにたくさんからです」

核となる暗示の後に動機づけを加えることで、応諾（コンプライアンス）の確率が高められることを示した研究があります。この研究は、社会心理学の分野で、欺きについて行われたものです（Cialdini, 2009, p.4）。状況は、図書館のコピー機の使用をめぐってのもので、研究者は、共同仕掛け人として学生を募集します。学生は、コピー機の前に一定数の人たちが列を作って並ぶまで待ちます。その学生は、それから、列の先頭で待っている人に、「コピーをさせていただけませんか？」と話しかけます。列に並んでいる人たちが、何回に一回の割合で、割り込みを許してくれるかを比較の基準値とします。次の実験では、学生は、一定数の人たちが列を作るまで待ちますが、基準値との違いは、「私の先生がコピーを必要としているので、先にコピーをさせていただけませんか？」と言うように指示されるところです。動機が与えられることで、応諾率は高まりました。続いて、もう一つの条件が与えられます。学生は、一定数の人たちが列を作るまで待ってから、「必要になってしまったので、先にコピーをさせていただけませんか？」と言います。三つ目の条件での応諾率は、二つ目の条件の場合とほぼ同じでした。研究者は、「〜ので」という言葉が、重要な役割を果たしていると結論づけました。理由が与えられる限り、応諾の確率は高まるのです。

それでは、催眠の解離表現について復習しましょう。「あなたの顕在意識は、涼しさに気づくことができます。一方で、あなたの無意識は、本当に感じることができます……その心地良さを。というのは、意識と無意識の両方を使って学ぶことは素晴らしいことだからです」。ゴールとなる体験は、戦略的に、「本当に心地良く感じること」がよく使われます。大切なことは、クライエントが、曖昧な指示から主体的に自分に合った意味を見つけ出すことなのです。

クライエントによっては、解離を拒む場合もありますが、それはやむを得ないことです。例えば、境界性パーソナリティ障害のクライエントの場合、より具体的で、構造化された暗示を好むかもしれません。トラウマを持つクライエントで、トラウマから解離することでコーピングしてきた場合、解離に脅威を覚えることもあります。解離を積極的に活用することが、臨床の場面で役に立つこともあります。例えば、クライエントが疼痛を抱えている場合は、痛みから解離できることは有益です。背景にある原則は、誘導の用い方がクライエントに適したものであるということです。

解離表現を使ったデモンストレーション

SIFT（シフト）という頭文字語を使うことで、このプロセスを記憶しやすくなります。三つのステップは、準備（Set up）、介入（Intervene）、遂行（Follow Through）です。ペーシング（pace）、提供（offer）、動機づけ（motivate）でも結構です。そして、映画の中でこれまで数えきれないほど使われてきた手法について考えてみましょう。立ち上がりのショットは飛行機の映像です。続いて機内の映像。そこに音楽や声が続き視聴者を次のシーンへと駆り立てます。これは、スムーズに入り（clean entrance）、プレゼンテーションをして（presentation）、スッキリと終わる（clean exit）手法と呼ぶこともできます。映画を観ている人は、三部構成の演出に気づくことはありませんが、知らない間に影響を受けています。

それでは、催眠のワークショップの初日に行われた誘導を例としてご紹介しましょう。これは、デモンストレーションの目的で行った短い誘導であることをお断りしておきます。デモンストレーションの後、クラスで行ったディスカッションも含まれています。

トランス状態に入るために、ラディ、あなたはただご自身を心地良くすることができます。素晴らしい。あなたは手を膝の上において休ませることができます。いいですね……そうして、深く呼吸することができます……それから、もう一息……楽な呼吸を続けることができます……そうして、あなたは、ただ目を閉じることができます……そうして、あなたは、顕在意識と無意識の存在を実感することができます。そうして、あなたの顕在意識は、私の言葉に耳を傾けることができますが、あなたの無意識は、ゆっくりとします……なぜなら、ただ時間をとって、本当にゆっくりすることは……とても興味深く、とても心地良いことだからです。そうして、あなたの顕在意識は手が膝の上でくつろぐにつれて、ご自身の手の感覚に注意を向けることができます。一方で、あなたの無意識は、内側の……残りの部分を好奇心を持って体験することができます。それはあなたがご自分だけのために行うことができることだからです……そうして、ラディ、あなたの耳は聴くことができます……私の言葉に耳を傾けて……一方で、あなたの身体……身体は、好奇心を持って変化を体験していくことができます。あなたは、その体験についてさらに多くのことを学ぶことができます。あなたの中で広がっていくトランス体験について……そうして、あなたの顔の左側には、独自のリラックスの仕方があって……筋肉の感覚も変化していきます。一方で、顔の右側には、独自の方法で、別のとても心地良い変化を本当に体験することができます。なぜなら、あなたにぴったりの方法で行われることはとても良いことだからです。そうして、ラディ、あなたの足は、地面で休むことができて、あなたの心は、ただ好奇心を持って体験していくことができます……空間と時間の中で……それはとても興味深く……好奇心に溢れるものです……そうして、あなたの顕在意識は、あなたの目の周りの静けさに気づくことができます。一方で、あなたの無意識は、より深く、さらに深く、内側の静寂を体験していくことができます……あなたの時間の中で、あなたなりの方法で……そうして、ラディ、あなたの心が、耳を傾けている間に、あなたの身体は、学ぶことができます。あるいは、あなたの身体が広がっていく変化のいくつかに耳を傾けている間に、あなたの心は学ぶことができます……そうして、あなたの顕在意識は、頭がうなずいていることに気づくことができます。一方で、あなたの内側の心は、ご自身に与え続けることができます……あなた自身にうなずきをもたらすことで（ラディは、うなずく）、より一層広がっていく心地良さを感じることができます。なぜなら、意識と無意識の両方で、物事を体験するのは素晴らしいことだからです。そうして、あなたの手は動きのいくつかを感じることができます（ラディの手が動く）、一方で、あなたの心は、変化を好奇心を持って体験していくことができます。そうすることで、あなたは、ただご自身が心地良くトランスがもたらす心地良く快適な状態に降りていくのに任せながら……ご自分にとってのトランス体験が本当にどんなものなのかしっかりと学ぶことができます。それでは、ラディ、これから、私はあなたに注意の方向を変えていただくようにお願いします。あなた自身を連れ戻すように。私は、あなたがご自身を完全に心地良く、楽に心地良く、楽に完全に、連れ戻すことができることを実感していただきたいのです。あなたは、今、ここに自身を連れ戻します。それでは、一回か二回か三回、心地の良い呼吸をして……一回か二回か三回、心地の良い呼吸をして……そうして、ストレッチして、完全に目覚めて、完全に……戻ります。

参加者とのディスカッション

ジェフ　素晴らしかったですね！　どんな感じでしたか？

ラディ　非常に心地良かったですし、しばらくしてから、注意を集中させていた感じはありませんでした。

ジェフ　型通りのやり方をしたにもかかわらずです！　あなたは私の話を聞くことができました。あなたはそこで語られていた言葉には気づいていたけれど、その言葉一つひとつの具体的な意味を理解しようと集中する必要はなかったのですね。それから？

ラディ　筋肉が緩んで、身体がとても深くリラックスした感じがありました。自分自身を維持することができないくらいでした。最初のうちは、とても意識がはっきりしていました。あなたが私の呼吸の速さに合わせてペーシングをしていたことに気づいていました。まるで、二つのことが同時に起こっているかのようでした。

ジェフ　二つのことが同時に起こっているような感じだったのですね。今回のゴールは、ラディが解離を実感できるようにお手伝いすることでした。私が行っていたことはかなり単純でした。特定の技法だけを使っていたからです。臨床の現場では、そんなことはしませんが、この方法だと、学習目的でボランティアと一緒に練習することができます。

ラディとのワークでは、私は杓子定規の技法のみを使いました。具体的には、九つの解離表現を使って誘導を行いました。解離表現を、次々に続けて使っていきました。結果として、ラディは注意して聴くのをやめました。大切なのは、コンテンツではなく、メッセージの意味に対する彼女の反応だったのです。

もし、私が使っていたリズムを音で表現するならば、次のようになるでしょう。

「あなたの顕在意識は、ファララララララできます……しかし、あなたの無意識は、ファララララララできます。というのは、ファララララララだからです」

そして、「あなたの身体がファララララしている間に……あなたの心はファララララできます。なぜなら、ファララララだからです」

そして、「あなたの身体はファララララできます……そうして、あなたの魂は、ファララララララできます。というのは、ファララララララだからです」

対極にある概念を使ってリズムを刻むことで、クライエントを解離体験へと優しく誘うことができます。無意識の連想のレベルでは、対極的な概念を利用することで、あるものの一部でありながら、そこから離れている――「私は、ここにいながら、私はここにいない。私は、聴いていて、私は、聴いていない。普段と違うことがただ起こっている」という効果が引き起こされます。

ラディとのワークでは、私は一つの言語形式、すなわち、解離表現だけを使いました。トランスの目標は、解離現象を引き起こすことでした。しかし、そのためには、多くの場合、普段使わないような構文や文法を使った高度なスキルが必要となります。

クライエントが「内側に注意を向けるように」言われた場合、指示に従うことは簡単です。「もっとリラックスして」も簡単でしょう。しかし、「解離して下さい」と言われても、それを行うことは容易ではありません。「自然にそうなるものを意識的にしなさい」と言われるとバインド（拘束）状態になってしまうからです。それでは、どうしたら、「自然にそうした状態になる」ことができるのでしょうか？ たとえ自然にそうなろうとしても、誰かの指示に従っている以上、自然に望む状態が起こることはあり得ません。同じように、誰かを笑わせたい場合は、その人に冗談を言います。直接相手にユーモアを感じて欲しいと依頼してもうまくいかないのです。

解離に関しても、クライエントに解離体験を引き起こすことができるように何かする必要があります。それを容易にするには、クラエイントを解離体験へと誘う、普段と異なる詩的な文法が必要になります。その方法として、解離体験を引き起こすために組み立てられた解離表現を活用するのです。それは日常生活の会話で一般的に使われるような言語形式とは異なります。

夕食に出かけて、ウェイターにこんなふうには言わないでしょう。「あなたの顕在意識は、メニューを私に手渡すことができますが、あなたの無意識は、本当に興味を持つことができます……サービスを心地良いものにすることができるように。なぜなら、それは、あなたと私の両方にとって喜ばしいことだからです」

ラディとの誘導エクササイズで使われた手法を解説すると、解離表現を構成要素ごとに分けることができます。

トランス状態に入るために、ラディ、あなたはただご自身を心地良くすることができます。素晴らしい。あなたは手を膝の上において休ませることができます。いいですね……そうして、深く呼吸することができます……それから、もう一息……楽な呼吸を続けることができます……そうして、あなたは、ただ目を閉じることができます……そうして、あなたは、顕在意識と無意識の存在を実感することができます。

(1)そうして、あなたの顕在意識は、私の言葉に耳を傾けることができますが、あなたの無意識は、ゆっくりとします……なぜなら、ただ時間をとって、本当にゆっくりすることは……とても興味深く、とても心地良いことだからです。

(2)そうして、あなたの顕在意識は手が膝の上でくつろぐにつれて、ご自身の手の感覚に注意を向けることができます。一方で、あなたの無意識は、内側の……残りの部分を好奇心を持って体験することができます。それはあなたがご自分だけのために行うことができることだからです……

(3)そうして、ラディ、あなたの耳は聴くことができます……私の言葉に耳を傾けて……一方で、あなたの身体……身体は、好奇心を持って変化を体験していくことができます。その結果、あなたは、その体験についてさらに多くのことを学ぶことができます。あなたの中で広がっていくトランス体験について……

(4)そうして、あなたの顔の左側には、独自のリラックスの仕方があって……筋肉の感覚も変化していきます。一方で、顔の右側には、独自の方法で、他のとても心地良い変化を本当に体験することができます。なぜなら、あなたにぴったりの方法で行われることはとても良いことだからです。

(5)そうして、ラディ、あなたの足は、地面で休むことができて、あなたの心は、ただ好奇心を持って体験していくことができます……空間と時間の中で……それはとても興味深く……好奇心に溢れるものです……

(6)そうして、あなたの顕在意識は、あなたの目の周りの静けさに気づくことができます。一方で、あなたの無意識は、より深く、さらに深く、内側の静寂を体験していくことができます……あなたの時間の中で、あなたなりの方法で……

(7)そうして、ラディ、あなたの心が、耳を傾けている間に、あなたの身体は、学ぶことができます。あるいは、あなたの身体が広がっていく変化のいくつかに耳を傾けている間に、あなたの心は学ぶことができます……

(8)そうして、あなたの顕在意識は、頭がうなずいていることに気づくことができます。一方で、あなたの内側の心は、ご自身に与え続けることができます……あなた自身にうなずきをもたらすことで（ラディは、うなずく）、より一層広がっていく心地良さを感じることができます。なぜなら、意識と無意識の両方で、物事を体験するのは素晴らしいことだからです。

(9)そうして、あなたの手は動きのいくつかを感じることができます（ラディの手が動く）、一方で、あなたの心は、変化を好奇心を持って体験していくことができます。そうすることで、あなたは、ただご自身が心地良くトランスがもたらす心地良く快適な状態に降りていくのに任せながら……ご自分にとってのトランス体験が本当にどんなものなのかしっかりと学ぶことができます。

それでは、ラディ、これから、私はあなたに注意の方向を変えていただくようにお願いします。あなた自身を連れ戻すように。私は、あなたがご自身を完全に心地良く、楽に心地良く、楽に完全に、連れ戻すことができることを実感していただきたいのです。あなたは、今、ここに自身を連れ戻します。それでは、一回か二回か三回、心地の良い呼吸をして……一回か二回か三回、心地の良い呼吸をして……そうして、ストレッチして、完全に目覚めて、完全に……戻ります。

解離表現や他の間接暗示を使用する際、セラピストは、現象的なゴールを想定して、これまで説明してきた二重解離表現や他の間接暗示のいずれかを使って、そのゴールをギフトラッピングします。間接暗示の基本についての説明は、私たちが行っている信じられないほど複雑なコミュニケーションのすべてを網羅したものではありません。催眠の文献を紐解くと、暗示に関する例が他にもたくさんあります。ロッシ（Erickson & Rossi, 1975/2008）は、治療的なバインドやダブルバインドだけでなく、ショックや驚愕も間接暗示として紹介しています。

ランクトン夫妻（Lankton & Lankton 1983）は、暗示の選択肢をすべて記載しています。バンドラーとグリンダー、キャロル・カーショー、マイケル・ヤプコ、ロビン・バッティーノとサウス、ビル・オハンロンとマイケル・マーチンも、それぞれの著作を通して、間接暗示の形式化を試みています(Bandler & Grinder 1976; Carol Kershaw 1992; Michael Yapko 1984; Rubin Battino & South 1999; Bill O'Hanlon & Michael Martin, 1992)。

セラピストがギフトラッピングを行うにあたって、このような形で細分化された膨大な情報は、うんざりするようなものとして捉えるより、活用することができる恵みとして捉えるべきでしょう。暗示を行う方法が多数あることは、クライエント一人ひとりのニーズに効果的に用いることができる形があるということです。多くの場合は、有効なものがいくつもあったり、クライエントによって、ある形が他の形よりも適していたりすることもあります。さらに、セラピストは、多くの場合、ポジティブな連想を優位にしてクライエントの行動に「拍車がかかる」ような言語パターンを使いながら、特定のテーマについて暗示を積み重ねることができます(Lankton & Lankton 1983)。

私たちの体験は建物のように、連想、感覚、思考、知覚、感情、関係性などが、複雑に絡み合って構成されています。望ましい変化というのは、一般的に、暗示一つだけでは起こりません。セラピストは、美しく調和の取れた建物をしっかり創り上げるために、さまざまなタイプの暗示を複数組み合わせ、融合することで建物を創り上げるのです。

暗示で用いられるコミュニケーションの形

ひとたび、ギフトラッピングの内部の構成要素について形式的な理解ができたら、今度は、主体的に、そうした要素をつなぎ合わせて、一連のプロセスにしていきます。暗示の一つひとつをレンガだと考えてみましょう。レンガは組み合わされることで建物となりますが、レンガを組み上げるにはモルタルが必要です。三部構成のステップでは、セラピストはクライエントに合わせて、介入を組み立てて提供し、遂行しなければなりません。ここで、各ステップに役立つ言語パターンが用いられます。

三部構成のステップで、特に役に立つ形には、(1)暗示の前段階で使われる形、(2)治療中、暗示として使われる形、(3)暗示の後で使われる形があります。セッションの進行中にこれを実行するには、高度な技術が必要になります。読者の皆さんが持っている可能性に目を向けていただけるように、これから簡単にご説明してみましょう。

暗示の前段階で用いられる形

一般的に暗示前に使われる形には、(1)自明の理、(2)シーディング（種まき）、(3)揺らぎ、の三つがあります。こうした技法は、それに続く間接暗示の基盤となります。

(1) 自明の理

自明の理を使ったイエスセットは、クライエントの直近の体験をペーシングして、催眠や治療のゴールを喚起するために用いられます。また、自明の理は、他の間接暗示への導入として使われます。セラピストは、こんなふうに言うことができるでしょう。「あなたは、どんなふうに瞬きするか気づくことができます」（自明の理）「私には、あなたの目がいつ閉じ始めるかわかりません」（前提）この場合、自明の理が前提の前に来て、優しく目に注意を誘導して、次に続く目を閉じる暗示の準備を整えます。二ステップのプロセスでは、他の間接暗示の前に、自明の理を一つ、あるいは、いくつか提示することで、ゴールへの反応を高めることができます。これもまた、連続的な流れの中で体験を喚起するコミュニケーションの行い方です。

(2) シーディング（種まき）

シーディングを使って、前段階で戦略的にほのめかしを行うことで、意図したゴールを活性化することができます。種は、意図したゴールよりかなり前もってまいても構いません。シーディングの手法は、社会心理学や実験心理学で広く研究され、プライミングと呼ばれてきました。プライミングについて学びたい方は、ジョン・バー（John Bargh）の研究（bargh.socialpsychology.org）を検索して下さい。

ミステリー作家は、よく探偵小説の前半で、事件の解決につながる手がかりを予告しますが、シーディングは、前もって示された手がかりを通して、体験を呼び起こし、意図したゴールを活性化させます。すでに結末を知っている人は、簡単に手がかりに気づくことができます。物語がどこに向かっているかわからない人は、後で振り返って、解決に必要な手がかりがかなり前から暗示されていたことに気づくのです。

同じように、セラピストは、ゴールに向かって戦略的にシーディングをすることで、クライエントの反応をプライミングします（Zeig, 1990）。後に続く介入を、前もって示しておくことで、（催眠的にも治療的にも）ゴールを達成するのに必要なリソースが活性化され、その後、より簡単に効果的にゴールに必要な体験を喚起することができるのです。シーディングを行うことで、建設的にゴールを達成するお膳立てをすることができます。種は、直接的なものでも間接的なものでも構いません。どれくらい前もって、種を撒いて、どのくらい活性化させておくか、明確な指標はありません。

簡単なシーディングの例としては、例えば、催眠下でクライエントに食べる速さをゆっくりにする暗示を行いたい場合、セラピストは、催眠の誘導の初期段階で、話す速さを意識的にゆっくりにすることで、シーディングを行うことができます。あるいは、セラピストが、誘導の初期段階で、言語的な技法を使って、あらかじめゴールについて話しておくことで、暗示することができます。「催眠の本当の楽しみの一つは、自然と動きのリズムがゆっくりになる体験をすることで、さまざまなものを受け取って、充分に満足が感じられることにあります」

シーディングは、実にさまざまな分野で活用されています。小説家は、予示を使いますし、作曲家は前奏曲を書きます。建築家は、建物にエントランスを創ります。この手法は、歴史を通して使われてきたのです。しかし、治療にそれを適用した臨床家は、ミルトン・エリクソンだけでした。

⑶ 揺らぎ

心理的混乱は、一元的な意識の覚醒をもたらします。混乱が治療的に利用できると考えるのは非常に不思議だと思われるもしれませんが、可能なことです。混乱は凝り固まった意識の状態に揺らぎをもたらします。エリクソン博士は、混乱技法を、自身の催眠に対するもっとも重要な貢献の一つと考えていました。

もっとも単純な方法は、混乱を具体的な暗示の前に行うことです。具体的な暗示に従って反応すると、混乱によってもたらされた一元的な覚醒状態は低下します。「強烈な」混乱技法の例としては、次のようなものがあります。「覚えている方法は、いくつもあります。忘れる方法もいくつかあります。そうして、覚えていられることを忘れるようなことは、あなたが忘れることを覚えていられることを、覚えていることとは違います。そうして、あなたは、本当にあなたが覚えていることを忘れることができます。しかし、あなたは、そうすることはどんなに素敵なことか本当に覚えていることができます……ただ深い呼吸をして、目を閉じて、そうして、内側の心地良さを実感し始めることが……」

混乱技法について詳しく説明することは、本書で扱える範囲をかなり超えていますが、混乱とは、先ほどの例のように、必ずしも耳障りであったり、気が遠くなるものではありません。「軽度」の混乱や瞬間的な揺らぎも同じような効果をもたらします。揺らぎは、予期しないような働きかけや間接暗示によって引き起こすことができます。多くの場合、軽度の混乱は、間接暗示を行うとき副次的にもたらされます。また、間接暗示に含まれる曖昧さが揺らぎをもたらし、一元的な覚醒状態を引き起こすこともあります。こうした状態は、クライエントが間接暗示に意味づけを行うことで、軽減されます。軽い覚醒状態は、さらに、それに続く暗示を活性化して、より記憶に残るものにすることができます。

芸術では、揺らぎがいたるところで引き起こされています。例えば、楽曲を活性化するには、必ず不協和音が必要です。不協和音の不安定なハーモニーがあって、次に安定したハーモニーが続くことができるのです。

暗示の間に用いられる形

暗示の間に使われる形でもっとも一般的なものは、(1)連結、(2)非言語的/準言語的な手法、の二つです。

⑴ 連結

「そして・だから・でも・あるいは・しかし」といった等位接続詞や、「つれて・間に・まるで・なので」などの従属接続詞は、命題同士の意味関係にかかわらず、両者を連結させます。「あなたは、目を閉じることができます。そうして、あなたの無意識がより一層その心地良さを広げている間に、あなたの顕在意識は、安らかな感覚を体験することができます」

付随する概念が接続される場合に、因果関係が含意されているように聞こえます。映画の製作者は、この効果をモンタージュと呼びます。最初の命題や句が、クライエントにとって達成しやすいものである場合、続く命題や句は、連想によって強化されることがあるのです。前半部分のハードルが低いと、たとえ、後半部分の暗示でハードルが上がっても、前半の雰囲気をまとったままの勢いを持続できます。例えば、「あなたは私の話を聞いています。そうして、心地良さを感じることができます」この場合、最初の文では、自明の理を使ってクライエントの体験をペーシングをしながら、二つ目の文で、催眠や治療のゴールとなる体験を喚起しようとしています。

連結によって、短い文でも複雑な文章でもつなぐことができます。エリクソン博士は、長い物語を話した後、すぐに、続いて一見関係のないような話題を始めることがありましたが、そのときは単に、「そうして」と言って、二つの話をつないでいました。

暗示をつなげることで、それぞれの命題が持っている意味の一貫性にかかわらず、円滑で、流暢なフローを生じさせることができます。正式な文書や説明的な書き言葉の場合は、しっかり句読点を打つ必要がありますが、話し言葉の場合は、必ずしもそうではありません。しかし、人間の思考や連想、概念の場合、予期しない形で併合されて解釈されることがあります（Irena Sarovic 私信）。私たちの意識の中では、句読点や段落は作用していないのです。

催眠の誘導では、長い文を効果的に使うことができます。それは、概念やイメージ、感覚といったものが、つなぎ目や句読点もなくつながり合って、内側の体験を表しているからです。もちろん、小休止（ポーズ）も有効に活用することができます。多くの場合、催眠の言語は、接続詞でつながれた潮の満ち引きのようなものです。エリクソニアンアプローチによる心理療法は、クライエントの連想を誘うことによって行われるため、こうした考え方が、長い間支持されてきました。

これは、交響曲の構造と似ています。時に、休止を持続させるフェルマータが使われると、シームレスな流れが生まれ、その音楽的な効果によって感情が動かされることがあります。

誘導の段階で、ひとたび、ラポールと反応が築かれると、次の例にも見られるように、クライエントのほとんどは、非合理的な推論や、非文法的な文構造、非論理的な結論、つじつまの合わない陳述など、連結だけでつながれた発話に対し、ほとんど抵抗を示さなくなります。次の例で目標としているのは腕浮揚ですが、多くの場合、トランス下で解離を実感してもらうために行われます。耳慣れない話し方は、無意識の反応を引き起こすために戦略的に行われているのです。

あなたの手は、軽く膝の上でくつろぐことができます。そうして、動く感覚に気づくことができます。そうすると、実際に動きが始まることに気づくかもしれません。しかし、その動きが、あなたにとって価値のある学びをもたらしながら、どんなふうに始まるかは、あなたの無意識が持つ力のありようによります。というのは、その動きが始まるにつれて、あなたにとって興味深い変化が段階的に表れるからです。そして、それは、その動きが上に向かっていたことに気づくことができるからです。なぜなら、その手が上がって、あなたの顔に着くとき、あなたは、深い呼吸をして、深まっていく心地良さを楽しむのに任せることができるからです。

(2) 非言語的／準言語的な手法

非言語や準言語的な手法を用いることで、暗示の持つ力を高めることができます。
腕浮揚の間、クライエントが目を閉じていても、セラピストは、クライエントが体験していると思われる動きをモデリングして、ミラーリングすることができます。エリクソン博士が催眠を行っているとき、たとえクライエントが目を閉じているときでも、クライエントが成し遂げたことに対して喜びを伝えつつ、そうしたことを心待ちにしながら微笑んでいました。クライエントは、多くの場合、こうした繊細さを感じ取り、それがまた影響力を高めました。声の調子、リズム、強調、呼吸の速度、表情、韻律、距離、ジェスチャーなどの変化が暗示に影響を与えたのです。

もちろん、全体としては、非言語と準言語的なスキルを使って、精妙にコミュニケーションの効果を高めることが目標となります。

当然のことながら、発せられる言葉よりも非言語と準言語的な手法の方がゴールの達成に大きな影響力をもたらします。さらに、反応を促すために、セラピストは、暗示的なメッセージを送ります。「私の言葉に反応することができます。あなたは、私の言葉の意味に反応することができます。私の（声のトーンなどの）準言語的な手法に反応することができます。私の準言語のメッセージが暗示する意味に反応することができます」

おわかりのとおり、非言語的な技法や、準言語的な技法は、文字だけで完全に理解することは困難です。読者の皆さんには、エリクソン博士やその門人たちのビデオを観て、さまざまな準言語的な手法を学んで、催眠や治療に役立てることをお勧めします。多くの場合、こうした手法を使うことで、クライエントの緊張のレベルを調整できることを覚えておいてください。誘導は、子守唄というよりは、交響曲のようなものです。多くの場合、もたらしたい効果に応じてレベルを調整することできます。

暗示の後に用いられる形

介入の影響力は、⑴承認の暗示、⑵付加疑問文、⑶モチベーションの追加やポジティブな姿勢、といった遂行の技法を用いることで高めることができます。例えば、トランス下で、音の変化について暗示を行うのであれば、それに続く承認の発話では、「あなたは、これまでにこれほど臨場感のある体験をしたことはなかったかもしれません」と言うこともできるでしょう。

⑴ 自明の理を使った承認

承認の発話は、先行する暗示が現実であることを暗に確認するものです。セラピストは、一つ、あるいは、いくつかの自明の理を暗示として使うことで、承認を行うことができます。「あなたは、本当に正しい反応をしました」。承認は、先行する暗示によって引き起こされた事態を強調し、クライエント自身が充分に気づいていないようなポジティブな反応を強化する後催眠暗示的な技法です。

例えば、「その体験に心地良く没入しているのは素晴らしいことです。そうして、あなたは、どれくらい呼吸のリズムがゆっくりになって、どのくらい深くなっているか気づくことができます」

⑵ 付加疑問

付加疑問は、ほとんどの場合、間接暗示の最後に加えることができます。「あなたは、心地良い感覚に気づくことができます。そうではありませんか？　あなたは、変化のすべてに気づく必要はありません。そうですね？　あなたは、感じることができます…ご自身の中で心地良さが広がっていくのを……そうではありませんか？」

こうした肯定と否定のバランスをとる手法は「選択肢を狭める」技法と考えてもよいでしょう。先ほどご説明したように、セラピストはすでに反例を挙げているため、抵抗を示すクライエントも、反論することがより難しくなるのです。

⑶ モチベーションの追加やポジティブな姿勢

モチベーションを追加し、ポジティブな感情を持って物事に対処することについては、解離表現との関連でご説明しました。モチベーションは、直接的、間接的暗示のいずれの後でも加えることができます。単に、解離表現の場合に限定されるものではありません。また、クライエントにとって、物事を行う理由があることは有益です。セラピストは、モチベーションをシンプルな前提表現と合わせてもよいでしょう。「あなたは、いつトランス状態に入ることができるかわかりません。しかし、それは、とても心地良いかもしれません」。不安の強いクライエントには、自信をもたらします。「あなたは、どんなふうに、その余分なエネルギーを利用することができるかわかりません。しかし、それに気づくことは興味深いことかもしれません」それでは、次の埋め込み命令と非文法的な形を含んだ間接命令の例を見てみましょう。「人は、非常に興味深い体験をすることができます……なぜなら、今……そうすることは、素晴らしいことだからです」

腕浮揚を暗示する際、セラピストは、次のように言うことができます。「あなたの手は、顔に触れることができます。なぜならあなたは深い呼吸をして、本当に心地良さを感じることができるからです」。うつ状態にあるクライエントには、次のように言うこともできるでしょう。「あなたは、今週散歩を楽しむことができます。というのは、それは、あなたの子どもたちに良い影響を与えるからです」先ほどもお話ししたように、動機づけは、クライエント一人ひとりが持つ個性や価値観に合わせてしつらえられたものがもっとも効果的です。

催眠言語について

催眠言語のほとんどは、エリクソン博士が、クライエントに現象的な「ありよう」の変化を引き起こそうとする過程で開発されました。エリクソン博士は、引き起こしたい現象がわかっていましたが、「ここで間接使役を使おう」といったことは考えていませんでした。博士は、より解離した状態で、現象的な反応を引き起こすことができるように間接使役などのパターンを考え出したのです。

エリクソン博士は、解離を引き起こすために、解離表現を考え出しました。しかし、アーネスト・ロッシなどとの共同研究以外では、催眠言語に名称をつけることはしませんでした。また博士は、学生たちに催眠の言語を指導することはありませんでした。おそらく博士は、言語のパターンをラベリングすることで、クライエントが示す特有の反応より、言語パターンのカテゴリーにセラピストの注意が向いてしまうと考えたのでしょう。しかし、初心者にとっては、さまざまな催眠の言語パターンを区別する上で役に立ちます。

暗示がどのように「ありよう」や望む反応を引き出すかを研究しながら、エリクソン博士は、まさにジャングルを探検したのです。

エリクソン博士の業績を解説しようと試みた人たちは、正確な地図を作り、博士が行ったことを形式化しようとしました。そして、「これは、解離表現です」といった具合に分類しました。しかし、エリクソン博士は、「クライエントと私は、どんな現象的な効果を望んでいるか？　クライエントは、今どこにいて、努力すれば達成できるゴールはどんなものなのだろうか？」と考えているようでした。博士が考え出したコミュニケーションのパターンは、ゴールに必要な現象を引き起こすために考え出されたものでした。

催眠を学ぶとき、間接暗示のパターンに精通していると、習得の過程で役立つかもしれません。だんだん手順を踏んだ使い方ができるようになっていくにつれて、より複雑なマルチレベルのパターンも加えることで、より効果的なパフォーマンスが可能になります。それは運動をステップごとに分けて、習得していくときの感じに似ているかもしれません。もしアメリカのワルツを学びたければ、初めに「ボックス」を学びます。そして、ステップやジェスチャーを加えていくことで、ダンスの動きもさらに複雑になり流れるようになっていきます。

間接暗示は、すべて、単なるギフトラッピングの仕方であることを覚えておくとよいでしょう。それらは、ゴールを設定して、クライエントがそれに必要な考え方を発見できるように、魅力的なパッケージでアイデアをギフトラッピングする方法に過ぎません。クライエントは、セラピストが伝えていることを積極的に体験します。催眠療法においては、一見セラピストの方が（受け手の）クライエントよりも活発に見えるかもしれません。しかし、催眠療法の技法を効果的に使うことで、実際にクライエントにとって必要な体験を促すことができます。一般的に持たれている概念とは逆に、催眠は、クライエントが持っているポテンシャルを「目覚めさせる」のです。

催眠言語を使用する際、セラピストは、まるで贈り物を贈るように振る舞うことができます。贈り物を決めて、ギフトラッピングすることで、包まれた贈り物のインパクトを高めることができます。そして、一般的に、催眠言語を使ったギフトラッピングはいずれも、特定の現象的な効果をもたらすように作られています。

催眠言語のパターンとそれが目的とする現象的効果

間接暗示は、それぞれ目的を持って、無意識の反応を引き出すように構成されています。使うパターンは先ほどご説明した現象的ゴールや治療のゴールに合わせて修正することができます。表10では、催眠言語が暗示的に用いられることで引き起こすことができるもっとも一般的な現象が紹介されています。九つの言語パターンは、トランス体験で中心的な役割を果たす現象を戦略的にもたらすことができるように作られています。

表10

1. 自明の理	注意を誘う。
2. 埋め込み命令	注意を誘う。
3. 引用	注意を誘う。
4. イエスセット	注意を誘う。
5. 前提	臨場感を変化させる。
6. 解離表現	解離を促す。
7. 二重解離表現	解離を促す。
8. 間接使役	反応を引き出す。
9. 間接命令	反応を引き出す。

催眠言語を使ったデモンストレーション

それでは、入門ワークショップで行ったデモンストレーションをご紹介しましょう。これは、エクササイズとして行われたもので、被験者役のアルビンは、あまり深いトランス状態に入らないよう注意が与えられています。このデモンストレーションは、私が技法の練習をするためのエクササイズとして行ったもので、アルビンに充分な注意を向けることができないからです。

読者は、台詞の中に含まれている催眠言語のパターンを正しく特定しようとしながら、参加してみてもよいでしょう。

アルビンとのデモンストレーション

あなたは、ご自身を心地良くすることができます。そうして目を閉じます。そうすると……あなたは、トランス状態の心地良さを少し体験し始めることができます……そうして、アルビン、あなたは、気づきます……トランス状態がもたらす心地良さがどんなふうにあなたの役に立つか実感することができることに……そうして、あなたは、ご自身に対して思うことができます。「さあ、時間だ、今が、広がり、深まっていくトランス状態を実感する時間だと……」そうして、あなたは、ここにいて、耳を傾けています。そうして、あなたは、体験できることに気づいています……トランスの心地良さが広がっていることをご自身に知らせてくれるような変化のいくつかを……あなたがどんなふうにもっとうっとりするような心地良さを広げることができるか、私にはわかりません……でも、私は知っています。あなたには顕在意識と無意識があって、あなたの顕在意識は、現在の身体の姿勢を感じることができて、その一方で、あなたの無意識はあなたにちょうど良いトランスの心地良さを実感する姿勢を用意することができます。そうして、あなたの身体がトランスを体験している間、耳を傾けることができます。あるいは、あなたの身体はどんなふうにあなたがトランスを体験することができるか……耳を傾けて聴くことができます。そうして、ご自身のトランスの心地良さが広がっていくのがわかったとき、あなたは、目を閉じたまま、頭のてっぺんを見上げることができます。そうです。心地の良い呼吸をして、本当にご自身が解放されていくがままに……そうしていると、あなたは、本当にリラックス感と心地良さを一層深く実感することができます。

そうして、心地良さをさらに深く感じられることは本当に素晴らしいことです……だから、アルビン、あなたにはできるのです……催眠の心地良さがもたらすエネルギーの深さを本当に自分自身で体験することが……なぜなら、私は、何度も、クライエントと話してわかっているからです。「時間をかけて……あなたにとってちょうど良い方法で、あなたに合った深さのトランスを体験します」

そうして、あなたの足は床で楽にくつろぐことができます。一方で、あなたの手は、膝の上で心地良くくつろぐことができます。あなたの手が膝の上で心地良くくつろぐと、あなたは本当に広がっていくトランスの心地良さがもたらす体験を実感することができます……そうして、あなたは、ご自分に合った深さの心地良さを本当に楽しみ続けることができます……あなたの身体が、どれくらいの深さのトランスがご自身にとって最適か、ご自分のためだけに行うこと……という感覚を深く体験しながら、あなたは、耳を傾けることができます……そうして、あなたの無意識は、深まっていく感覚をいくつか探求している間に、あなたの顕在意識は、私の声を利用することができます。あるいは、あなたの顕在意識が、ただ高まっていく感覚を探求している間に、あなたの無意識は、私の声を利用することができます。そうして、あなたはここに座って、もう一度、上を見上げて、心地良い呼吸をして、本当にご自身が内側に入るのに任せることができます。そうです。

そうして、学ぶことはたくさんあります。実感すること、思い出すこと、思い出して体験すること……

例えば、あなたにとって心地良い方法で、記憶を鮮明に実感することができるように、内側に入ることは本当に素晴らしいことです。そうして、アルビンが、本当にとても特別でとても心地良い体験を本当に思い出すことは、とても素晴らしいことです。そうして、ご自身に向かって考えてみます。「私は、どの体験を、本当に思い出すことができるか、今、本当に思い出すことができるか?」そうして、あなたの身体は、思い出す方法を持っています。そうして、あなたの心は思い出す方法を持っています。そうして、あなたの顕在意識は、思い出す方法を持っています。あなたの無意識は、本当にある記憶を体験することができます。今、どの記憶をあなたの無意識が心地良く楽しむことができるか、私にはわかりません。しかし、あなたの心がそれを思い出している間、あなたの身体は、リラックスすることができます。なぜなら、それは、あなたがあなた自身のためにだけ行えることだからです。そうして、あなたの顕在意識が学んでいくにつれて、あなたの無意識は再びそれを体験することができます。そうして、あなたの無意識が学んでいくにつれて、あなたの顕在意識は、その記憶を活性化していくことができます。あなたがいつその特別な記憶をありありと実感し始めるかに気づきながら、あなたは、もう一度、目を閉じて、頭の上の方を見上げて、心地の良い呼吸をして、本当にご自分が解放されるがままに任せます……

それでは、あなたのために静かにご自身の内側で時間を取ります……アルビン、あなたは、ご自分の注意を再びこちらに向け始めることができます。充分に、心地良く、ご自分の注意をこちらに向けて、一回か、二回か、三回、心地の良い呼吸をして、充分に完全に、充分に心地良くご自身の注意をこちらに向けます……一回か二回か三回、心地良い呼吸をして、そうして、ご自身を完全に充分に連れ戻します。充分に、完全に安らいで、エネルギーに満ちて、今、身体中がスッキリと目覚めます。そうです。お帰りなさい。

対話

ジェフ　では、どんな感じでしたか？

アルビン　良かったです。

ジェフ　私はどんな技法を使っていましたか？

アルビン　それは問題ではありませんでした。トランス状態を楽しんでいましたから。

ジェフ　楽しんでいたのは、あなたが体験していたことだったのですね。あなたは、私が使っていた技法を分析してはいませんでした。私が使っていた技法は、あなたに合わせてしっかりと仕立てたものでなく、大したものではありませんでした。ただ練習とデモンストレーションのために行ったものです。（グループに向かって）技法が杓子定規であっても、アルビンがトランス現象をいくつか体験するのに関係ありませんでした。こうして非日常的な言語パターンを使うと、クライエントは、ギフトラッピングされたアイデアがクライエントにもたらす意味を実感しようとして、そこに入っているギフトを開けようとします。

対話

アルビン　私は、いろんな記憶の間を行ったり来たりしていました。

ジェフ　私は、本当にあなたにメッセージが届くように、あなたの事情に合わせたりはしていませんでした。ただ技法を忠実に行っていただけです。それは、トランスをあなたの中で充分に体験してもらえるようなものではありませんでした。それは、誰にでも適用できる技法だからです。聴衆の中から誰かを選んで、同じ技法を行うことができたかもしれません。私は、あなたが体験する世界に語りかけていたのではなく、単に技法を正しく行うことに集中していました。

私が行っていたことは、リストの中から、八つの催眠言語のパターンを順番に使っていくというものでした（このグループには、どんなふうに間接命令を使うか説明していませんでした）。私は、リストにある項目を順番に三回ずつ繰り返しました。一回目は、「トランス状態に入る」というアイデアを八つの異なる技法を使って、ギフトラッピングしました。二回目では、「トランス体験を深める」ことを目標にしました。三回目は、催眠現象である記憶増進と記憶の再鮮明化を引き起こせるようにギフトラッピングを行いました。

今回は、八つのパターンが以下の順番で使われました。

(1) 自明の理
(2) 埋め込み命令
(3) 引用
(4) イエスセット
(5) 前提
(6) 解離表現
(7) 二重解離表現
(8) 間接使役

今回のデモンストレーションでは、こうした異なる言語パターンを活用する能力を高めるために、異なる言語パターンを使って練習を行いました。私が型通りに技法を使ったのにもかかわらず、アルビンは、催眠状態を体験することができました。

それから、もう一点、今回、私は、「〜と」「または」「〜のように」「しばらく」といったシンプルな接続詞を使って、暗示をつないで、プロセスを強化しました。

本章では、これまで、間接暗示を創る際も用いられる、さまざまな非日常的なコミュニケーションのパターンについてご紹介してきました。

映画の観客が、映画の構造を分析していないように、治療に訪れるクライエントも、セラピストが用いる言語パターンを詳細に分析することはしません。効果を生み出すのは全体像としてのゲシュタルトなのです。芸術を嗜むなら、コールリッジが残した「不信の自発的停止」という言葉がしっくりくるでしょう。

本章では、準備、介入、遂行といった、暗示を行う上での指標についていくつかお話ししてきました。催眠を学んで実践することで、クライエントの進行中の反応を利用することができるようになります。また、クライエントとのやりとりの中で、そうした反応を増強させることができます。

セラピストは、ゴールを念頭において、戦略を立て、クライエントに有益な反応を引き起こすには、どんな体験が必要か考えて、ギフトラッピングします。繰り返し強調すべきは、コミュニケーションの良し悪しは、構造の利巧さによってではなく、引き起こされる反応によって決定されるということです。催眠のミクロ構造について学んだら、これから、これらの構成要素を含むマクロ構造に注意を向けていきましょう。このマクロ構造は、ＡＲＥモデルと呼ばれ、エリクソニアン催眠誘導の中心軸をなすものです。

第12章

AREモデル

可能性のギフトラッピングのマクロ構造

イントロダクション

催眠では、よく「誘導」という言葉が使われますが、催眠は本質的に誘導されるものではなく、喚起されるものです。セラピストは催眠を使って、クライエント自身が本来持っていながら、まだ発揮されていない、トランス状態を構成する要素を引き出すことができるように条件を調えます。それには、注意の変化、臨場感の調整、解離、反応性の変化、状況に対する定義の変化が含まれます。こうした要素のいくつかを組み合わせて融合させることで、クライエントがトランス状態を体験できるように導くのです。セラピストは、クライエントがトランスの要素を実感できる最高の機会を提供できるように、誘導を構成します。そのためには、構造が柔軟であることが理想的です。それによって、誘導をクライエント一人ひとりの状況に合わせて仕立てることが可能になります。特に催眠療法が初めてという場合、推奨される構造は、AREモデルという手法です。AREモデルは、種々の催眠現象を喚起することを目的に創られました。没入段階は、特に注意や意識、臨場感に変化を引き起こすことができるように構成されています。さらに、没入段階では、誘導に催眠言語を用いることで、催眠現象を使った誘導のゴールを達成することができます。催眠言語は、特定の催眠現象を喚起するように構成されていて、目的に合わせて活用することができます。誘導は、ホログラムのように、繰り返し可能なマルチレベルの構造になっています。

初期のホログラムには、レーザー光線が特殊加工されたプラスチックフィルムに向けられると、観察者には三次元のイメージになって見えるものがありました。プラスチックフィルムには非常に多くの情報が含まれており、レーザーがフィルムのどこかにあたっていれば、同じホログラムが見られます。

もう一つの喩えとして、ロシアのマトリョーシカ人形を挙げてみましょう。マトリョーシカは、人形の中に人形が入っていて、またその中に人形が入っています。同じように、催眠現象にアクセスする手法は、AREモデルにおいても、その中で使われる技法に関しても、マルチレベルで繰り返し用いられます。

AREモデル

ミルトン・エリクソン財団で行われている集中コースでは、ブレント・ギアリーと私が「舞台（ステージ）」に見立てた三ステップのプロセスを教えています。そこでは、催眠現象が喚起できるように、戦略的に小道具が設けられています。クライエントは、その小道具で遊んでいる間に、トランス状態に入ります。こうした「誘導」の手順を、AREモデルと呼んでいます。Aは、Absorb（没入）、RはRatify（承認）、EはElicit（喚起）を表しています。AREモデルは、エリクソン博士が誘導を組み立てるとき、よく使っていた手順で、私が博士の誘導を研究する中でまとめたものです。

セラピストは、順を追って、AREモデルを活用していくことができます。没入は、特定の対象や技法を利用して引き起こされます。そのほとんどは、間接的で、たいてい、注意を誘導したり、臨場感を変えるといった現象的なゴールに意識を向けることで行われます。承認は、簡単な平叙文を使って、主に反応性を構築するために行われます。喚起の段階は、さらに間接的になる傾向があります。それは、通常目指すところが、反応性の構築と解離の喚起にあり、両方とも無意識的に生じるものだからです。

AREモデルは骨格であり、それに肉づけをして、マルチレベルで多次元的に用いることができます。

没入

没入には対象と技法が必要になります。技法は対象を活かし、構造の中で活用されます。

没入↓対象↓

↓技法↓

承認

喚起

没入の対象には、準伝統的な催眠で使われるものとエリクソニアン催眠で使われるものがあります。準伝統的な催眠の誘導には、感覚や知覚、ファンタジーや催眠現象への没入があります。エリクソン博士は、伝統に縛られることなく、ときに自然発生的な記憶を誘導の対象として利用しました。エリクソニアン催眠の没入対象には、他にも、日常体験への没入、利用法、連鎖を使った誘導、メタファーを使った誘導などがあります。本書は、基本的な手法を中心に扱っているため、上級の手法について説明することはできません。これまでもお伝えしてきましたが、エリクソニアン催眠の手法には特筆すべき特徴があります。誘導は、単なるトランス状態へと誘う手段ではなく、それ自体が、問題に対して治療的に働きかける手法となっているのです。

以下に、準伝統的な没入対象を列挙してますが、後半にエリクソニアン催眠特有の技法を記載していきます。リストの後ろに向かうにつれて、技法のレベルも高度になっていきます。

没入↓対象↓

- 感覚
- 知覚
- ファンタジー
- 催眠現象
- 記憶
- 日常体験
- 利用法ストラテジー
- 連鎖を使った誘導
- メタファーを使った誘導

基本的な没入技法

没入技法の使い方をよく理解するには、まず没入する対象に対して使われる技法の説明が必要です。没入には主に、(1)わかりやすく詳細を描写する、(2)可能性の言語を使う、(3)現在時制で話す、といった三つの技法があります。これら主要技法は、クライエントの注意や臨場感に変化を引き起こすのに有益です。また、クライエントが立つ舞台に用意された小道具としての役割を果たします。クライエントが小道具で遊び始めると、現象的な変化が体験されるのです。最初の誘導の対象として、どんなふうに没入技法を使うことができるか見てみましょう。次の例は、準伝統的な技法を使って、感覚に没入する場合のものです。

没入→対象→感覚
→技法→主要要素（詳細／可能性／現在時制）

それでは、架空の設定で、対象に温かさの感覚を使った没入言語の例を創ってみましょう。特に、注意がどんなふうに詳細に向けられているか観察してみて下さい。また、「おそらく」「たぶん」「私にはわかりませんが、〜かもしれません」といった可能性を示唆する言葉やフレーズの使い方にも気をつけましょう。それから、現在時制が使われていることにも注意して下さい。特に、没入段階では、体験を喚起する言語の形とその使い方に気をつけましょう。繰り返しになりますが、こうした手法の主な目的は、意識や臨場感を変化させることにあります。しかし、他にも、特別な語順を使うことで、揺らぎを引き起こす効果があります。

あなた自身が心地良くくつろぐのを感じて、目を閉じると……温かさの感覚に注意を向けることができます。おそらく、この部屋の温かさに注意を向けることもできるでしょうし……あるいは、ご自分の手の温かさに気づくこともできるでしょう……そうして、私にはわかりませんが、これまでにないほど手の甲の温かさを、充分に感じることができたら……手のひらの温かさに気づいてみるのも、さらに興味深いかもしれません……あるいは、指の温かさを感じるのも心地良いかもしれません……そうしていると、どんなふうにその温かさが広がっていくか気づきはじめることができるでしょう。

没入対象

没入の際、セラピストは、可能性の言語と現在時制を使って、詳細を描写しながら、戦略的に現象的な体験に焦点を合わせていきます。没入対象と技法を組み合わせることで、クライエントの意識が変わり、注意は直接内側に向けられて、物事がありありと体験されていきます。没入段階は意識と臨場感に変化を引き起こすためのものですが、無意識的な反応性を高める解離の暗示や他の暗示をそこに挟むこともあります。セラピストは、クライエントが選択できる可能性を提示しますが、それは、クライエントが従わなければならない命令ではありません。クライエントは、暗示された現象を体験しようとします。催眠は、クライエントが体験するさまざまな現象を紡ぎ合わせる役割を果たすのです。

準伝統的な没入対象には、感覚、知覚、ファンタジー、催眠現象を充分に体験することが含まれています。初心者にお奨めの手法は、没入する対象を一つ選んで、没入段階でそこに注意を向け続けることです。まず、準伝統的な没入対象を四つご紹介した後、エリクソニアンアプローチの誘導で用いられる没入対象を二つご紹介します。それでは、簡単に伝統的な催眠で用いられる没入対象を四つ見ていきましょう。スクリプトを用意する伝統的な催眠誘導では、この四つの組み合わせが基本となります。

感覚

没入→対象→感覚

クライエントは、温かさ、冷たさ、心地良さ、そしてもちろん、リラックス感といった感覚の細部にわたって没入することができます。こうした体験は、実際に起こっていることでも、想像上のことでも、あるいは、その両方の組み合せでも構いません。先ほど架空の設定でご紹介した、温かさの感覚を使った誘導は、感覚への没入の簡単な例です。

知覚

没入→対象→感覚

→知覚（内的または外的）

セラピストは、クライエントが実際に体験しているものであれ、想像上のものであれ、内的／外的な知覚に没入してもらうことができます。クライエントには、目を閉じて特定の形や色をイメージしてもらいます。あるいは、クライエントが目を閉じたら、そのイメージに関連した誘導を行うとき、クライエントに、どんな形や色を見ているか尋ねてもよいでしょう。繰り返しになりますが、セラピストは、現在時制の可能性の言語を使って詳細を描写するという手法を使うことができます。架空の設定で見てみましょう。

あなたは、目を閉じることができます。そうして視界の背後にさまざまな色が見える万華鏡を見つけることができます。あなたがもっとも魅力的に感じる色や形があって、今、あなたがその色や形に本当に注意を向け続けていくことができるか、それがどんなふうに動いて、どんなふうに変化していくと気づくことができるか、私にはわかりません。

クライエントは、目を開けて、壁の一点や部屋の中にある特定のものに注意を向け続けるなど、外側に注意を向けて没入する指示を与えられることで、外向きに没入することができます。目を開けたままイメージを描くことができる人たちもいますが、そういう人たちは、実際に存在しない場合でも、壁に色や形をイメージすることができます。クライエントによっては、さらに複雑なものをイメージすることも可能です。エリクソン博士はかつて、オフィスで、子どもに子犬をありありと想像してもらう、といった驚くべき誘導を行ったことがあります。

ファンタジー

没入↓対象↓感覚

↓知覚

↓ファンタジー

ファンタジーを使った誘導は通常クライエントが目を閉じてから行われます。もっとも一般的な誘導では、クライエントがビーチにいたり、道を歩いたりしている場面を想像してもらいます。神話上の旅を含め、さまざまなファンタジーを用いることができます。クライエントがファンタジーに没入すると き、催眠現象を体験します。ファンタジー誘導では、切れ目なくクライエントの体験を誘うために間接暗示を用いる必要があります。また、クライエントが体験している細かな部分を観察しながら利用するため、クライエントと頻繁に話し合うことが役に立ちます。

ビーチでの場面を例に挙げると、セラピストは「あなたは眼を閉じて、ご自分がビーチを歩いているところを想像することができます」と言って、クライエントを連想へと誘うかもしれません。続いて、セラピストは、ビーチを歩いている場面に関連する事柄の詳細や可能性について現在時制で描写します。

ファンタジー誘導を行う際、許容的な助動詞や可能性の言語を使うことが必要です。それがなぜか理解するために、ビーチの場面を使ったファンタジー誘導の失敗例を見てみましょう。「あなたは、眼を閉じることができます。ご自分がビーチにいるところを想像することができます。そうして、砂の上を歩いていています。あなたは、太陽の暖かさを感じています。そよ風の涼しさを感じます。そうして、今、海の方に降りていきます。あなたは、砂の上に横たわっています……」これは、どうして失敗なのでしょうか？　それは、こうした直接的な暗示が的確にクライエントの実際の体験を表しているか確証がないからです。

では、許容的な助動詞や可能性の言語を使った場合どうなるか見てみることにしましょう。

「あなたは、今、太陽の下で横たわっているかもしれません。おそらく、海辺を歩いていて、波の上を飛ぶ海鳥が見えるかもしれません。そうして、たった今、海に飛び込んで、浮かびながら、水の冷たい感覚や、水の中でご自分の身体が浮く感覚を感じることができるかもしれません」

ファンタジー誘導では、文や節の終わりに、「～できる」「～かもしれない」などの許容的な助動詞や「もしかすると」「おそらく」「～かどうかわかりませんが」「～ということもあるかもしれません」といった可能性を表す言語を使うことが大切です。そうすることで、クライエントが実際に体験していることをより正確に反映させることができます。クライエントは、強制されたり、制限される感覚なしに、許容的な暗示が誘う方向へと注意を向けることができるのです。もちろん、クライエントに話しかけて、反応性を高めていくことも可能です。

ファンタジー誘導を行うにあたって、解離的な体験を促したい場合、もう一つ便利な技法があります。例えば、「もしあなたが、海の方を見ていたら、水平線の向こうに何が見えますか?」あるいは、「もしあなたが空を見ていたら、どんな鳥が見えますか?」ファンタジー誘導の間に、クライエントと話をして、クライエントがビーチを歩いていると言った場合、セラピストは、「あなたがビーチを歩いていると、今、あなたの方に歩いてくるのはどんな人ですか?」とつけ加えます。そうすることで、クライエントは、自分自身のファンタジーの中で、解離現象を創り出し、その文脈の中で、何かが「自然に起こる」可能性を体験することができるのです。

催眠現象

没入↓対象↓感覚

↓知覚

↓ファンタジー

↓催眠現象

現在時制を使って、感覚、知覚、ファンタジーに対するクライエントの注意を、体験の詳細や可能性に向ける以外にも、セラピストは、誘導の対象として、催眠現象を使うことができます。

催眠現象の多くは、腕浮揚も含めて、没入対象として使うことができます。エリクソン博士が誘導の中で、腕浮揚と年齢退行を行っているケースが『ミルトン・エリクソンの心理療法セミナー(*A Teaching Seminar with Milton Erickson*)』の(原書)八六ページに収録されています。

腕浮揚を使ったハリーとの誘導

はい。それでは、このデモンストレーションを行うにあたって、あなたにお願いしたいことは、両手を軽く脚の上においていただくことです。ズボンの生地の感覚が感じられるか感じられないかくらいになるように……そうして、それができたら、しばらくご自分の手を見ていただきたいのです。最初はどちらか一方、続いてもう一方、……そうして、ただ、ゆっくりと、ご自身の手を観察していると、手の一方がただ漂い始める……そうしたい感覚が始まるかもしれません。そうして、あなたは好奇心を持って、どちらかの手か腕が上がろうとしているか気づくことができます。そうしていると、上がり始めるのはあなたの右手のようにも見えます。そうして、今度はあなたの左手がゆっくりと落ちていくかもしれません…あなたの右腕が少しずつ上がっていくと、あなたは……ただ、目を閉じることができます……そうすることで、そんなに興味深くて普段と違う、上がっていく感覚に注意を向けることができます……それは、徐々に上がっていきます……そうして、右手が上がるとき、左手は下がり続けてリラックスしていくことができます……そうして、あなたは気づき始めるかもしれません。ご自身の右手がそんなふうに上がって、その手が顔に向かって上がっていって、それがやがて顔に触れるとき、あなたはそれをあなた自身が心の底から楽しむことができる合図として使うことができます。ハリー、トランスがもたらす心地良さがもっともっと広がっていくのを楽しんで……そうして、今、味わうことができる上がるという心地の良い感覚、あなたが楽しむことができる、ただ手が上がるというその心地の良い感覚、あなたが体験することができるその軽快で心地良い感覚、そうして、あなたは本当にあなたの内側にある意識がご自分を導く力に感謝し続けることができます……そうして、あなたは普段と違った動きの感覚、指の曲がり方、そして、手首で感じているその引き上げられていく感覚に気づくかもしれません……そうしたいつもと違った感覚が感じられるのは、ずっとあなたの頭が後ろにもたれたまま（ハリーは頭を動かした）、トランスの感覚がさらに広がっていくのに任せることができるからです……そうして、ご自身が発見できる興味深いこと、学ぶことができる興味深いこと、体験することができる別の興味深いこと、あなたにとっては、一瞬、ご自身の右手は止まるように見えるかもしれませんし、右手はご自分の顔に触れたいのかもしれませんが、どういうわけか、右手が少し麻痺したかのように、動きを完了できないでいるように見えるかもしれません……もしかすると、それが興味深く面白い感覚かもしれないことに気づいていきます……あなたの右手は、どういうわけかどんなふうに止まってしまうか気づいています……それは、少し感動的で、普段と違ったことかもしれません。でも、あなたの左腕が上がり始めるとき、気づくことができます……そうして、左手が右手に触れると、あなたの右手は自由になることができて自分自身の旅を続けていくことができます……そうして、本当に、心地良さが広がっていく感覚を最大にできるように、右手はどんなふうに動きたいのか、気づくことができます……そうして、ずっと、あなたの身体が、手と腕が軽さと浮遊をとても興味深く体験している間に、本当にその心地良さを楽しむことができます……そうして、いつもと違う指の向き、いつもと違う手の位置、混乱した感覚、ご自分の手が空間のどこにあるかわからない……あなたの中にある何かを期待する心地良い感じ、その左手が右手に触れるときには、どんな感じか……ほとんど、でも、完全にではなく……ほとんど……そうです……そうして、その右手は動きを続けることができます。それに伴って、心地良い感覚もしっかりと広がっていきます……そうして、あなたの左手が上がると、再びあなたの右手が下がって、やがて、交互に動いていくかもしれません……そうして、手首は曲がって、右手は上がっていきます。そうです。そうして、心地の良い呼吸をして、その心地良さを一層楽しむのに任せておくことで、ゆっくりとした動きが起こります。そうして、ご自身のトランスが持っている力について何か価値のあるものを学んでいるということに気づきます。でも、注意を向ける必要はありません。呼吸のペースが変化したこと、唾を飲み込む反射に変化したこと、私があなたの首のところを見ている間に、脈拍の変化が起こったことにも……はとんど、でもまだ完全にではなく……そうです……それは、非常に素晴らしい体験になるかもしれません。そんなに心地良い体験、ご自分の手がただ触れて、一方の手が、ただもう一方の手に触れることで、あなたは心地の良い呼吸をして、自分自身を本当に解放させてあげることができます……とても気持ち良く、とても興味深い……そうして、繰り返しますが、ハリー、普段はこんなふうに手が自分の顔に触れるということはほとんどありませんから……両手がご自身の脚に戻ってくつろぐのに任せます……そうして、右手が脚のところに戻ってくつろいで、ズボンの生地に触れると、あなたは、目覚めて、ここに戻ってくることができることに気づきます。あなたは、一回か二回か三回、心地の良い呼吸をすることで、この場所へと戻ることができます。さあ、今、あなた自身が完全に戻ります。完全にこの場所に。一回が二回か三回心地良い呼吸をして、戻ってきます。充分に安らいで、リフレッシュして、活力に満ちて……目を開けて、完全に、はっきりと目覚めます。お帰りなさい！

いかがでしたか？（ハリーも含めたクラス全体で会話が続きます）

腕浮揚を行うことには、多くの利点があります。一つには、腕浮揚を始めることで直ちにクライエントを解離体験へと導くことができます。例えば、痛みを治療する際、ゴールが解離体験を引き起こすことであるならば、まず腕浮揚の誘導を行うことで、その後も解離体験を喚起しやすくなります。

伝統的な催眠誘導では、四つの誘導の対象を組み合わせて使います。第7章の伝統催眠のところでお話ししたように、誘導の後、深化の手法を使って高度な暗示へとつなげることもできます。対照的に、エリクソニアン催眠の誘導では、承認の段階へと続けていくことができます。エリクソニアン催眠の没入対象をもう一つご紹介する前に、承認の段階についてご説明して、喚起の段階へと進みます。

承認は、すべてのエリクソン派のセラピストによって一つの独立した段階として用いられるわけではなく、私が行う誘導でよく使われているものです。これは、私がエリクソン博士から学んだことをもとにしていますが、博士はよく無意識の反応性を高めるために承認を行っていました。

承認

承認の段階では、セラピストは、一連の平叙文を使って、クライエントのトランス体験を承認します。これは、没入の段階を経て、クライエントに起こった変化を反映しながら行います。承認の際、セラピストは、可能性について述べることはせず、事実のみを描写します。したがって、この段階では、セラピストはもはや可能性の言語を使わず、完了形や過去形を使います。これは、私自身のキャリアの中で、幾度となく繰り返し行ってきたことですが、承認を行う際、私がエリクソン博士から学んだ言葉遣いを活用することができます。

「私があなたとお話ししている間に、いくつかの変化が起こりました……」

これに続いて、没入の段階から承認の段階の始まりまでに起こった（あるいは、起こると思われる）変化を挙げていきます。いくつか例を見てみましょう。

私があなたに話している間に、いくつかの変化が起こりました。

呼吸のペースが変わりました。

脈拍が変化しました。

唾の飲みこみ方（嚥下反射）が変化しました。

筋肉の感じが変わりました。

身体感覚が変わったように見えます。

私の声がより近くに聞こえるかもしれません。

主にクライエントの没入に伴って起こる明らかな身体的な変化に焦点を置くのが一般的ですが、すでに起こっていると思われる体験を使うことも可能です。

覚えておくと良いのは、承認の言葉の背後にある意味が大切なのだということです。誘導の文脈で起こる意味には、主に、(1)クライエントが反応していること、(2)反応は「催眠的な」変化であること、(3)変化はクライエントが順調に催眠のプロセスを体験したことを意味する、の三つがあります。承認される反応は、よく催眠布置として挙げられているものです。

承認の段階に続いて、セラピストは、反応性（Responsiveness）を引き出してリソース（Resource）を喚起するというエリクソニアン催眠の「R&R」に基づいて、喚起の段階に入ります。解離は、R&Rのどちらにおいても生じることがあります。

喚起

没入する
承認する
喚起する

喚起の段階には三つの側面がありますが、一つひとつ順番に見ていきましょう。

(1)解離を引き起こす
(2)反応性を引き出す
(3)リソースを喚起する

解離

解離は、暗示を通して引き起こすことができます。例えば、セラピストは次のように言うかもしれません。「あなたは、あたかも身体を持たない意識のように、ただ時間や空間を漂っているように感じるかもしれません」エリクソン博士は、よくクライエントのトランス体験を承認した後に、こうした暗示を使っていました。また、解離を促す描写は、たくさん散りばめても大丈夫です。解離は、腕浮揚、カタレプシー、正の幻覚、負の幻覚といった催眠現象によって副次的にもたらされることもありますが、そうした催眠現象のすべてにおいて、ある程度の解離は生じています。解離はどの催眠現象においても不可欠であるため、催眠現象を喚起することで解離を促すこともできます。

解離が生じると、クライエントは何かが「ただ起こっている」という感覚、そして、その体験の一部にありながら、その体験から離れているといった解離の認識を持ちます。

必要な催眠現象を強力に促す以外にも、解離は引き続き生じる現象や治療的展開の基盤となります。本書は、誘導の基礎を扱ったものであるため、催眠の治療への応用は、本書で扱う範囲を超えるものとなります。しかし、ほとんどの心理的な問題について考えたとき、解離を避けて通ることができません。心理的な問題の根底には、解離があります。クライエントは、「私はいつのまにかうつになった」と訴えるかもしれません。太り過ぎた人は、「私がお皿を見たときには、もう空になっていたのです」と言うかもしれません。また、夫は、「どうしてそうなってしまうのかわからないけれど、突然妻に向かって怒鳴ってしまうのです」と嘆くかもしれません。

解離を他の観点、つまり、リソースからの解離という観点から考えてみましょう。あるクライエントは、ある分野において、素晴らしいスキルを持っていますが、他の分野では、スキルがないと感じているかもしれません。スポーツでは積極的であっても、社会的な場面では消極的な人もいます。

もし私たちがクライエントに、あなたは、人生のある分野では積極的なのだから、別の分野でもその積極性を役立てることができる……と言っても、うまくいかないでしょう。実際、クライエントは自分の持つリソースから解離しているのです。セラピーを行うことで、クライエントは自然とリソースとつながって、リソースが必要な場面で積極的に活用できるように誘うことも可能になります。

問題もリソースも解離を基盤にしていますので、問題解決の基盤となるのは、建設的に解離を利用することであると言えるかもしれません。クライエントは、突然、自分で変化を起こし、それまで眠っていたけれど、より効果的な対応が可能になるようなリソースに気づくこともあります。したがって、解離は、催眠現象を促すだけでなく、それに続く治療にも活用することができます。

反応性

解離の喚起に続いて、セラピストは、クライエントの反応性を高めていきます。エリクソン博士が、没入段階に続いて、クライエントに働きかけている例をご紹介しましょう。「これから、私が、今と言うと、あなたは、今、目を閉じます」。暗示に対するクライエントの反応を引き出しながら、セラピストは、クライエントの言語と非言語からの反応をもとに反応性を構築します。催眠を行う目的の一つには、反応性を基盤とした豊かな協力体制を確立することがあります。月並みな言葉ではありますが、私たちが、人生において、これで充分と言えるだけの愛を受け取ることはできないように、催眠においても、決してこれで充分と言えるような無意識的な反応を引き出すことはできません。したがって、この段階では、誘導の暗示に対する無意識的な反応性を高めるのです。

反応性を高めることは、クライエントの無意識のドアをノックするようなものだと言えるかもしれません。クライエントが、気づかないうちに、間接的な暗示に反応するときには、無意識下で情報処理が行われていて、それはまるでクライエントが、「あなたが、私の自宅の居間を訪ねてきても歓迎ですし、あなたが、未来を再編成する手助けをしてくれるのなら、嬉しいです」と言っているようなものです。

反応性の構築にはたくさんの方法があります。セラピストは、反応性の引き出し方に気を配りながら、催眠言語を織り交ぜます。

また、セラピストは、戦略的に催眠体験や催眠現象を引き起こすことができます。そして、その中で、セラピストは、抵抗について学び、それを利用する方法を習得していくのです。

リソース

ひとたび、セラピストが、微細な合図に対して反応性を構築することができたら、「誘導」は終了します。リソースを喚起するのは、治療の段階においてです。まずは、反応性を確立することが先決となります。誘導は、気づかれていない無意識のメッセージに対して、クライエントとセラピストの反応性が最大限発揮されるようになるまで続きます。誘導の主な目的は、それに続く治療の舞台を整えることにあります。もしセラピストが、クライエントに現象的な変化を引き起こせるように、メタファー、逸話、象徴といった心理的なレベルの技法を用いる場合、誘導は、間接的に心理的なレベルの反応を引き起こすことでその通り道を開きます。

一般的に、セラピストは、逸話やメタファーといった間接的な手法を使って、それまで眠っていたクライエントのリソースを刺激します。例えば、飛行機などへの恐怖症を持つクライエントの場合、他の人たちが困難を感じるかもしれないような場面でも、心地良くいられるようなリソースをたくさん持っていることがあります。もしかすると、人前で話すことが得意であるかもしれません。ときに、セラピストの仕事は、催眠療法を通して、クライエントが自分の内側にあるリソースを使って、何とかしたいと思っていた問題を解決したり、対処できるように、クライエントが「覚醒して」それまで眠っていたリソースとつながることができるように支援します。

催眠現象

催眠療法では、以下の四つの現象と関わります。問題という現象、催眠という現象、解決という現象、セラピストという現象です。治療のアセスメントを行う段階で、セラピストは、クライエントの症状を構成している要素を現象面から特定します。うつ症状を持つクライエントの場合を考えてみましょう。うつは、内向きの注意、否定、過去への方向づけ、無気力、絶望、失感情、意味のある目標の欠如といった構成要素からなる現象を体験している状態と考えることができます。

誘導の際、セラピストは、催眠現象を使って、注意、臨場感、解離、反応性、文脈の設定の変化からなる、新たな現象を確立します。ひとたび、クライエントが、現象を変化させることができれば、より前向きな方向に、再度変化を促すことが可能になるのです。

（リソースを喚起する）治療の段階では、セラピストは、クライエントが問題の解決に必要な現象を体験できるように援助します。たとえば、うつという現象と反対である幸せという現象は、より外向きの注意、肯定的、活動的で、希望を持ち、積極的で未来志向的な目標を持っている、といった要素から成り立っています。うつ状態にあるクライエントは、誰しもこうした要素を体験したことがあるため、どのようにすれば、その状態になれるか具体的な説明を必要としているわけではありません。セラピストは、それまで眠っていた要素を覚醒させます。対人間で効果的な介入を行うには、「カテゴリーを扱うのではなく、構成要素を引き出す」ことが肝要です。構成要素を引き出すことで、クライエントは、カテゴリーを創造することができるのです。

セラピストのありようは、生成的な変化をもたらすのに大きな影響を与えます。セラピストが柔軟な

「ありよう」にアクセスできれば、癒しのプロセスに大きな力がもたらされるのです。

そうした意味で、催眠誘導は、問題の国と解決の国を結ぶ橋と考えることができます。クライエントは、いわば、問題の現象の中にはまって「バック」にギアを入れたまま、解決の国へと旅立つことができない状態で、相談に訪れます。セラピストは、クライエントが実際に「ニュートラル（催眠によるトランス状態）」へとギアをシフトできるように現象的な構成要素を引き出します。そして、セラピストは、クライエントが「ロー」にギアを入れて、現象的な構成要素を引き出し、その変化によって、充分に事態に対処できるように援助をします。そして、残りの「ギア」を使って、クライントが大いに満足しながら、自分自身の能力を発揮して、それまで眠っていたリソースを日常生活で発揮することができるように、変化を加速させます。

催眠には、興味深い矛盾が存在します。催眠は、よく意識がなくなるような「ありよう」をもたらすと思われることがありますが、その本質は、眠っているポテンシャルを目覚めさせることにあります。誘導の段階で、セラピストは、催眠現象を引き起こそうとしますが、治療の段階では、クライエントの持つリソースを目覚めさせるようにします。

これで、エリクソニアン催眠の誘導のプロセスついて一通りの説明を終えましたので、エリクソニアンアプローチで使われる没入対象をもう二つほど見てみましょう。まず、自然に起こる記憶への没入と、自由形式の誘導の行い方について見ていきます。

伝統的な催眠とエリクソニアン催眠の没入戦略《ストラテジー》

没入→対象→感覚

→知覚

→ファンタジー

→催眠現象

→自然発生的な記憶（エリクソニアン）

私がミルトン・エリクソン博士のもとを訪れた当時、それまでのトレーニングで、多少エリクソニアン催眠の技法も学んでいたものの、主に準伝統的な技法を使っていました。当初、私は、なぜ、エリクソン博士が催眠を行う際、子どもの頃の記憶についての話を併用するのか理解することができませんでした。実際、博士が、誘導の対象として自然発生的な記憶を使って、アーリーラーニングセット誘導を行うと聞いたとき、私は、「これは催眠ではない」と思いました。当時の私は、催眠とは、クライエントに壁の一点をずっと見つめるように言って、セラピストは「あなたの瞼は重くなります。そうして、これから閉じていきます」と言うものだと理解していたのです。博士が、伝統的な催眠モデルの誘導から独自の進化を編み出したことに気づくようになったのは、それからしばらく経ってからのことです。

次の節で、エリクソニアンアプローチのアーリーラーニングセットを使った誘導をご紹介します。これは、シンガポールの入門ワークショップで私が行ったグループ誘導です。のちほど、どうして、没入対象として、自然発生的な記憶を利用することに明確な利点があるのかご説明します。

アーリーラーニングセット――グループ誘導のデモンストレーション

このグループデモンストレーションは、シンガポールで行われた入門ワークショップの二日目に行われました。その目的は、自然に起こる記憶を使ってAREモデルの使い方を実際に説明することにありました。スクリプトは、エリクソン博士が行ったアーリーラーニングセットの誘導をベースに、若干加筆と修正を加えたものです。

それでは、ご自身を心地良くして、それから、開かれた姿勢で、ご自身の手がただ軽く脚の上でくつろぐのに任せておくことができます。そうしてあなたは、目を閉じることで……内側へと注意を向けていくことができます……そうして、目が閉じて、内側に入っていきながら、私は、あなたにあることを思い出していただきたいのです……あなたが初めて学校に行って、アルファベットの文字や数字を学んだとき、それはとても難しいことでした……あなたが英語の文字や数字を初めて学んだとき、それは、ものすごく難しい作業でした。小文字や大文字、くねくねした線、短いまっすぐな線の横のどこにマルを書けば、「d」「b」「p」になるのか？「t」には点を打って、「i」には横棒を引くのか？「n」には山がいくつあって、「m」はどうだったか？「2」は「5」の逆向きだったか？「3」は「n」が横を向いて乗っかったものだったか？

そうして、そこには先生がいました……先生はあなたに言ったかもしれません。「速く書いて。止まっていないで、速く。今やっていることに集中して。この線からはみ出さないように。練習すれば、どうすれば簡単にできるようになるかわかります」

そうして、ゆっくりと、少しずつ、あなたは、意識では気づかなかったかもしれませんが、頭の中で文字や数字の視覚的イメージを創り上げました。そうして、頭の中の視覚的イメージは、何十億もの脳神経細胞のどこかに蓄えられ、ずっとあなたの人生と共にあります。

そうして、私があなたとお話ししている間に、あなたの身体は自然とくつろぐことにも慣れ、いくつかの変化が起こりました。呼吸のペースが変わって、脈拍も変化しました。ご自身の身体の体験の仕方にも変化があったかもしれません。たとえば、あなたの足と頭の距離が広がったように感じられたり、まるで左の肩が右の肩よりも遠くに感じられることもあるかもしれません。

そうして、あなたは、ずっと、どういうわけか……どういうわけか、どことも知れぬ場所の真ん中にいて、どことも知れぬ場所の真ん中にある知恵、そこには上も下もなく、正しいも誤りもない……ただ、どことも知れぬ場所の真ん中にいて……、ただ心地の良い呼吸をして、本当に自分自身が、どことも知れぬ場所の真ん中にいる感覚に任せるのはとても良いことかもしれません。そうして、どういうわけか、あなたが時間と空間のどこにいても、私の声は、あなたに届きます。そうして、あなたは、どことも知れぬ場所の真ん中で……私の声を聴くことができます……記憶、好奇心にあふれ、とても興味深い……文字を書くとき学んだ体験と結びついている記憶。そうして、あなたがさらに心地良く感じるにつれて、あなたはもっと簡単に思い出すことができます。そうして、もっと簡単に思い出すことができると、さらにはっきりと記憶を呼び起こすことができるかもしれません。

そうして、どういうわけか、あなたには思えるかもしれません……どういうわけか、そうした記憶がよみがえって、本当に文字を書くことを学んでいたときの記憶を体験することができるかもしれません……そうして、あなたが本当に内側に入っていくことができるように、私はしばらく話すのをやめます。あなたが心地良く探求できるように……あなたが本当に思い出して……どことも知れない場所の真ん中で、思い出したい体験を楽しむことができる能力を、あなたの身体と意識が持っているることを思い出すことができるように……

それでは、これから、あなたにご自身を連れて戻っていただくようにお願いします。これから、ご自身の注意を完全に向け直していただきたいのです……そうして、あなたが覚えておくべき体験のいずれかを持ち帰ることができることに気づいていただきたいのです……それでは、ご自身の注意をここに向けて、今充分に、完全に、今この場所に向けて、一回か、二回か、三回、心地の良い呼吸をすることができます。そう……一回か、二回か、三回、心地の良い呼吸をして……ストレッチして、優しくこの場所へと戻ります。充分にくつろいで、活力に満ちた状態で、すっきりとして、はっきりと……身体全体が完全に目覚めます。

この誘導では、没入対象は自然に湧き上がる記憶でした。この手法では、現在時制を使って、アルファベットの文字や数字を学んだときのことを詳しく描写し、そのとき起こる可能性があったことに没入しました。伝統的な手法と比べてどんな利点があるのでしょうか？

自然発生的な記憶を利用することには、以下の四つの利点があると考えられます。

⑴ 単なる催眠の手段ではなく治療の手法としての誘導

そもそもどうして催眠を使うのか、どんなゴールを引き出したいのか、最終的なゴールについて考えてみましょう。私たちは、クライエントが変化し、問題に効果的に対応することが可能になるようなりソースを引き出したいのです。リソースはどこに眠っているか？　もちろん、記憶の中です。したがって、建設的に治療に役立てられるような記憶を引き出して再体験するには、トランス下で、クライエントの「ありよう」に積極的な変化をもたらす必要があります。そのためには、誘導の中で、クライエントにしばらく忘れられていた記憶を引き出すことが有用です。エリクソン博士の誘導に対するスタンスは、催眠の歴史の中では、独特なものでした。博士は、誘導をそれまで探求されてこなかった方向から捉えました。誘導は、治療に入るための手法であり、さらには治療を行う際の手法になったのです。誘導はもはや単なるトランス状態に入る手段ではなくなり、続いて展開される治療の伏線となり、呼び水として準備を整えるものでした。

エリクソン博士が登場する以前は、催眠の誘導は治療とは独立したものでした。伝統的な催眠では、まずセラピストが誘導を行い、それから、治療が行われました。誘導は、トランス状態に入る手段であって、それに続く治療とは直接的な関係はありませんでした。セラピストは、クライエントがどこか一点を凝視してリラックスするよう誘導を行い、それから、誘導とは関係のない治療的な暗示を行いました。

エリクソン博士は、誘導とそれに続く治療に整合性を持たせました。博士は、戦略的に物事を考えていました。誘導は、治療へと切れ目なく続きました。治療は誘導の時点から始まっていました。これは、私たちが服を着るときに、服をコーディネートするようなものです。普通、チェック柄のパンツに水玉模様のシャツを合わせることはしません。ちぐはぐで見た目がよくありません。私たちは、全体を整えたいのです。治療で、主にリソースの掘り起こしを行うのであれば、誘導はその記憶に関わるものになります。

治療における利点は他にもあります。

(2) 活性化

アーリーラーニングセットの誘導では、パラレル（並行的）なコミュニケーションが行われるため、伝統的な催眠より、多くのことが活性化されます。マルチレベルのコミュニケーションが行われることで、クライエントが主体的に物事の意味に気づきやすくなります。「どうして、この記憶について話をしているのだろう？　私にとってどんな意味を持っているのだろうか？　私が抱えている問題とどう関わりがあるのだろうか？　これは、催眠とどんな関係があるのだろうか？」クライエントは、それまで表面的に捉えていた問題の中身を取り出して、明らかになっていなかった側面に気づくことができるのです。マルチレベルのコミュニケーションは、コミュニケーションに深みをもたらしますが、それが深まるにつれて、クライエントが自分自身に合ったメッセージの意味を受け取る頻度も高まります。詩には、深みのあるコミュニケーションが必要になります。映画の場合も同様です。催眠の言語を含め、さまざまな要素が、アーリーラーニングセットの誘導に埋め込まれていて、コミュニケーションに深みをもたらしています。

(3) シーディング（種まき）

アーリーラーニングセットの誘導で用いられているマルチレベル・コミュニケーションが持つもう一つの側面には、誘導の早い段階で未来のゴールの種が精妙にまかれているということがあります。繰り返しになりますが、シーディングとは、未来のゴールについて直接的、間接的に言及していくことです。

優れた脚本家は、脚本が向かっていく先の伏線を示します。かつて、チェーホフは、幕が上がって、炉棚の上に拳銃が置かれていたら、第三幕で誰かがきっと撃たれるだろう、といったセリフを残しています。偉大な作曲家は、ワーグナーがオペラで行ったように、前奏曲の中に曲全体のテーマを散りばめるでしょう。ベートーベンは、第五交響曲で、作品のテーマをシーディングしてから、曲全体に変化を持たせています。こうした手法は耳に心地良いものです。

社会心理学では、プライミングに関する研究がたくさんありますが、そこでは、プライミングによってどのようにして、特定の方向に行動を向けるような心のあり方を引き出すことができるかが示されています。私は、エリクソン博士の博識からして、治療の中で、シーディングを使っていたと確信しています。もしシェイクスピアやスピルバーグが効果的に予示効果を利用していたというのであれば、エリクソン博士も、おそらく同じことをしていたに違いありません。

例えば、これから行うセラピーのゴールが、自己主張することだった場合、くっきりとした鉛筆の文字を、子どもの頃の一連の学びの誘導に埋め込むことができるでしょう。もしこれから行う治療が適性に関するものであるなら、誘導では、アルファベットを適切に書く力があることをシーディングすることもできます。

⑷ 会話体であること

アーリーラーニングセットの誘導は、フォーマルではなく、会話体で行われています。また、一方的な働きかけではないため、抵抗を生み出しにくくなります。また、ヒプノディスクやメスメル式の手の動きといった脚色も必要ありません。誘導では、特別な舞台装置を用意せず、日常生活の光景を用います。何より重要なことは、クライエントが催眠状態を体験することなのです。

自由形式の誘導

エリクソニアン催眠の没入ストラテジーには、さらに誘導のレベルを上げてくれるものがたくさんありますが、ここでは、日常の体験を使った誘導をもう一つだけご紹介しておくことにします。

エリクソニアン催眠の没入ストラテジー／日常の体験

没入→対象→感覚
→ファンタジー
→催眠現象
→自然発生的な記憶（エリクソニアン）
→日常の体験（エリクソニアン）

ひとたび、セラピストが、誘導を通して望む現象的な効果を引き出すことができるようになると、自由形式の誘導も可能になります。型通りのスクリプトを暗記して用いるより、セラピストは、クライエントにとって意味があり、介入にも役に立つことについて話すことができます。セラピストは、誘導を行いながら、催眠現象を引き起こしているのです。セラピストが誘導の目的と催眠言語を理解している限り、手順は自ずと定まり、スクリプトはもはや必要なくなります。それでは、例を見てみましょう。

クライエントの価値観を利用した自由形式の誘導のデモンストレーション

これからご覧いただく誘導は、シンガポールの入門ワークショップでデモンストレーションとして行ったものです。誘導では、あるレベルで、クライエントが価値をおいていることについて話しながら、別のレベルでは、催眠現象を引き起こすように話をしています。さまざまな催眠言語を散りばめながら使うことで、催眠現象が生じやすくなる点に注目してください。

ジェフ　はい、それでは、あなたが楽しむことができること、趣味であったり、興味を持っていることについて教えてください……

シュエイ　私は、読書が好きです。

ジェフ　読書はあなたが楽しめることなのですね？　特に好きな本のジャンルはありますか？　ミステリーとか、ノンフィクションとか……

シュエイ　ミステリーですね。

ジャフ　いいですね。わかりました。ミステリーですね。それでは、トランス状態に入っていく練習を始めても大丈夫ですか？　それでは、あなたは、座ったままで、目を閉じることができます。というのは、シュエイ、あなたは、本を読んだことがあるからです。そうして、ご自身が心地の良い姿勢で座って……くつろぐのに任せます。それは、ちょうど、本を開いて、新な章を開けて、新しい物語を始めるのに、充分な心地良さかもしれません。そうして、あなたは、本を持っている感覚を感じることができます。おそらく、息が入るとき……インクの匂いがしたり、ページの手触りを感じたり……そうして、あなたは没入して、本当にその物語に同調していくことができます……おそらく、心地良く……ただこうして座って……あなたは、とても面白いミステリーを開きます……あなたは、くつろぎながら……家で座っているかもしれません……ただ座って、ミステリーの物語に没入していると、あなたは、ページをめくったことさえ気づくこともなく……あなたの身体は、心地良くくつろいでいることにも気づかないかもしれません……ただ、不思議なまでにその物語に没入して……これからどんなことが起こるのか……楽しみにしています……そうしていると、空調の音が聞こえるかもしれませんし、部屋にいる人たちが動いているかもしれません、あるいは、新しいページをめくる感覚を通して、これからどんなことが起こるか気づくかもしれません……あなたは、そうしたことのいずれにも本当に注意を向ける必要はありません。なぜなら、あなたは、そんなに心地良く展開されていく物語に没入していられるからです……それほど、心地良く、本当に展開されていくミステリーに没入しています……そうしていると、時間の感覚が変わったように感じられたり、時間がそれまでとだいぶ違って感じられるかもしれません。ご自身が家にいて、心地良く椅子に座って、ストーリーに引き込まれるがままに、一層今読んでいるミステリーに魅了されていくのに任せていると、あなたは、ずっと、物語や登場人物、そして、頭に浮かぶイメージに夢中になっています。そうしていると、あなたが物語に引き込まれている間に、突然、誰かがドアをノックして、あなたのいる空間にやってきます。その人はどんな人でしょうか？　そうして、少し時間をとって……少し時間をとって、言葉を交わすことで、誰があなたの空間に入ってくるか気づくことができます……そうして、安心して、好奇心を持って、あなたは、ページをめくるプロセスへと戻ることができます……あなたは、すぐ前に単語が並んでいることにさえ気づかないかもしれません。なぜなら、あなたは充分に物語に惹き込まれているからです。そうして、あなたは、気づくことができます……シュエイ、気づくことができます……私があなたとお話ししている間に、あなたの身体が自分でくつろいでいられるように調整を行っていた間に、ある変化が……ある変化が起こったことに。その興味深い変化は、瞬きの速さもそうですし、目の周りがピクピクする感覚も。あなたの呼吸も変化しましたし、呼吸のペースも変わりました。そうしたリラックス感を感じながら、読書に没入していると、あなたの手は……楽に本を持っていて……そう、そんなに楽に……そうして、あなたの頭の動きも変わって……頭を垂れながら、さらにその体験にさらに深く惹き込まれていくことができます。そうした静寂の感覚は、とても興味深く……ご自身が広大な智慧であり、ただ空間に浮かび上がり、時間を流れる不思議な感覚が感じられます。そこでは、時空間のありようは、重要ではありません。なぜなら、シュエイ、本当に大切なことは、あなたが心地良くいられるということだからです……それでは、これから、私はあなたにご自身を連れ戻していただくようにお願いします。ご自分が自由にそうした心地の良い感覚を持ち帰ることができることに気づいて、あなたを再びこちらに連れ戻していただきたいのです……そうした心地良い感覚が続いていくことに気づけることは喜ばしいことです……今日だけで何時間も。それでは、ご自分を充分に完全にこの場所に連れ戻します。一回か、二回か、三回、深呼吸をして、完全に目覚めて、この場所に戻ることができます。お疲れさまでした！

考察

シュエイとのデモンストレーションを行っていたとき、私は、マルチレベルでパラレル（並行的）なコミュニケーションを行っていました。社会的なレベルでは、読書について話し、心理的なレベルでは、注意の誘導、臨場感の調節、解離、不随意の反応性といったトランス現象が引き起こされるような言葉を散りばめていました。私は、社会的なレベルで話すときは特定の声のトーンを使い、心理的なレベルで話すときには、少し声のトーンを変えて話していました。

没入対象を注意深く選択するだけでなく、セラピストは、没入の技術を使って、上手に目標となるトランス現象の体験を引き起こす必要があります。

没入の手法を選択する

誘導で利用する没入対象は、慎重に選択する必要があります。それは、催眠現象を引き起こす上でも、治療で成果を上げる上でも、戦略上、重要な役割を担うからです。

経験を積んだセラピストであれば、たまたま起こった没入対象も選びそこねることはないでしょう。没入対象は、クライエントがおかれている状況と治療のゴール、そして、誘導に続く介入も考慮に入れて選択する必要があります。もしクライエントに学習障害がある場合には、アーリーラーニングセットを使った誘導は適当ではないでしょう。

杓子定規な鉄則はないものの、守るべき原則はある程度存在します。セラピストがクライエントの体験をペーシングする場合、クライエントの価値観に合った対象を選択することです。もしクライエントの想像力が豊かであれば、ファンタジーを利用します。もしクライエントが視覚優位の場合は、知覚（視覚）的な対象を利用します。

ときには、クライエントの得意なものと対照的な没入対象を上手に利用すると良い場合もあります。例えば、視覚優位のクライエントに対して、戦略的に没入対象として他の感覚を選択した方が良い場合もあるかもしれません。普段あまり使わない感覚を使ってストレッチしたいという場合もあるでしょう。トランス状態での反応は、通常のものとは、はっきり区別できるくらい違っている必要があります。あまり変化がないと、クライエントには特別な体験として感じられないかもしれません。

戦略的に没入対象を決定する場合、選択肢にはさまざまなものがあります。没入対象の選択を、それに続く治療的な介入によって決定することもできます。こうした考え方は、初心者にはハードルが高くなるかもしれませんが、早い段階からこうした手法を理解できれば、それだけ良い結果を得ることができるでしょう。こうした戦略を実行に移せることが、エリクソニアンアプローチを行う上で不可欠となります。そうした意味で、誘導対象の選択は、大変重要になります。

うつ状態の治療を行う場合、クライエントがより活発になれるように働きかけますが、誘導法の選択によって、何らかの行動が促されます。セラピストが、鳥に関する治療メタファーを使うことにした場合、クライエントが凝視する対象として、壁に飾られている鳥の絵を利用することもできます。社会的な人間関係で温かさを促したい場合、没入対象は、温かさの感覚になるかもしれません。セラピストは、没入段階で、後に続く介入を視野に入れて、治療に必要なシーディングを行うことができます。そうした予示によって、治療に必要となる反応性を高めることができます。原則は明快です。「戦略的に、後に続く治療的な介入に誘導を合わせること」です。

没入段階では、思いがけなく治療的な指示が与えられることがあります。没入段階は、単にトランス状態を確立するためだけでなく、治療の手法としての役割も担っています。技法を「重ね合わせて」「濃密なコミュニケーション」を行うことで、セラピストは、有効なマルチレベルの座標を使って誘導を行い、治療の成果を上げることができるのです。それでは、催眠言語に話を戻して、実際の場面で使って見ましょう。

催眠言語

没入↓対象↓

↓技法↓主要要素／詳細、可能性、現在時制

↓（催眠言語）

治療に必要な催眠現象を引き起こすために、催眠言語を使った間接技法を、誘導に含めて使うことができます。例えば、架空の設定での「温感誘導」は、次のようにアップデートすることができます。

あなたは、ご自身をリラックスさせることができます……そうして…目を閉じることで……温かさの感覚に集中することができます。おそらく、あなたは、部屋の暖かさに注意を向けることから始めることができます……そうして、手の温かさに気づくことができるかもしれません……私には、あなたが、ご自分の手の甲の温かさをこれまでにないほどありがたく感じるかどうか、わかりません……あるいは、ご自身の手のひらの暖かさに気づいて、より興味を抱くようになるか……指の温かさを感じて心地良く感じることができるか……私にはわかりません……そうして、どんなふうにその温かさが広がっていくか気づき始めることができます……そうして、あなたは、今、足の裏の温かさを感じることができます。脚の温かさに気づくことができます。そうして、ご自身の身体の温かさに気づくことができます。そうして、その温かさが広がっていくのを感じ続けることができます。（イエスセットと前提を伴った埋め込み命令）その温かさの感覚は、とても興味深く感じられるかもしれません……あなたは、どんなふうにその温かさの感覚が変化し始めるか気づくことができる

でしょう……変化し始めて……内側に……広がっていきます。そうして、あなたの無意識が広がる心地良さに注意を向けている間に、あなたの顕在意識は、温かさに気づくことができます……あなたにとって、ちょうどいい方法で。（解離の提示）それは、心地良く広がっていくかもしれません……それでも、あなたは、すべての感覚に気づく必要はありません。しかし、温かさの感覚にはっきりと気づき始めたら、あなたは、深い呼吸をして、本当に広がっていくその心地良さをさらに深く体験することができます。（間接使役）

催眠言語を使うことで、どんなふうにマルチレベルでの「誘導」が可能になり、治療に必要なトランス現象を引き起こす可能性を高めることができるかおわかりいただけたかと思います。催眠言語を散りばめることで、新たな現象を引き起こす小道具をクライエントの舞台に置くことができるのです。治療的な指示もまた、直接的、あるいは、間接的な言語パターンを使って、誘導の中に散りばめることができます。

催眠言語は、より高度な誘導対象と考えられるかもしれません。他の誘導対象も織り交ぜて活用することで、誘導はより複合的で表現豊かなものになります。誘導に深みをもたらし、望む現象を引き起こしやすくできる対象はたくさんあります。ちょうど、ダンスを学ぶときのように、ひとたび、基本ステップを学んでしまえば、それ以降の要素が、必然的にマルチレベルのアートを創り上げてくれます。これまでお話ししてきたように、AREモデルは、トランス状態に入るための基本的な枠組みとして活用することができます。本章では、これまで、没入対象や技法についてご説明してきました。誘導は、後に続く治療に合わせて行うことができるだけでなく、治療の手段としての役割も担うのです。

第13章

終わりに

画家は絵の具とパレット、キャンバスを使って、作品を創ります。詩人は、言葉とノートを使います。作曲家には、音調、音色、リズム、ハーモニーがあります。

セラピストには、ジェスチャー、表現、韻律、音調、テンポといったたくさんのコミュニケーションツールがあります。催眠を学ぶことで、セラピストは、より多くの出力チャンネルを使って、催眠的、治療的な効果を生み出すことが可能になります。そして、必要な体験を喚起するコミュニケーションを組み立てることができるようになります。

催眠を学ぶことは、セラピストの「ありよう」を進化させることでもあります。セラピストは、現象として起きることの一部は、理論の選択によると考えています。しかし、引き起こされる状態は、技法というよりむしろ、「ありよう」によってもたらされると考えることができます。技法とはセラピストが採る姿勢から生ずるものなのです。

催眠を学ぶことで、セラピストは、効果的な独自の「ありよう」を創造することが容易になります。本書では、利用法、前向きな姿勢、精密さ、戦略的であること、体験的であること、オーダーメイドといった、セラピストに必要となるさまざまな「ありよう」を織り交ぜながらお伝えしてきました。

催眠を学ぶことにより、新たなものの見方を手に入れることができます。また、セラピストは、マルチレベルのコミュニケーションを使ったシステミックな介入を学ぶことができます。システム的な観点から、本書で提唱したメッセージには、「カテゴリーを扱うのでなく、構成要素に注意を向ける」というものがあります。すなわち、催眠状態を引き起こすのではなく、それに必要な構成要素を引き出すのです。そして、引き起こされた体験のラベルはクライエントに決めてもらうのです。ひとたび、催眠を習得することができれば、こうしたアプローチは、日常、望む「ありよう」を喚起したいと願うどんな場面にも応用可能です。

催眠誘導を練習するにつれて、私たちは、新たな心構えを手に入れることができます。そうすることで、あなたの臨床も一層効果的なものになっていくでしょう。そして、それによって、あなたのコミュニケーション力も高まっていくことでしょう。また、それによって、あなたの人生もより良いものになっていくでしょう。

謝辞

本書を執筆するにあたって、たくさんの方々にお世話になりました。深い感謝の思いは、言葉では語り尽くすことはできません。

また、多くの同僚の皆さんが、私の考え方に大きな影響を与えて下さいました。ここですべての方々をご紹介することはできませんが、個人的にエリクソン博士と面識のあったスティーブン・ランクトン、アーネスト・ロッシ、ビル・オハンロン、ブレント・ギアリー、スティーブン・ギリガンのお名前を挙げておきます。また、エリクソン博士と直接会う機会に恵まれなかった方々の中でも、マイケル・ヤプコやダン・ショートが、エリクソニアンアプローチの実践を通して、その発展に貢献されています。こうした専門家の皆さんは、私の仕事に多大な影響を与えただけでなく、エリクソン博士が残した業績に関する研究においても計り知れない貢献をされています。特に、ミルトン・エリクソン財団の集中トレーニングプログラムを、過去二五年間にわたり、オーガナイザーとして支えてきたブレント・ギアリーには、非常に感謝しています。氏は、エリクソニアン催眠の基礎コースの二人といない講師であり、私の考え方は、氏との協働作業から多大な影響を受けています。また、私の前妻であるリリアン・ボージズ(Lilian Borges)も集中トレーニングプログラムを担当していますが、エリクソニアンアプローチの実践に大きな貢献をしています。彼女の考えは、私の考えと密接に交わる形で本書でも表れています。

私の専門家としての主な活動の中には、催眠や心理療法の分野でエリクソニアンアプローチの国際カンファレンスを組織することがありました。一九八〇年以降、これまで、十一の大会が開催されています。そうした大会で講師を務めて下さった先生方のお仕事から得た学びも、本書に明確に表れているでしょう。

また、私の考え方は、過去三五年間にわたる、私のワークショップに参加して下さった受講生の皆さんからも強い影響を受けています。そうしたワークショップの多くは、現在世界で一四〇を超える、エリクソン協会によって開催されたものです。

エリクソン財団のスタッフも、根気強く財団のミッションの促進に努めてくれました。故人となった方々には、スーザン・ベラスコ（Susan Velasco）、ジナイン・エルダー（Jeanine Elder）、バーバラ・ベラミー（Barbara Bellamy）、シルビア・コーエン（Sylvia Cowen）がおられます。ローリー・ワイアーズ（Lori Weiers）は、以前のスタッフですが、本書の原稿は、ローリーとバーバラが整理を手伝ってくれました。現在のスタッフには、チャック・ラーキン（Chuck Lakin）、チャンドラ・ラーキン（Chandra Lakin）、カレン・ハビリー（Karen Haviley）、ステイシー・ムーア（Stacey Moore）、レイチェル・シップワッシュ・ウー（Rachel Shipwash Wu）、マーニー・マックガン（Marnie McGann）、マシュー・ブラマン（Matthew Braman）、クリスティーナ・キン（Christina Khin）、フレッド・フアン（Fred Huang）、ケイレイ・バカロ（Kayleigh Vaccaro）がいます。マーケティングと出版担当ディレクターであるチャック・ラーキンは、財団の事業の繁栄に尽力してくれました。本書のカバーデザインは、彼が担当してくれました。

本書の編集アシスタントは、コニー・ドナルドソン（Connie Donaldson）、マーニー・マックガン、スージー・タッカー（Suzi Tucker）が務めてくれました。スージーと出会えたことは、私の人生でもっとも幸運であったことの一つです。

文字起こし、入力、校正に尽力してくれたフェルナンド・アルメンデラズ（Fernando Almendarez）には、常に感謝しています。

エリクソン家の皆さんも、拠り所となってエリクソン財団を支えて下さいました。特に、クリスティーナ・エリクソン（Kristina Erickson）とロクサナ・エリクソン・クラインからは、長年にわたるご支援をいただき、感謝を申し上げます。

訳者あとがき

本書は、二〇一四年にミルトン・エリクソン財団出版から刊行された『*The Induction of Hypnosis: An Ericksonian Elicitation Approach*』の日本語版です。

ザイグ先生が近年三部作として発表された作品の一作目にあたります。

一作目『*The Induction of Hypnosis: An Ericksonian Elicitation Approach*』（二〇一四年刊・本書）

二作目『*The Anatomy of Experiential Impact: Through Ericksonian Psychotherapy, seeing, doing, being*』（二〇一八年刊）

三作目『*Psychoaerobics: An Experiential Method To Empower Therapist Excellence*』（二〇一五年刊）

第一作目の本書では、エリクソニアンアプローチによる催眠誘導の部分にフォーカスをあて、ユーティライゼーション（利用・活用）、マルチレベル・コミュニケーション、体験的手法、「ありよう」の変化、セラピストの姿勢といった「初心者向けの最新技法」が紹介されています。第二作目は、エリクソニアンアプローチを使った体験的なセラピーの行い方——介入や治療を含むマクロ構造——について書かれており、第三作目は、セラピストの「ありよう」創りのエクササイズ集になっています。

ザイグ先生は、古希を迎えられた後も、一層勢力的に活動を続けておられます。上記の三部作をこれまでのお仕事の集大成としてまとめておられるのかと思いきや、本書の翻訳中に第四作目が発表されました。
四作目、『*Evocation: Enhancing the Psychotherapeutic Encounter. (with transcripts and cases of Milton H. Erickson)*』（二〇一九年刊）では、体験喚起のアプローチを使って、ミルトン・エリクソン博士が行ったセッションのスクリプトを解説しています。また、第四作目の刊行に伴って、これらの作品は、「*The Empowering Experiential Therapy Series*」にシリーズ化されました。

書籍の執筆以外にも、ワールドワイドに継続されているワークショップ、国際カンファレンスの開催と、これからもザイグ先生の活躍から目が離せません。

また、本書も含め、近年ザイグ先生が発表されている内容のエッセンスは、「*5 Minute Therapy Tips*」という動画シリーズで、YouTubeにアップされています。一回につき一テーマが簡潔にわかりやすくまとめられていて、大変お勧めです。

ザイグ先生は、その中で、エリクソニアンアプローチを象徴するキーワードを一つ挙げるとするならば、それは「ユーティライゼーション」という「ありよう」であると述べています。

私たちは、日々、さまざまな出来事に遭遇します。しかし、それに打ちのめされ、自らの行動に制限をかけてしまう場合と、そうしたことから学び、自らの糧としてユーティライズできる場合の差は、どこにあるのでしょうか？

そこで鍵を握るのは、ユーティライゼーションを可能にする「ありよう」です。「ありよう」は、感情、情動、行動、人間関係、記憶、身体感覚、知覚などから構成されています。私たちが、状況に対して、不適応な「ありよう」にあるとき、自分にとって不都合なことが起こっていて、なすべきことを頭ではわかっていても、実際に行動に移せるほど実感できていないといったことがよくあります。

抱えた問題が、知識だけで解決できるものなら、本を読んだり、対処の仕方を教えてもらえば何とかなるでしょう。しかし、それだけでは解決しない場合がたくさんあります。そうしたとき、セラピストは、大脳新皮質（知識の国）と辺縁系（体験の国）の間にトランスという橋をかけて、必要な体験をギフトラッピングして差し出すことで、クライエントの「ありよう」に変化を引き起こすとザイグ先生は述べています（Zeig, 2019参照）。トランス状態への乗り物には、催眠以外にも、音楽、ダンス、ヨガ、瞑想、武道、温泉……と、さまざまな方法があります。

乗り物として、エリクソニアン催眠を選択してギフトラッピングを行う場合には、クライエントにとって、社会的、環境的に必要となるゴールを視野に入れて、辺縁系・基底核で必要な体験を喚起し、「ありよう」に変化をもたらすプロセスが採られます。具体的には、状況を催眠として設定し、無意識の反応性を確立しながら、注意を誘い、知覚の変化を促します。その際、目的やクライエントの反応に応じて、催眠現象を促し、それを承認することで、クライエントも催眠下での体験を実感していきます。

エリクソニアン催眠では、進化社会生物学に裏打ちされた手法を戦略的に用いて、辺縁系・基底核とのコミュニケーションを行うため、セラピストの「ありよう」が大変重要な役割を果たします。

辺縁系・基底核でのコミュニケーションは、動物同士のコミュニケーションのように、セラピストの準言語（ジェスチャー、姿勢、距離、トーン、テンポ、声の方向）や、非言語（呼吸、表情、心拍、姿勢、落ち着き）などを通して行われ、無意識下で非常に大きな影響をクライエントにもたらします。また、そこには、セラピストの人生哲学や人となり、価値観といったものも反映されます。

並行して、（情報提供ではなく）体験喚起の言語を使ったコミュニケーションが、マルチレベルで行われます。社会的なレベルでは大脳新皮質に働きかけながら、心理的なレベルでは、辺縁系・基底核に働きかけ、クライエントにとって必要となる参照体験を喚起して、変化を促します。

すでにご存知のように、辺縁系・基底核とのコミュニケーションには、特別な文法が必要になります。例えば、誰かに笑ってもらいたい場合、「笑って下さい」と言っても望む結果は期待できません。自らが笑顔で話しかけたり、冗談を言ったり、場合によっては、くすぐったり、そこに遊び心が生まれるように工夫します。

セラピーの場合も同様です。辺縁系・基底核に変化の土台が充分に構築され、ゴールが決まったら、必要な体験をギフトラッピングして、クライエントに贈ります。その際、クライエントからの反応や、催眠現象を利用しながら、変化のプロセスを仕立てていきます。しばしば、こうしたマクロ構造は、戦略的（ストラティージック）と呼ばれますが、それは、例えば、大切な人に料理を作ったり、大切な人に楽しんでもらえるように旅行のプランを立てることに似ています。

ザイグ先生は、セラピーのゴールは、クライエントが自分自身の良いアドバイスに従うことができる環境を用意することだと述べていますが、コミュニケーションが上手な人は、その目的に影響をもたらす「ありよう」にアクセスすることができるのです（Zeig, 2019参照）。

一例として、ザイグ先生は、催眠を行うことは、愛情を育むことに似ていると述べています（Zeig, 2019参照）。好意を持つ相手に対して、「私を深く愛することができます」と言っても、望む感情や「ありよう」を喚起することはできませんし、「深くトランス状態に入ります」とクライエントに命令しても、催眠によるトランス状態を喚起することはできません。

実は、マルチレベルのコミュニケーションは、歌詠みや連句などにも見られるように、日本語ではよく行われています。夏目漱石が「I love you.」を日本語にする際、「月が綺麗ですね」と訳して、愛を伝えたという逸話がありますが、二葉亭四迷はそうした場面での返しとして、「Yours.」を「死んでもいいわ」と表現したと言われています。

仮にこれがやりとりとして成立するには、そこには、恋愛関係として状況が定義されていること、そして、辺縁系レベルで相互の反応性が構築されていることが前提となります。

ザイグ先生は、本書で催眠誘導の目的は、反応性の構築にあると述べていますが、そこに信頼関係が生まれ、それがまた治療を進める際の基盤となります。反応性という舞台が充分に確立されていなければ、比喩的な物語を語っても意味を成しませんし、セラピーという象徴的な変化のドラマも進展しないのです。

読者のみなさんは、「I love you.」の代わりに、どんな表現を使われるでしょうか？　ザイグ先生が本書で述べているように、大切なのは、誘導の構造ではなく、クライエントから得られる反応ですから、舞台と関係性が構築されていれば、そのとき必要な言葉は自ずと生まれてくるはずです。

本書は、読むには楽しく、訳すには大変なアーティスティックな作品でした。翻訳にあたり、訳者の「ありよう」を最適に調律するのに、たくさんのみなさまにお世話になりました。resetstyleの大谷亘先生とクラスメイトのみなさん、中国民間武術研鑽サークルの川津康弘先生とクラスメイトのみなさん、楊名時八段錦太極拳の横山ゐつ子先生とクラスメイトのみなさん、慶應義塾大学医学部の仁井田りち先生と國吉貴子さん、マインドスケープ研究会 現行幹事の浅井秀樹さん、伊田一美さん、小寺正起さん、角田集さん、そしてメンバーのみなさん、ありがとうございました。

また、金剛出版編集部の高島徹也さんと石倉康次さんには、本書の刊行をザイグ先生の最終来日講演に間に合わせるため、限られた時間の中で、大変ご尽力をいただきました。この場をお借りして、心より感謝申し上げます。訳文は、日本語として理解が進むように努めたつもりですが、ときには、ふと立ち止まって考えることもあるかもしれません。そんなときは、原著自体が通常あまり耳慣れない、無意識に語りかける特別な英語で書かれているということを思い起こしていただいた上で、心地良く、深い呼吸をして……ご自身にとって最適な形で、その意味を創造していただければ幸いです。

催眠がもたらすコミュニケーションの手法が、また新たな可能性の選択肢をもたらしてくれることを期待して。

二〇一九年七月

上地明彦

[索引]

人名索引

アクスタイン, デービッド
(Akstein, David) 197
アンドレアス, スティーブ
(Andreas, Steve) 51
ウィークランド, ジョン
(Weakland, John) 38, 48
ウィルソン, レイド
(Wilson, Reid) 47
ウェイド, ビル
(Wade, Bill) 51
エクマン, ポール
(Ekman, Paul) 57
エリクソン, キャロル
(Erickson, Carol) 53
エリクソン, ベティ・アリス
(Erickson, Betty Alice) 53
エリクソン・クライン, ロクサナ
(Erickson Klein, Roxanna) ... 53, 191, 192
オコーナー, チャールズ
(O'Connor, Charles) 25
オハンロン, ビル
(O'Hanlon, Bill) 20, 38, 48, 49, 349
オルネ, マーチン
(Orne, Martin) 201, 202
カーショー, キャロル
(Kershaw, Carol) 51, 289
ギアリー, ブレント
(Geary, Brent) 52, 53, 312, 349
ギリガン, スティーブン
(Gilligan, Stephen) 20, 38, 51
ギル, マートン・M
(Gill, Merton M.) 119
グラッサー, ウィリアム
(Glasser, William) 61
グリーンリーフ, エリック
(Greenleaf, Eric) 26
グリンダー, ジョン
(Grinder, John) 20, 50, 51, 244, 289
クローガー, ウィリアム
(Kroger, William) 78, 81, 98, 112
コータ, アンジェラ
(Cota, Angela) 53
ゴードン, デービッド
(Gordon, David) 51
サイナー=フィッシャー, スージー
(Signer-Fischer, Suzy) 52
ジャクソン, ドン
(Jackson, Don) 48
ジャネ, ピエール
(Janet, Pierre) 37, 119
シュミッド, ガンター
(Schmidt, Gunther) 51
ショア, ローランド
(Shor, Roland) 171

シンプキンズ, アネレン
(Simpkins, Annellen) 53
シンプキンズ, アレックス
(Simpkins, Alex) 53
スピーゲル, デイビッド
(Spiegel, David) 78, 80, 81, 84, 94, 113, 120
スピーゲル, ハーバート
(Spiegel, Herbert) 78, 80, 81, 84, 94, 113, 120
ダリ, サルバドール
(Dali, Salvador) 67-70
チョムスキー, ノーム
(Chomsky, Noam) 50, 136
ディシェイザー, スティーブ
(de-Shazer, Steve) 48
ディルツ, ロバート
(Dilts, Robert) 51
ドラン, イボンヌ
(Dolan, Yvonne) 48
トレンクル, ベルンハルト
(Trenkle, Bernhard) 53
トンプソン, ケイ
(Thompson, Kay) 26, 172, 197
ナルダン, ジョルジオ
(Nardone, Giorgio) 48
ネメツシック, ペーター
(Nemetschek, Peter) 20
バー, ジョン
(Bargh, John) 292
バーグ, インスー
(Berg, Insoo) 48
ハートマン, ワルドマー
(Hartman, Waldemar) 52
バーバー, テオドール・X
(Barber, Theodore. X.) 58, 119
バーン, エリック
(Berne, Eric) 135, 136, 145
バーンズ, ジョージ
(Burns, George) 52
バウアー, ソフィア
(Bauer, Sofia) 54
パップ, ペギー
(Papp, Peggy) 52
バンダーハート, オンノ
(van der Hart, Onno) 49
バンダイク, リチャード
(Van Dyke, Richard) 49
バンドラー, リチャード
(Bandler, Richard) 20, 38, 50, 51, 244, 289
ピアーソン, ボブ
(Pearson, Bob) 26
ヒルガード, アーネスト
(Hilgard, Ernest) 90, 119
フィッシュ, ディック
(Fisch, Dick) 48
フィリップス, マギー
(Phillips, Maggie) 52
ブレンマン, マーガレット
(Brennan, Margaret) 119
フロイト, ジークムント
(Freud, Sigmund) 143
ベアーズ, ジョン・O
(Beahrs, John O.) 20
ベイカー, マリリア
(Baker, Marilia) 53
ベイトソン, グレゴリー
(Bateson, Gregory) 38, 46-49, 135
ヘイリー, ジェイ
(Haley, Jay) 20, 26, 38, 39, 43, 46-49, 177

ペーター, ブルクハルト
（Peter, Burkhard） 53
ボウリュー, ダニエル
（Beaulieu, Danie） 52
マクネイリー, ロブ
（McNeilly, Rob） 53
マダネス, クロエ
（Madanes, Cloé） 47, 49
ミード, マーガレット
（Mead, Margaret） 38, 49
ミラー, スコット
（Miller, Scott） 48, 49
ミルズ, ジョイス
（Mills, Joyce） 52
メンドンカ, ホセ・アウグスト
（Mendonca, Jose Augusto） 54
ヤプコ, マイケル
（Yapko, Michael） 20, 53, 81, 90, 289, 349
ラスティグ, ハーバート
（Lustig, Herbert） 52
ランクトン, キャロル
（Lankton, Carol） 20, 52, 231, 289
ランクトン, スティーブン
（Lankton, Stephen） 20, 29, 38, 52, 231, 289, 349
ランゲ, アルフレッド
（Lange, Alfred） 49
ランダ, エレン
（Landa, Ellen） 26
リッシュポート, マデリン
（Richeport, Madeline） 49, 197
リッターマン, ミッシェル
（Ritterman, Michele） 51
レイ, ウェンデル
（Ray, Wendel） 48
ローゼン, シドニー
（Rosen, Sidney） 52
ロッシ, アーネスト
（Rossi, Ernest） 15, 20, 43, 49, 50, 106, 232, 273, 289, 300, 349
ロブレス, テレサ
（Robles, Teresa） 53
ロリエド, カミーリョ
（Loriedo, Camillo） 10, 51, 52
ワイナー＝デイビス, ミッシェル
（Weiner-Davis, Michele） 48
ワツラウィック, ポール
（Watzlawick, Paul） 48, 136

事項索引

あ

「ありよう」
——の喚起 33, 39, 136-140, 147-149, 170, 226
——の定義 57-66
AREモデル 312-313
——喚起（Elicit） 326
——承認（Ratify） 324
——没入（Absorb） 313
アーリーラーニングセット 137-141, 169, 172, 175, 332-338
——のデモンストレーション 333-335

か

さ

た

な

は

ま

や

ら

わ

[文献]

Akstein, D. (1973). Terpsichoretrancetherapy: A new hypnopsychotherapeutic method. *The International Journal of Clinical and Experimental Hypnosis, 21* (3), 131-143.

Bandler, R., & Grinder, J. (1975). *Patterns of the hypnotic techniques of Milton H Erickson, MD* (vol. 1). Cupertino, CA: Meta Publications. (浅田仁子 (訳) ミルトン・エリクソンの催眠テクニックⅠ. 春秋社, 2012年)

Barber, T. X. (1969). *Hypnosis: A scientific approach.* New York, NY: Brunner/Mazel.

Battino, R., & South, T. L. (1999). *Ericksonian approaches: A comprehensive manual.* Bethel, CT: Crown House Publishing.

Beahrs, J. O. (1971). The hypnotic psychotherapy of Milton H. Erickson. *American Journal of Clinical Hypnosis, 14* (2), 73-90.

Berne, E. (1972). *What do you say after you say hello: The psychology of human destiny.* New York: Grove Press. (江花昭一 (監修・訳), 丸茂ひろみ, 三浦理恵 (訳) エリック・バーン 人生脚本のすべて／人の運命の心理学──「こんにちは」の後に, あなたは何と言いますか?　星和書店, 2018年)

Bernheim, H. (1889). *Suggestive therapeutics: A treatise on the nature and uses of hypnosis.* New York, NY: G. P. Putnam's Sons.

Bramwell, J. M. (1903). *Hypnotism: Its history, practice and theory.* New York, NY: The Julian Press, Inc.

Brenman, M., & Gill, M. M. (1947). *Hypnotherapy: A survey of the literature.* New York, NY: International Universities Press.

Chabris, C. F. & Simons, D. J. (2009). *The invisible gorilla: And other ways our intuitions deceive us.* New York, NY: Crown.

Cheek, D. B. (1962). Some applications of hypnosis and ideomotor questioning methods for analysis and therapy in medicine. *American Journal of Clinical Hypnosis, 5* (2), 92-104.

Cheek, D. B., & LeCron, L. M. (1968). *Clinical hypnotherapy.* New York, NY: Grune & Stratton.

Cheek, D. B. (1994). *Hypnosis: The application of ideomotor techniques.* Boston, MA: Allyn and Bacon.

Cialdini, R. B. (2009). *Influence: Science and practice.* Boston: Pearson Education. (社会行動研究会 (訳) 影響力の武器──なぜ, 人は動かされるのか. 誠信書房, 2014年)

Conn, J. (1982). The myth of coercion under hypnosis. In J. K. Zeig (Ed.), *Ericksonisn Psychotherapy (Vol I)* (pp. 357-368). New York, NY: Brunner/Mazel.

Cooper, L. F., & Erickson, M. H. (1959). *Time distortion in hypnosis: An experimental and clinical investigation* (2nd ed.). Baltimore, MD: Williams & Wilkins.

de Shazer, S. (1988). Utilization: The foundation of solutions. In J. K. Zeig & S. R. Lankton (Eds.), *Developing Ericksonian therapy: State of the art* (pp. 112-124). New York, NY: Brunner/Mazel.

Dolan, Y. (1985). A Path with Heart: Ericksonian Utilization with Resistant and Chronic Patients. Levittown, PA: Brunner/Mazel.

Edgette, J. H., & Edgette, J. S. (1995). *The handbook of hypnotic phenomena in psychotherapy.* New York, NY: Brunner/Mazel.

Edmonston, W. E. (1981). *Hypnosis and relaxation: Modern verification of an old equation.* New York: Wiley.

Erickson, M. H., Haley, J., & Weakland, J. H. (1959). A transcript of a trance induction with commentary. *American journal of Clinical Hypnosis, 2,* 49-84.

Erickson, M.H. (1964). The confusion technique in hypnosis. *American journal of Clinical Hypnosis, 6* (3).

Erickson, M. H. (1964). Pantomime techniques in hypnosis and the implications. *American journal of Clinical Hypnosis, 7* (1), 64-70.

Erickson, M. H., Rossi, E. L., & Rossi, S. (1976). *Hypnotic realities: The induction of clinical hypnosis and forms of indirect suggestion.* New York, NY: Irvington.（横井勝美（訳）ミルトン・エリクソンの催眠の現実——臨床催眠と間接暗示の手引き．金剛出版，2016年）

Erickson, M. H., & Rossi, E. L. (1979). *Hypnotherapy: An exploratory casebook.* New York, NY: Irvington Publishers.（横井勝美（訳）ミルトン・エリクソンの催眠療法ケースブック．金剛出版，2018年）

Erickson, M. H., & Rossi, E. L. (1981). *Experiencing hypnosis: Therapeutic approaches to altered states.* New York, NY: Irvington.（横井勝美（訳）ミルトン・エリクソンの催眠の経験——変性状態への治療的アプローチ．金剛出版，2017年）

Erickson, M. H., & Rosen, S. (1982). *My voice will go with you: The teaching tales of Milton H Erickson, MD.* New York, NY: Norton.（中野善行，青木省三（訳）私の声はあなたとともに——ミルトン・エリクソンのいやしのストーリー．二瓶社，1996年）

Erickson, M. H., & Rossi, E. L. (1989). *The February man: Evolving consciousness and identity in hypnotherapy* New York, NY: Routledge.（横井勝美（訳）ミルトン・エリクソンの二月の男——彼女は，なぜ水を怖がるようになったのか．金剛出版，2013年）

Erickson, M. H., & Erickson, E. M. (2008). Concerning the nature and character of posthypnotic behavior. In E. L. Rossi, R. Erickson Klein, & K. L. Rossi (Eds.), *The collected works of Milton H Erickson, MD., volume 2: Basic hypnotic induction and suggestion* (pp. 263-300). Phoenix, AZ: The Milton H. Erickson Foundation Press.

Erickson, M. H., & Rossi, E. L. (2008). Varieties of double bind. In E. L. Rossi, R. Erickson-Klein, & K. L. Rossi (Eds.), *The collected works of Milton H Erickson, MD., volume 2: Basic hypnotic induction and suggestion* (pp. 161-180). Phoenix, AZ: The Milton H. Erickson Foundation Press.

Erickson, M. H. (2010). An experimental investigation on the possible antisocial use of hypnosis. In E. L. Rossi, R. Erickson-Klein, & K. L. Rossi (Eds.), *The collected works of*

Milton H Erickson, MD., volume 8: General and historical surveys of hypnosis. Phoenix, AZ: The Milton H. Erickson Foundation Press.
Fromm, E., & Brown, D. P. (1986). *Hypnotherapy and hypnoanalysis.* Hillsdale, NJ: Lawrence Erlbaum Associates, Inc.
Geary, B. B. (1994). Seeding responsiveness to hypnotic processes. In J. Zeig (Ed.), *Ericksonian methods: The essence of the story* (pp. 295314). New York, NY: Brunner/Mazel.
Geary, B. B. & Zeig, J. K. (2002). *The handbook of Ericksonian therapy* Phoenix, AZ: Zeig, Tucker & Theisen Inc.
Gibbons, D. E. (1979). Applied Hypnosis and Hyperempiria. *American journal of Clinical Hypnosis, 24* (1), 68-68.
Gill, M. M., & Brenman, M. (1959). *Hypnosis and related states: Psychoanalytic studies in regression.* New York, NY: International Universities Press.
Gilligan, S. G. (1987). *Therapeutic trances: The cooperation principle in Ericksonian hypnotherapy.* Philadelphia, PA: Brunner/Mazel.
Gilligan, S. G. (1988). Symptom phenomena as trance phenomena. In J. Zeig & S. Lankton (Eds.), *Developing Ericksonisn psychotherapy: A state of the art.* New York, NY: Brunner/Mazel.
Greenleaf, E., & McCartney, L. R. (2000). A wicked witch. In E. Greenleaf (Ed.), *The problem of evil.* Phoenix, AZ: Zeig, Tucker & Theisen, pp. 22-36.
Gruenewald, D., Fromm, E., & Oberlander, M. I. (1972). Hypnosis and adaptive regression: An ego-psychological inquiry. In E. Fromm & R. E. Shor (Eds.), *Hypnosis: Research developments and perspectives* (pp. 495-509). Chicago, IL: Aldine-Atherton.
Haley, J. (1973). *Uncommon therapy: The psychiatric techniques of Milton H Erickson, MD.* New York, NY: Norton. (高石昇, 宮田敬一 (訳) アンコモンセラピー――ミルトン・エリクソンのひらいた世界. 二瓶社, 2000年)
Haley, J. (1984). *Ordeal therapy.* San Francisco: Jossey-Bass.
Haley, J. (1990). *Strategies of psychotherapy.* Bethel, CT: Crown House Publishing Company.
Hilgard, E. R. (1968). *The experience of hypnosis.* New York, NY: Harcourt, Brace & World.
Hilgard, E. R., & Hilgard, E. R. (1977). *Divided consciousness: Multiple controls in human thought and action.* New York: Wiley. (児玉憲典 (訳) ヒルガード 分割された意識――〈隠れた観察者〉と新解離説. 金剛出版, 2013年)
Kershaw, C. J. (1992). *The couples hypnotic dance: Creating Ericksonian strategies in marital therapy.* New York, NY: Brunner/Mazel,
Kihlstrorn, J. F., & Evans, F. J. (1979). Memory retrieval processes during posthypnotic amnesia. *Functional disorders of memory.* Hillsdale, NJ: Erlbaum, 179-218.
Kirsch, I. (2011). The altered state issue: Dead or alive? *The International Journal of Clinical and Experimental Hypnosis, 59* (3), 350-362.
Kleinhauz, M. (1982). Ericksonian techniques in emergency dehypnotization. In J. K. Zeig

(Ed.), *Ericksonian approaches to hypnosis and psychotherapy.* New York, NY: Brunner/Mazel.
Kroger, W. S. (1977). *Clinical and experimental hypnosis in medicine, dentistry, and psychology.* Philadelphia: Lippincott.
Lankton, S. R., & Lankton, C. H. (1983). *The answer within: A clinical framework of Ericksonian.* Bethel, CT: Crown House Publishing.
Maslach, C., Marshall, G., & Zimbardo, P. (1972). Hypnotic control of peripheral skin temperature: A case report. *Psychophysiology, 9,* 600-605.
Milgram, S. (1963). Behavioral study of obedience. *The Journal of Abnormal and Social Psychology, 67* (4), 371-378.
Milton H. Erickson Foundation, Inc. (Producer). (1983). *The Process of hypnotic induction: Milton Erickson, MD.* [DVD]. Available from www.erickson-foundation.org/product/the-process-of-hypnoticinduction-dvd/
Nernetschek, P. (2012). *Milton Erickson lives! A personal encounter.* Phoenix, AZ: The Milton H. Erickson Foundation Press.
O'Hanlon, W. H. (1987). *Taproots: Underlying principles of Milton Erickson's therapy and hypnosis.* New York, NY: Norton.（森俊夫，菊池安希子（訳）ミルトン・エリクソン入門. 金剛出版，1995年）
O'Hanlon, W. H., & Weiner-Davis, M. (1989). *In search of solutions: A new direction in psychotherapy.* New York, NY: Norton.
O'Hanlon, W. H., & Martin, M. (1992). *Solution-oriented hypnosis: An Ericksonian approach.* New York, NY: Norton.（宮田敬一，津川秀夫（訳）［新装版］ミルトン・エリクソンの催眠療法入門．金剛出版，2016年）
Orne, M. T. (1959). The nature of hypnosis: Artifact and essence. *The Journal of Abnormal and Social Psychology, 58* (3), 277.
Overlade, D. C. (1976). The product of fasciculations by suggestion. *The American Journal of Clinical Hypnosis, 19* (1), 50-51.
Pettinati, H. M. (1982). Measuring hypnotizability in psychotic patients. *The International Journal of Clinical and Experimental Hypnosis, 30* (4), 404-416.
Pyun, Y. D. (2013). The effective use of hypnosis in schizophrenia: Structure and strategy. *The International Journal of Clinical and Experimental Hypnosis, 61* (4), 388-400.
Richeport, M. (1982). Erickson's contribution to anthropology. In J. Zeig (Ed.), *Ericksonisn approaches to hypnosis and psychotherapy.* New York, NY: Brunner/Mazel.
Rossi, E. L., & Cheek, D. B. (1988) Mind-body therapy: Methods of ideodynamic healing in hypnosis. New York, NY: Norton.
Ruesch, J., & Bateson, G. (1951). *Communication: The social matrix of psychiatry.* New York, NY: Norton.
Sacerdote, P. (1970). An analysis of induction procedures in hypnosis. *American Journal of Clinical Hypnosis, 12* (4), 236-253.
Sarbin, T. R., & Coe, W. C. (1972). *Hypnosis: A social psychological analysis of influence*

communication. New York, NY: Holt, Rinehart and Winston.

Scagnelli, J. (1977). Hypnotic dream therapy with a borderline schizophrenic: A case study. *American Journal of Clinical Hypnosis, 20* (2), 136-145.

Scagnelli, J. (1980). Hypnotherapy with psychotic and borderline patients: The use of trance by patient and therapist. *American Journal of Clinical Hypnosis, 22* (3), 164-169.

Shor, R. E. (1959). Hypnosis and the concept of the generalized reality orientation. *American Journal of Psychotherapy; 13.*

Spiegel, H. (1970). A single treatment method to stop smoking using ancillary self-hypnosis. *International Journal of Clinical and Experimental Hypnosis, 18*, 235-250.

Spiegel, H., & Spiegel, D. (1978) *Trance and treatment: Clinical uses of hypnosis*. New York, NY: Basic Books.

Tart, C. T. (1972). Measuring the depth of an altered state of consciousness, with particular reference to self-report scales of hypnotic depth. In E. Fromm & R. E. Shor (Eds.), *Hypnosis: Research developments and perspectives*. Chicago, IL: Aldine-Atherton.

Tart, C. T. (1975). *States of consciousness*. New York, NY: EP Dutton.

Thompson, K. F. (1988). Motivation and the multiple states of trance. In J. K. Zeig & S. R. Lankton (Eds.), *Developing Ericksonian Therapy: State of the Art* (pp. 149-163). New York, NY: Brunner/Mazel.

Wark, D. M. (1998). Alert hypnosis: History and applications. In W. J. Matthews & J. H. Edgette (Eds.), *Creative thinking and research in brief therapy: Solutions, strategies, narratives, volume 2* (pp, 287306). Philadelphia, PA: Brunner/Mazel.

Watzlawick, P., Weakland, J. H., & Fisch, R. (1974). *Change: Principles of problem formulation and problem resolution*. New York, NY: W.W. Norton & Co.（長谷川啓三（訳）変化の原理［新装版］．法政大学出版局，2011年）

Watzlawick, P. (1985). Hypnotherapy without trance. In J. Zeig (Ed.), *Ericksonian psychotherapy, volume I. Structure* (pp. 5-14). New York, NY: Brunner/Mazel.

Weitzenhoffer, A. M. (1953). *Hypnotism: An objective study in suggestibility*. New York, NY: Wiley.

Weitzenhoffer, A. M., & Hilgard, E. R. (1962). *Stanford Hypnotic Susceptibility Scale, Form C*. Palo Alto, Calif.: Consulting Psychologists Press.

Weitzenhoffer, A. M. (1989). *The practice of hypnotism*. New York, NY: Wiley.

Weitzenhoffer, A. M. (1994). Ericksonian myths. In J. K. Zeig (Ed.), *Ericksonien methods: The essence of the story* (pp. 227-239). New York, NY: Brunner/Mazel.

Yapko, M. D. (1984). *Trancework: An introduction to clinical hypnosis*. New York, NY: Irvington Publishers.

Yapko, M. D. (1985). The Erickson hook: Values in Ericksonian approaches. In J.K. Zeig (Ed.), *Ericksonian psychotherapy; volume I. Structure*. New York, NY: Brunner/Mazel.

Yapko, M. D. (1994). Memories of the future: Regression and suggestions of abuse. In J.K. Zeig (Ed.), *Ericksonian method: The essence of the story* (pp, 483-494). New York, NY: Brunner/Mazel.

Zeig, J. K. (1974). Hypnotherapy techniques with psychotic inpatients. *American Journal of Clinical Hypnosis, 17,* 56-59.

Zeig, J. K. (1980). *Teaching seminar with Milton H. Erickson.* New York, NY: Brunner-Routledge.（成瀬悟策（監訳），宮田敬一（訳）ミルトン・エリクソンの心理療法セミナー．星和書店，1995年）

Zeig, J. K. (1982). Ericksonian approaches to cigarette smoking. In J. K. Zeig (Ed.), *Ericksonian approaches to hypnosis and psychotherapy.* New York, NY: Brunner/Mazel.

Zeig, J. K. (1985). *Experiencing Erickson: An introduction to the man and his work.* New York, NY: Brunner/Mazel.（中野善行，青木省三（訳）ミルトン・エリクソンの心理療法——出会いの三日間．二瓶社，1993年）

Zeig, J. K. (1985). The clinical use of amnesia: Ericksonian methods. In J. K. Zeig (Ed.), *Ericksonian psychotherapy; volume I. Structure.* New York, NY: Brunner/Mazel.

Zeig, J. K. (1987). Therapeutic patterns of Ericksonian influence communication. In J. K. Zeig (Ed.), *The Evolution of Psychotherapy.* New York: Brunner/Mazel.

Zeig, J. K. (1988). An Ericksonian phenomenological approach to therapeutic hypnotic induction and symptom utilization. In J. K. Zeig & S. R. Lankton (Eds.), *Developing Ericksonian therapy State of the art.* (pp. 353-375). New York, NY: Brunner/Mazel.

Zeig, J. K. (1988). The grammar of change: An Ericksonian orientation. *Journal of Integrative & Eclectic Psychotherapy, 7* (4), 410-414.

Zeig, J. K. (1990). Seeding. In J. K. Zeig and S. G. Gilligan (Eds.), *Brief therapy: Myths, Methods, and Metaphors* (pp. 221-246). New York, NY: Brunner/Mazel.

Zeig, J. K. & Geary, B. B. (2000). *The letters of Milton Erickson.* Phoenix, AZ: Zeig, Tucker & Theisen Inc.（田中由美子（訳）ミルトン・H・エリクソン書簡集．二瓶社，2008年）

著者

ジェフリー・K・ザイグ（*Jeffrey K. Zeig*）

ザイグ博士はミルトン・H・エリクソン財団の設立者・代表であり、六年間にわたり断続的にエリクソン博士に師事した。ザイグ博士は心理療法の歴史においてもっとも重要な会議の一つとされる「心理療法の進化カンファレンス」をはじめ多くのカンファレンスをオーガナイズし、アメリカ心理学会など多くの学会のフェロー、学会誌の編集委員を務めている。博士はアリゾナ州フィニックス市でセラピストとして個人開業するかたわら、これまで四〇を超える国々でワークショップを行い、全米各地の大学や病院でも指導を行っている。博士は二〇冊を超える書籍を編集・執筆し、それらの業績は一四か国語に翻訳されている。また、行動科学の出版社であるZeig, Tucker & Theisen, Inc.とThe Milton H. Erickson Foundation Pressの代表も務めている。

博士の現在の関心は、映画、音楽、絵画、詩、フィクションといったアートから無意識の影響コードを抽出し、専門である臨床や日常のコミュニケーションに活用することにある。

訳者

上地明彦（うえち・あきひこ）

カナダ・ブリティッシュコロンビア大学大学院博士課程修了（Ph.D. in Linguistics）、アメリカ・ハーバード大学ライシャワー日本研究所ポストドクトラルフェローを経て、関西外国語大学外国語学部准教授（専門は、言語心理学、心身言語論）。二〇〇〇年に大学にてNLP/Neuro Semanticsのゼミナールを開講開始、二〇〇三年にLAB（言語と行動の）プロファイル、二〇〇六年に電子版jobEQ（iWAM, VSQ, COMET）を日本に紹介した。並行して、生成文法、認知言語学、日本語学を駆使し、高名な心理臨床家（ミルトン・エリクソンなど）の用いる言語パターンと変容メカニズムの関係について研究。二〇〇九年、言語を通して自らの認識地図を特定可能にしたセルフナビゲーションシステム「マインドスケープ（心象風景）モデル®」を構築、現在研究会を中心に展開している。日本ブリーフサイコセラピー学会理事（第五期から第七期）、日本催眠医学心理学会編集委員、心身統一合氣道会指導員、日本健康太極拳協会楊名時八段錦・太極拳準師範。

専門分野に関する著作のほか、訳書に、シャーベイ『「影響言語」で人を動かす』（実務教育出版）、オハンロン『解決指向催眠実践ガイド』（金剛出版）、ランクトン『願いをかなえる自己催眠』（金剛出版）、ギリガン『ジェネラティブ・トランス』（春秋社）がある。

エリクソニアン催《さい》眠《みん》誘《ゆう》導《どう》
体《たい》験《けん》喚《かん》起《き》のアプローチ

2019年9月10日　印刷
2019年9月20日　発行

著者――ジェフリー・K・ザイグ
訳者――上地明彦

発行者――立石正信
発行所――株式会社　金剛出版
〒112-0005
東京都文京区水道1-5-16
電話　03-3815-6661
振替　00120-6-34848

装丁◉臼井新太郎
印刷・製本◉太平印刷社

Printed in Japan©2019
ISBN978-4-7724-1719-8 C3011